PI 理论与大学英语教学方法探索

PI LILUN YU DAXUE YINGYU JIAOXUE FANGFA TANSUO

胡敏捷 著

中国纺织出版社有限公司 | 国家一级出版社 全国百佳图书出版单位

图书在版编目 (CIP) 数据

PI 理论与大学英语教学方法探索 / 胡敏捷著 .–– 北京：中国纺织出版社有限公司，2019.9　（2020.8 重印）

ISBN 978–7–5180–5556–2

Ⅰ . ① P… Ⅱ . ①胡… Ⅲ . ①英语－教学法－高等学校 Ⅳ . ① H319.3

中国版本图书馆 CIP 数据核字 (2019) 第 149764 号

责任编辑：姚　君　　责任校对：王花妮

责任印制：储志伟

中国纺织出版社有限公司出版发行

地址：北京市朝阳区百子湾东里 A407 号楼　邮政编码：100124

销售电话：010–67004422　传真：010–87155801

http://www.c–textilep.com

中国纺织出版社天猫旗舰店

官方微博 http//webo.com/2119887771

北京虎彩文化传播有限公司印刷 各地新华书店经销

2019 年 9 月第 1 版　2020 年 8 月第 2 次印刷

开本：710mm×1000mm　1/16　印张：14.5

字数：221 千字　定价：68.00 元

凡购买本书，如有缺页、倒页、脱页由本社图书营销中心调换

前　言

　　PI 教学法，即同伴教学法，是哈佛大学物理教程教学新思想，其基本理念就是坚持以学生为主体、教师为主导，以知识点为单元标准的分类形式，将易于混淆的不同形式的测试试题进行编制，提供关于内容的、题目的解答过程。PI 教学法使用专门设计的用于揭示学生概念错误和引导学生深入探究的概念测试题，借助计算机应答交互系统或选项卡片，引导学生参与教学过程，变传统单一的讲授为基于剖析概念的自主学习和合作探究，在大班课堂教学中构建了一种学生自主学习、合作学习、生生互动、师生互动的创新教学模式。在大学英语教学中，利用 PI 理论能够激发学生的讨论意识，培养学生英语学习兴趣，提高自主学习能力，并且有效地达到对错误概念的揭示和检测目的。

　　PI 教学法在丰富现代教学论的研究领域方面具有一定的理论意义。把交往的观念融入课堂教学，目的就是要在课堂和社会生活之间铺就一条快捷的"绿色通道"，使学校教育更加贴近生活实际，也势必引导学者们从一个全新的视角来审视教育教学。因此，同伴教学，不仅是对传统教学理论的补充，从某种意义上来讲，也是一次教育革命，代表了现代教学系统未来发展的方向，扩大了教学理论研究的领域。

　　本书主要探讨 PI 理论在大学英语教学中的应用。具体内容包括：PI 教学法的发展与教学模式构建、PI 理论应用与英语课堂教学组织、大学英语听力与口语教学方法、PI 教学法评价体系构建以及 PI 理论视域下的大学英语自主学习与合作学习等相关内容。

本书有两大特色。一是理论联系实际，全面地对 PI 理论与大学英语教学方法进行分析和解读，结合实际状况做出了相关阐述。二是本书的语言简明扼要，通俗易懂，没有使用生僻的专业理论词汇和晦涩难懂的语句。

本书的撰写得到了许多专家学者的帮助和指导，在此表示诚挚的谢意。由于作者水平有限，加之时间仓促，书中所涉及的内容难免有疏漏与不够严谨之处，希望各位同行、专家、教师多提宝贵意见，以待进一步修改，使之更加完善。

作者

2019 年 10 月

目　录

3

第一章 绪论

学生创新能力和知识构建的培养可以通过合作、互动的学习方式来实现。教育研究者要设计出合作、互动的教学方法来促进学生有效学习。本章重点论述 PI 理论、大学英语教学方法、PI 理论的现实意义。

第一节 PI 理论概述

一、PI 教学法理论基础

同伴教学法（Peer Instruction，简称 PI）于 20 世纪 90 年代创立，是当今国际教育教学领域中最具影响力的前沿教学方法之一，也是一种最受欢迎的适合大班授课的交互式教学方式。同伴教学法改变了传统的课堂教学模式，坚持"以学生为主体、以教师为主导"的教学思想，坚持以"激发学生主动思考、培养学生的创新能力和锻炼学生的批判性思维"为认知理念和教学目标，坚持通过"合作学习"或"协作式学习"来促进教学环节中的生生互动和师生互动，同时注重过程性评价和终结性评价的有机结合，因此，该教学法是一种非常有效的合作学习机制和教学模式。

同伴教学法要求学生在课前阅读课程内容，在课堂上，教师使用专门设计的概念测试题（Concept Tests），借助教室应答系统（Classroom Response System，CRS）或选项卡片（Flashcard），组织学生互动和讨论，变传统单一的讲授为基于问题的自主学习和合作探究，有效改变了传统课堂教学手段、教学模式、教学方法，在大班课堂教学中构建一个学生自主学习、合作学习、生生互动、师生互动的教学环境。[1]

---

[1] 胡雪飞. 英语教学法 [M]. 武汉：武汉大学出版社，2016.

这种教学法在哈佛大学的基础物理课程中初次使用，此后几十年中，这种教学法在世界许多国家和地区的不同学段的不同科目的课程上广泛应用，取得较好的教学成果。同伴教学法的创始人马祖尔教授也因此获得首届全球高等教育最高奖——密涅瓦奖（Minerva）。

讲授式教学法通常以教科书或教师教案的内容顺序组织一节课的教学，然后让学生课后进行复习和练习。同伴教学方法则首先要求学生在上课前预习课程，课堂上教师不是按照教科书或教案的顺序从头讲到尾，而是将一节课的内容分成几个小单元，每一个单元都是围绕一个课程的重要概念设计的，教师只讲授很短时间，然后让学生围绕着概念测试题（Concept Tests）进行小组讨论。

概念测试题是以课程的重点概念为依据进行设计，旨在对学生头脑中一些错误的概念进行纠正，带领他们探究新的学习内容，题型以判断和选择为主。过程是教师给出一个概念测试题，学生看到显示器上的问题后，经过自主思考将所得答案通过"投票器"或者手机等发送，由教室的计算机接收并进行处理。学生在规定时间内将答案全部发送，再由计算机将学生的答案进行汇总并将结果输出，师生可以第一时间得到有效的教学反馈。

紧接着，教师根据汇总的结果有针对性地对不同学生实施教学手段。教师在得到正确答案的学生人数比例为三到七成的情况下，安排相邻而坐的学生进行讨论，在解释自己、反省自己以及说服对方、反省对方的过程中互相补充信息，互相学习。学生在讨论过后，将个人答案再发送到电脑上，学生在发送答案之前会对自己和别人的答案进行反思，重新思考自己的答案，对不同的答案和观点进行比较。讨论过后，超过七成的学生能够说出正确答案，教师可以对概念精讲，接着继续接下来的内容。当正确答案在三成以下，教师就要根据学生答案中错误类型进行讲解，转变学生的错误观念，然后通过测试来掌握学生是否对概念进行了正确的理解。

当有三到七成的人给出了正确答案时，证明分组讨论成效显著；如果这个比例小于三成或者大于七成，讨论效果不理想。如果第一次投票全班学生的答题正确率小于 30% 时，意味着学生以 3~4 人一组进行讨论时，小组中可能没有人正确回答了问题，如果小组中的成员的答案都是错误的，在讨论过程中可能存在下面几种情况：一种情况是小组不同成员的错误不同，他们在各种错误观点之间争论。第二种情况是小组成员持有同样的错误，在讨论中彼此强化了这个错误的概念。在教学实践中，有时候学生通过长时间的讨论最后也可以得到正确答案，但是占用大量的课堂时间。如果第一次答题全班的正确率大于70%，意味着全班大多数学生已经掌握了这个概念，可以省去讨论环节，教师可以通过简单讲解解决存在于少数学生中的错误，直接进入下一个教学环节。

教师在传统的教学中，想要得到学生掌握概念的情况使用的手段有批改作业、考试或者测验等，不过这些都只能在教学之后；而同伴教学方法能将学生对概念测试题的答题情况第一时间反映给教师，教师在学生讨论时融入学生，通过提问或倾听对学生的答题过程进行了解。教师根据这些第一手的教学反馈及时调整教学，实现最有效的教学。

同伴教学法的特点是学生课前自学，实质是课上通过概念测试题，引导学生在课堂上合作学习、互动学习，加强对概念的关注。

教育研究者基于不同的学习理论设计出不同的教学方法，了解这些理论有助于教师真正理解、合理选择并有效实施这个教学方法。

（一）建构主义学习理论解析

建构主义的学习理论包括两方面的内容：①学习的含义；②学习的方法。在建构主义看来，学习的本质并非是通过教师的传授所获得的，而是在一定的社会背景之下，通过他人的帮助，利用一些有针对性的资料，通过意义的建构来获得的。因此，建构主义列出了学习环境的四大要素：情境、协作、会话、意义的建构。

（1）情境。学生对所学内容的意义构建必须在对其有利的情境中进行。教学设计时也要有针对性。这意味着，在进行教学设计时需要考虑三方面的问题：一是与教育的基本目标相结合；二是要将情境的创设作为教学设计的首要内容；三是所创设的情境要有利于学生对于意义的建构。❶

（2）协作。学习的过程中始终都存在着协作。包括搜集和整理学习资料

---

❶ 鲁子问 . 英语教学论 [M]. 上海：华东师范大学出版社，2012.

的过程中，验证以及提出假设的过程中，学习成效的评价过程中，或者意义的最终构建中，协作都发挥着重要的作用。

（3）会话。会话是协作过程的重要环节。在制订学习计划时以及完成学习任务时必须通过会话来完成。另外，会话过程也包括协作学习过程。每个学习者的思维成果都要在这个过程中分享到整个学习群体中，因此只有通过会话才能完成意义的构建。

（4）意义构建。意义的构建是学习的最终目标。建构的意义是探寻事物的本质、内在的规律以及相互间的联系。帮助学生理解课程内容中所涉及的事物的规律以及本质，还有这件事物和其他事物的关系的理解，这是学习过程中帮助学生进行构建的意义。大脑中以"图式"的存储形式将这种理解长期存储。学习的质量不是学习者将教师思维过程重现的过程，而是学习者建构意义能力的函数。也就是说，学习者获得多少知识不是由其记忆和背诵教师讲授内容的能力决定的，而是由学生根据自己积累的经验构建起知识意义的实际能力决定的。

建构主义认为都应当在教学过程中发挥引导和组织的作用，而学生应当成为学习的中心。这种学习方法是不但重视教师的指导作用，而且对于学习者的主体地位更加关注。在教学的过程中，教师不仅需要承担起知识传授者的角色，而且还应当成为意义建构的设立者。学生不应当只是被动的知识接受者，而应当成为意义的构建者。

首先，要用探索法、发现法去建构知识的意义。

其次，在建构意义过程中要求学生主动去搜集并分析有关的信息和资料，对所学习的问题要提出各种假设并努力加以验证。

最后，要把当前学习内容所反映的事物尽量和自己已经知道的事物相联系，并对这种联系加以认真的思考。"联系"与"思考"是意义构建的关键。如果能把联系与思考的过程与协作学习中的协商过程（即交流、讨论的过程）结合起来，则学生建构意义的效率会更高、质量会更好。协商有"自我协商"与"相互协商"（也叫"内部协商"与"社会协商"）两种，自我协商是指自己和自己争辩什么是正确的；相互协商则指学习小组内部相互之间的讨论与辩论。

教师应当注意以下三点，通过做好对学生的指导来帮助他们顺利构建起意义。

首先，要培养起学生学习的积极性和主动性，让他们愿意去主动学习。

其次，教师要根据实际情况和教学的目标来创设适当的情境，引导学生将做好新知识与旧知识的链接，让他们顺利完成知识意义的相关构建。

最后，教师如果要想顺利完成意义的构建，需要组织学生进行协作学习。将学习过程朝着对意义构建有利的方向引导。以下是有效引导的方法：为刺激学生思考，引导学生讨论要提出适当的问题；学生在讨论过程中教师对学生进行有针对性的指导，帮助他们加深对所学内容的理解；引导学生寻找学习过程中的规律，对学习中存在的错误进行修正，让他们所掌握的知识更加全面。

（二）元认知理论解析

元认知指的是对认知的认知。具体地说，是关于个人自己认知过程的认识和调节这些过程的能力：对思维和学习活动的认识和控制。在教学心理学中常提到"学习如何学习"，指的就是这种元认知。元认知的实质是对认知活动的自我意识和自我调节。换句话说，是学习者形成对学习策略的"执行控制"（Executive Control），而不是消极被动地接受环境的影响。

在参与认知活动时，需要认知主体要将正在从事的认知活动作为自己的意识对象，对其不间断地、主动地控制、调节和监视，管理和控制认知行为就是元认知控制。这种过程在工作记忆中进行操作。

构成元认知控制的有：评价某个尝试的有效性、测查策略、预测结果、检查是否理解、计划下一步动作，确定当时的动机和努力，变换或修改策略从而将困难克服等。总的来说，其构成包括三大方面。

首先，计划，即根据认知活动的特定目标，在一项认知活动之前计划各种活动，预计结果、选择策略，想象出各种解决问题的方法，并预估其有效性。

其次，监视，即在认知活动进行的实际过程中，根据认知目标及时评价、反馈认知活动的结果与不足，正确估计自己达到认知目标的程度、水平；根据有效性标准评价各种认知行动、策略的效果。

最后，调节，即根据对认知活动结果的检查，如发现问题，则采取相应的补救措施，根据对认知策略的效果的检查，及时修正、调整认知策略。

（三）最近发展区理论解析

发展区理论是由苏联的教育学家提出的。这一理论认为在学生成长和发展的过程中，教育发挥着非常重要的作用。学生的发展有两种不同的水平：①具体的发展水平；②可能达到的发展水平，表现为"学生还不能独立地完成任务，但在教师的帮助下，在集体活动中通过模仿，能够完成这些任务"。这两种水平之间的距离，就是"最近发展区"。把握"最近发展区"，能加速学生的发展。

确立一个既让学生通过努力能够达到又不超过学生掌握能力的教学目标和过程是教学设计环节中最具挑战的一个方面。如果学生处于他们知道并且能做的水平范畴，他们就不能学到更多知识，形成更强的学习策略；如果教学超出学生当前的知识能力水平，他们即使再努力也收获甚少。

（四）支架理论解析

一些较为复杂的问题可以通过"支架式"的概念作为框架来进行解决，学习者通过"支架"得以逐渐上升，最终理解复杂概念意义构建的一种教学理论就是支架理论。

支架理论认为，教师应当为学习者建构一种对知识理解的概念框架，用于促进学习者对问题的进一步理解。因此，事先要把复杂的学习任务加以分解，以便把学习者的理解逐步引向深入。在支架教学中，教师引导着教学，使学生掌握、建构、内化那些能使其从事更高认知活动的技能，"脚手架"是与"最近发展区"密切相关的，在支架教学这一模式中，只有根据学生的"最近发展区"搭建的"脚手架"对学生的发展才是最有效的。❶

支架式教学通常由以下环节组成：①搭脚手架：教师围绕当前学习主题，按"最邻近发展区"的要求建立概念框架，设计适合的问题引发学习过程，让学生独立探索。②合作学习：进行小组协商、讨论，相互激发、共享学习成果，完成对所学知识的意义建构。③效果评价：包括自主学习、合作学习

❶ 裴娣娜.现代教学论（第二卷）[M].北京：人民教育出版社，2005.

和学习效果的评价。

将上述理论综合应用在教学实践，对学生自主学习和合作学习的过程通过问题来引导，减少向学生灌输的内容，增加引导的比例。教师以学生现有的发展水平为出发点，为引起学生的主动性设计自学任务单和影响学生的认知能力的问题；构建一个能够激发学生学习兴趣、引导学生探究的学习环境，在这个环境中师生互动、生生互动，引导学生之间的合作学习，通过组织课堂讨论，鼓励学生对问题做严密的推理与分析，培养学生"批判性思维"的习惯。

通过及时的反馈，帮助学生了解自己的学习进展，思考如何才能提高推理与分析实际问题的能力。教师通过反馈了解并研究学生的水平，为学生设定在教师和同学的帮助下可实现的高标准，达到教学效果最优化。同伴教学法把学生推到教学过程的主体地位，同时引导学生进行合作学习，不断激发学生，使他们产生新思想，获得新认识，使其意志、思维和情感和谐发展。教师只精讲教学内容中的重点、难点、疑点和关键点，在传授知识的过程中强调激励、唤醒和鼓舞。

二、PI 教学法特征的分析

要想将 PI 教学法引入到课堂教学中来，首先要对课堂教学中存在的不足和问题加以改进，转变课堂教学的基本观念，深挖 PI 教学法的本质内涵。一般而言，PI 教学法具有以下七种明显的特征：一是具有一定的目的性；二是互为主体性；三是可以成为语言文化的中介性；四是具有双向互动的特性；五是具有实践性；六是具有互利互惠性；七是具有创造性。这些特征是 PI 教学法的显著特点。

（一）目的性

人与人之间进行的交互都是有意识的行为，也都具有一定的目的性，是一种自觉的行为。这是人与人同生物与生物彼此交互的本质区别。教学交往也是一种自觉进行的、有意识、有目的的活动，其目的是完成教学的任务，实现教学的目标。人与人之间的交往能够提高彼此的素质，也能促进主体的全面发展。在教学交往的过程中，人们可以参加创造性的交往，这种交往具有完整性，能够提高学生各方面的能力以及自身的智力，提升他们的观察力，增强他们的记忆力，丰富他们的想象力，强化他们分析问题、解决问题的能力。学生通过参加各种社会交往，令自身的社会关系得到丰富和发展，促进学生的社会化、增强社会性、挖掘潜能、发挥个性、突出主体意识。

（二）互为主体性

PI 教学法是一种存在于课堂领域的特殊现象，揭示了教师与学生、学生与学生间建立起来的课堂关系及社会关系，属于能动性的一种活动，是主体进行自我实现的过程。这种教学法与普通的生产活动不同，在普通的生产活动中，生产工具是一种中介，这与人与自然之间发生的能量与物质的交换有所不同。生产劳动中，主体与客体有着明确的区分，主体部分是人，客体部分是自然界。但是在 PI 教学法中，主、客体并未被明确地区分开来，PI 教学方法中的各方都是彼此的主体，即便有时表现上看上去有一方是交往的组织者，但是只要交往活动一开始，那么各方都会成为彼此的主体。之所以存在这样的情况，原因在于同伴交往式的课堂教学是一种现实化的课堂社会关系，体现了教师与学生、学生与学生间的一种课堂社会关系，课堂社会关系实际上体现的是主体间的具体关系，所有的关系都是一种以自我为中心的关系。在 PI 课堂教学法中，这种以自我为中心体现在课堂上的各种互动都是能动的、积极的，彼此间都会主动去产生互动关系，在各种课堂关系中不断对自己进行确认，对对方产生影响，形成特定的教师与学生、学生与学生的社会关系。

（三）中介性

有了必需的媒介交往才能实现，交往者之间要想发生相互间的各种关系也必须借助一定的手段，彼此之间的沟通和影响也要通过一定的信息载体来实现。这种交往关系的中介是物质，它能帮助人与人建立基本的交往关系。但是 PI 教学法则将文化、观念作为中介。在教学的过程中，语言是一种基本的存在，并构成了一定的法则，能够传达特定的意义，让课堂教学中的各方对话有着普遍认同的意义。语言能够通过自己的语言系统来为人们提供声音；通过自己的词汇系统来表达人们积累的经验；通过自身的语法系统来规范人们认识世界的方式。

首先，语言作为一种媒体，是人们相互交流与沟通的手段，是教师和学生相互作用的基本手段。教师的教学目的及课堂课外要求都需要借助语言来传达，还有其他教学手段可以作为辅助，来引导学生，帮助他们掌握知识。同时，语言也可以帮助学生将自己的想法传递给教师或同学，让学习过程变得更加顺利。

其次，语言作为信息的载体，是师生、生生之间进行精神交往的内容。教师与学生、学生与学生间都可以借助语言分享彼此的成果、态度和知识，令自身的知识结构得到改善，视野得到拓展，认知方式得到提高，认知态度更加积极。

最后，语言作为人存在的方式和状态，是教师和学生生活状态和存在方式的直接反映。在教学的过程中，教师和学生生存的具体状态可以通过各种表现来反映，比如说话、聆听，甚至有时是沉默。教师和学生具体以什么样的方式来说，具体说了什么内容，有多大的勇气，都可以体现出他们的生存质量及方式。还能反映彼此交往的深度、广度及效率。

总而言之，PI 教学法有着自己的中介，那就是文化和语言，有了这两个中介的作用，师生之间才能更顺畅地开展交往，这是同伴交往与其他交往方式最本质的区别。

（四）双向互动性

交往实际上是各种主体间彼此沟通、交流，从而产生相互作用，形成相互理解的活动，在这个过程中，主体的行为可以被导向他人，成为一种双向的互动。只有双方都积极主动地参与合作，才能称其为真正的交往，失去其中的任何一方，交往就会中断，处于交往中的双方，都需要根据自己的兴趣、态度及要求来对待他人，理解和接纳对方的意图和态度，将自己的态度和观点反馈给对方，对对方产生影响。在教学的过程中，人际交往是一种人际的互动，可以实现主体之间的流通和交流。这种互动的过程是双方的，也是呈动态的。虽然表面上看是由教师决定着交往的方式、交往的内容、交往的性质，教师可以对学生的行为进行指导以及控制，但是，学生同样也能在此过程中发挥自己的作用,他们也通过意见反馈、对教师的评价、对课堂的模仿来影响教师的行为。实际上,整个教学交往中,人的心理活动始终贯穿其中。师生间最重要的一种互动就是教学,如果失去了这种互动,那么也就没有了真正意义上的交往,教育性的教学过程也就不复存在。

（五）实践性

教学实际上就是一种具体的交往过程,是一种人与人之间彼此对话的过程,也是教师与学生通过交往来共同创造事物意义的一个过程。从教师的层面来看,所进行的教学活动是履行社会所赋予教师的培养人才的职责的过程,而且教学活动也是教师证明自我、表现自我的一种生活实践。从学生的层面来说,参与教学能够帮助他们更好地汲取人类的文化成果,促进自身的发展与进步。从社会的层面来说,教学是一种社会历史的实践,在这个过程中教学能够实现对自我的复制,对自我的创新。尽管教学活动是一种对自然界、对社会、对自我的认识过程,但归根到底,教学是一种实践活动,PI 教学同样也是一种实践性的活动,说明对于教学所形成的认识需要在实践的过程中进行检验,并且要在实践的过程中发现新的问题,解决新的问题。

（六）互利互惠性

教学中所呈现出来的主体间彼此交往的关系并不是抽象的,这种关系是实际存在的,是彼此需要的,有着直接的利益关系。所以同伴交往教学中的主体是互利互惠的。

教学交往关系实际上是呈现出来的一种彼此需要的关系。在交往时,参与交往的双方都希望自己的需要得到满足。在教与学的过程中,教师与学生间存在着较大的差异,比如知识方面的差异、能力方面的差异、智慧方面的差异、个性方面的差异等,正是因为这些差异的存在,彼此的互利互惠才有了产生的可能。在交往的过程中,教师凭借自己所掌握的知识、所具有的学识、所拥有的人格魅力对学生产生重要的影响,引导学生完善自我,发展自我。学生通过自己的行为来影响和鼓励教师以及同伴,让他们感受到自己所付出的劳动拥有相应的价值,从而实现自己的理想与抱负。因此,同伴交往教学不仅可以令学生和教师个体受益,而且会产生多向的益处。

教学交往关系实际上是一种利益方面的关系。在社会关系当中，利益以及因利益而产生的关系是促进社会关系发生变化的根本动力。教师以及学生不仅在物质方面有着需求，在精神方面也有着一定需求，满足这两方面的需求是他们参与教学的动力。教师获得物质资料的方式是由自身创造的智力性活动，学生并不能直接为教师提供这种物质方面的资料，而是由社会向教师提供的。所以我们并不能回避同伴交往教学中师生所需要的物质利益。不过，同伴交往教学中的利益关系主要是精神利益关系。教师要尊重学生，学生要尊重教师，学生同伴之间也需要互相尊重，这样才能满足和发展各自的精神需要。

教学交往实际上也是一种价值层面的关系。这是从主体的角度出发所观察到的客体的价值。教师的价值就在于可以凭借自己所掌握的学识、积累的经验、构建的人格、形成的道德来引导学生的发展，满足他们成长的需要。而当学生能够认真学习，成绩及综合素质不断得到提升时，则可以令教师看到自己付出的回报，感受到自己理想的实现。教师必须要不断地提高和完善自己，这是由价值关系决定的。在采取 PI 教学法的教学过程中，发生交往的主体都需要努力通过自身去影响对方，而在对方受到影响的同时，自身也会受以相应的影响。在 PI 教学法教学中，由于教师作为主体和学生作为主体，他们之间是完全不同的，因此教师和学生、学生与学生这些交往的主体间都会存在着差异性，主体间的交往正是因为这种差异性的存在才有了相应的基础，也才会有互补的意义，凝聚力也才能随之产生。正是因为有了凝聚力，PI 教学法才更能显现出其有效性。

（七）创造性

从历史的长河中可以看出，人类历史是由自己所创造的，但人类生存的环境必然会对其产生影响和制约作用。采取 PI 教学法的教学活动，实际上也是师生之间相互配合的一种带有集体性质的创造活动。不论是教师还是学生，在彼此交往的过程中都发挥着各自的作用，他们有着各自不同的创造性、主动性以及积极性，也有各种各样新的活动方式被不断创造出来，使学生融入各种智力活动中去，轻松地完成学习任务，感受到学习所带来的快乐。教学的过程实际上就是师生彼此交往的一种过程。教师与学生通过沟通与交流，创造出新的关系，包括社会层面的关系、人际关系、教学中的各种关系等。借助同伴交往教学，教师与学生间的关系会从以往的疏远、陌生逐渐转化为和谐与亲密，各种新的知识、新的能力、新的兴趣、新的道德被创造出来。采取 PI 教学法进行的教学活动是一种实践的发展过程。

上述的七种特征反映的都是 PI 教学法的本质，它们相互间存在着密切的联系，是同伴交往教学最明显的特征。

第二节　大学英语教学方法概述

随着现代社会的不断发展，英语不仅对生活产生影响，更是对学习、工作起着极为重要的作用。随着人们对英语需求的逐渐增大，也对更多高校的英语教学提出了新的挑战。大学英语教学面临的主要问题就是如何提升教学水平、选择合适的教学方法，从而达到满足学生的学习需求的目的。

一、大学英语教学理念解析

（一）以人为本的理念

英语教育、课程与教学的根本主导思想是要充分体现以人为本、以人的发为本的思想。英语教学以人的发展为本的思想，根植于马克思主义哲学对人的本质人与客观世界、社会文化的关系，人的主观意识、思维与外在世界、社会思想化的关系以及人的生命活动与语言的关系等问题的论述之中。

1. 英语教学要体现人的本质

人的本质首先体现为物质世界中的现实人，现实人既是自然人，更是社会人；其次体现在人们与社会和思想文化的关系之中，人与人的关系是一切社会关系的总和。在人与人的社会关系和社会交往过程中，人们运用语言表情达意，或记录传承人类积累的物质文明和精神文明成果的精华，因而逐渐超越自然人，优越于自然人，最后成为社会人。❶人之所以能超越和优越于自

---

❶　肖礼金. 英语教学方法论 [M]. 北京：外语教学与研究出版社，2011.

然人成为社会人，最根本原因就在于人与人在社会中使用了语言这个最常用且最有效的信息交流和沟通的交际工具。人的本质不是单个人所固有的抽象物，在其现实性上，它是一切社会关系的总和。人的本质不是个人的天赋属性，也不是人类抽象的共性，而在现实中，人总是生活在特定的物质世界情境、社会和社会关系之中。人在物质自然界中产生，又存在于物质自然界之中，而且人也只有在物质世界和现实社会中，特别是在人与人使用语言作为交际工具交流和沟通信息的过程中，才能成长和发展成为能动地、创造性地改造世界、改善人自身和推动社会发展的人。因此英语教学的建设、发展和实施必须为实现面向全体学生、面向每个学生个体和面向具有终身学习能力的、推动社会发展的人，并以此充分体现人的本质特征为根本的价值观取向。

2. 人的发展与社会发展密切相关

课程与教学的本质是教书育人，是既能促进学生成为德、智、体、美、劳综合素质的全面发展，又能使其个性化获得充分的发展。人是社会的人，一方面人的发展需要以社会为依托，人脱离了社会就不能成为社会人，就难以生存和发展；另一方面社会的发展也离不开人，社会是由人组成的，是人群的社会，社会脱离了人也就不复存在。这种人与社会关系相互依存和互促发展性还表现在：一方面客观世界和社会发展制约着人的发展规律，另一方面人充分发展的目的又在于认识世界和社会及其发展的客观规律，并根据其内在逻辑发展规律能动地、创造性地改造世界和社会，并不断推动世界和社会的物质文明和精神文明的发展；而世界和社会的发展又反作用于人自己，不断促进人的充分全面发展和个性自由解放。英语教学发展和实施的目的也在于培养学生综合素质的充分发展，并使其个性获得自主、自觉与自由发展。这不仅是学生发展的需要，同时也是社会物质文明和精神文明共同发展的需要，更是创建和完善中国特色社会主义外语教育教学体系的需要。因此，英语教学务必紧密联系人与社会的发展，并在人与社会生活情境发展的进程中求得自身的发展、创新、完善和有效的实施。

3. 人的生命活动与语言休戚相关

在现实社会中，人的生命活动与语言休戚相关。人之所以能成为社会人，人与人之间交往、人与社会之间的关系和人的日常生命活动无不都是借助语言这个交往载体和交际工具来实现的，人的一切日常生命活动也无不存在于特定物质世界和现实生活与语言交际行为的联系之中。

语言是人的主观意识、观念和思维的物质外壳，是意识、观念、思维内容的物质载体，因此，不仅物质世界表现于语言之中，语言的内涵也是意识、观念、思维反映物质世界的内容，而且意识、观念、思维的内容也寓于语言之中。语言是意识、观念与物质世界存在关系之间的中介、媒体和桥梁，正是由于两者联系之间存在着语言这个媒介和桥梁，才使得这种联系成为可能并获得不断巩固和发展。其实，人的意识、观念与思维最初也是与人的物质活动、人类物质交往、现实生命活动和社会生活活动中的语言交往融合在一起的，而且人类的意识、观念、思维和语言本身也都是人的物质活动、人类物质交往活动、现实生命活动、社会生活活动和使用语言交流信息需要的直接产物。因此，英语教学建设、发展、创新和实施的目的、内容、方法都应彰显语言与学生现实社会生命活动的息息相关性，从而尽量设计成在接近、贴近、甚至回归学生的现实社会生活的生动情境之中讲解、操练和交际运用英语，进而促进英语教学能获得更为理想或良好的发展、创新的实施效果。

（二）传统大学英语教学的理念

教育是人的教育，核心是重视人的因素。在教育领域中人的因素就是学生和教师，因此，教育需重视学生学习的主体作用和教师教学的指导作用，以发挥师生双主体互动、生成的主观能动性和创造性。在英语教育教学过程中充分发挥师生双主体的主观能动性和创造性，具体体现在以学定教、以教导学、多学精教、不教自学的原理之中。显然，这种英语教育教学原理充分体现了以学生为主体，以教师为主导，发挥师生双主体的互动、生成作用，也是对以学生为中心或以教师为中心的理念做出重新评判。

1. 以学定教的理念

我国传统的英语教学理念以教定学为主，把学生当作接受教育的对象与接收知识的容器，而学校则是生产这些产品的工厂，只注重这些产品的学习成绩，却忽略了学生的个性发展。正确的学习理论和学习理念，则倡导以学定教，以教导学，把学生看作是学习的主人，学生是在教师的指导下积极主动地学习知识、技能、能力，让学生的个性充分发挥出来。真正做到以学定教、以教导学和教师的指导性相统一。

以学定教不但根据学生已有的知识、经验、需求之上，遵循学生学习知识、发展能力的规律，确定教学目标、内容、策略方法和评价措施，也要立足于激励学生能够积极主动地学习、能主动地思考和运用知识的过程，既立足于学生群体，也立足于学生个体。由于每个学生潜在能力和创造力都存在一定的差异，因此要注重学思结合、倡导启发式、探究式、讨论式、参与式教学，注重知行统一，注重因材施教，使每一个学生都能获得进步。

2. 以教导学的理念

英语教育教学不仅是以学定教，还需要有以教导学的理念，以学定教与以教导学是一对对立的统一体。以教导学理念认为，学生不只是知识的被动接受者和使用者，而且也是在教师的指导下能更积极地获取知识的学习者。有效的英语学习就是学生在教师的指导下，根据自己已经掌握的英语知识，不断接受和理解新的英语知识。所以说学习英语不是一味地接受知识，更何况学生本身也不是接受知识的机器。学习应该是学生在教师的指导下，根据自己自身的兴趣和能力，积极主动地去学习。以师生互动的形式来接受知识，这样学生才能更好地理解并掌握知识。

3. 多学精教的理念

大学英语教育不仅是以学定教，以教导学，而且还需多学精教。英语教学不近是师生之间的互动过程，还是师生之间和外界环境之间的互动过程。更是师生之间情景交融的多向互动的过程。多学精教理念是指在师、生、情境、英语、情意互动的过程中学生要积极主动地多学、多用，而教师则充分利用具体、客观的情境在学生已有知识、经验的基础上精教知识的重点和难点，以便腾出更多的时间让学生多学、多用。英语教育教学只有在具体的情境中，并在学生已有的知识、经验基础上进行教学才能达到精教知识的重点和难点的目标，并更易为学生理解和掌握。因为环境是语言现实的体现，如果没有客观的语言环境，那么语言就缺少了存在感，也难以理解和掌握；在学生已有知识和经验基础上精教新知识，既能节约教的时间，又便于学生理解和吸收，而且新旧知识融合所形成的新知识结构网络，也有利于记忆和快捷提取运用。在具体的情境中，并在学生已学知识、记忆的基础上精教，自然就能腾出更多的时间给学生学。

4. 不教自学的理念

英语教育教学不仅是以学定教，以教导学，多学精教，其最终的目标正是不教自学。教是为了不教，不教是为了能自学。终身享受自学的乐趣是学生学习的最终目标，也是学生学习最理想的状态。语言沟通的本质特征是具有双向或多向的交流性和沟通性，而且双方或多方都是不依赖于他人独立、自主的个体。这就是不教自学的自然境界。

5. "四种教学理念"的互动发展

中国特色社会主义外语教育体系是强调以学生发展为本为重点。除学生以外，教师是一个重要角色，教育大计，教师为本；教育教学改革，关键在教师；只有有了好的教师，才可能有好的教育。因此，以学定教和以教导学两者之间具有内在逻辑联系。教师不只是知识的载体、来源，也是传道，解惑的，教学不但不能以教定学，把教师作为主体；而且也不能排斥以教导学，仅仅把学生作为主体。教师应该教会学生学习和运用知识的方法，所谓"师傅领进门，修行在个人"，但是这并不是否定教师的作用，而是更多地强调教师对学生的引导作用。因此师生之间应该互敬互爱，教师应该尊重学生的人格，学生应该尊重教师的付出。

尤为重要的，英语教育教学不能止步于以学定教，以教导学；以学定教，以教导学还需通过多学精教才能最终通达不教自学的最高境界。因此，以学定教，以教导学，多学精教，不教自学是一个蕴含内在逻辑联系的统一体，四个方面互动、生成才能达到英语教育教学理想的目标。教师的职责就是教书育人，培养学生的发展。教师把全部的精力投入到教书育人中，无论是一件细小的事情还是一堂微不足道的课，教师都是为了有效激励学生的思想情感，激发学生求知欲望，培养学生独立学习的能力，同时也体现了自身的价值。它更直接体现在不教自学的最高境界之中。

根据辩证法理论，对于学生来说，学习是内因，教师的教学是外因。内因是起决定性作用的，外因通过内因起作用。这是以学定教的哲学基础；但是外因能起强大的反作用因而激励、推动内因的发展，这是以教导学的哲学基础。

（三）英语素养与积极的学习态度协调发展

传统的英语教育分离了英语素养与人文精神之间的关系和英语素养与积极的学习态度之间的联系。学习成了一座大山压得学生喘不过气来，从而也造成花时多、收效微的学与教的不良后果。学生学习英语只有以积极的学习态度，自觉主动地动脑、动耳、动眼、动手等多感官多渠道地学习和运用英语知识、发展英语技能和交际运用英语的能力，才能快捷、有效地发展英语素养。

积极主动地学习态度是人文精神的重要体现。积极有效地学习所倡导的是学生作为学习英语的主人和创造者，关注个性自由发展，积极调动学生主动学习，才能使英语学习达到事半功倍的成效。

提升英语素养，学生能够逐步树立学习的信心，从而产生学习兴趣。这是学习英语的成就感赋予学生学习的信心和兴趣，对于学生来说，学习英语不仅成了他们学习中的一门重要学科，更成了生命中积极的、富有乐趣的一个不可或缺的部分。学有信心，学有兴趣不仅能促进学习、提高学习效率，加速发展英语素养，即使在学习和运用知识的过程中，遇到困难和挫折，学生能主动地去克服困难，而每次经努力克服困难，成功的喜悦进而又促使其学习取得成功，这又能转化为一种成就感。

（四）过程、效率与结果的有机融合

学科的教育教学是发展文化知识和人文精神的主要渠道，其中作为主要学科的英语教育教学，更是落实发展英语了解扩展外国文化视野、意识的主要学科。提升英语素养和人文精神的场所是课堂，因此，英语课堂教学不仅要注重提升英语素养，同时也要培养学生的人文精神，而英语教育、课程的实施和课堂教学是一个过程，人文精神务必体现在整个英语教育教学过程之中，并使学生在掌握英语的过程中同时也潜移默化地感受人文精神的熏陶。

鉴此，英语教育、课程与教学既要重视学习结果，更要关注学生学习英语知识、发展交际运用英语的能力，以及陶冶情志、扩展世界文化意识、学会学习和形成人格的学习过程。英语教育要遵循学习过程，探索学习的规律，不能只强调结果，往往只凭成绩考试来作为教学质量的好坏。英语教学要重视效率，不能让学生花费大把的时间和精力去评比考试的好成绩。学习英语的关键还在于减负增效，让学生能花费最少的学习时间和精力去取得最大化的效果。所以，要把教学过程、工作效率和考察结果很好地结合起来，充分发挥学生的个性，发展学生的情志、潜力、创新精神、创造能力与实践能力。

综上所述科学发展观的指导意义，既具体体现在以人的发展为本，英语素养与人文精神的整合发展，以学定教、以教导学、多学精教、不教自学，英语素养与积极的学习态度协调发展，过程、效率与结果有机融合方面，而且还全面体现在学生的全面发展与个性发展，英语的学与思、知与行，英语知识、技能与交际运用英语的能力、英语与母语、思维与英语、听说读写交际运用英语的能力、学习与习得、交际运用语言能力与综合运用语言能力、输入量与吸收量以及输出量之间的关系处理等方面。

二、大学英语教学方法的含义与框架

（一）大学英语教学方法的含义

当人们遇到交流、思考、行为活动等方面的问题时，就需要寻求方法来进行解决，需要解决的问题不同，方法也有大小之分。同理，英语教学的方法也有层次上的划分：宏观层、中观层和微观层。

（1）宏观层。宏观层就是从系统的角度去观察和解决问题。将英语教学中的理论、观点、主张和操作程序进行系统性的整合，相互之间起到支持、完善的作用，最终组建出一个相对完整且独立的体系。这一过程包含的具体方法有：直接法、交际法、全身反应法、翻译法以及认知法。

（2）中观层。中观层相比之下具有较强的规律性，方法相对固定。但是其复杂性相对较高，具有相对固定的步骤、技巧和方法。其中具体包含的有：3P 法、IRF 法和 PWP 法。

3P 法的形成时期是 20 世纪 70 年代，交际语言教学模式的形成促使其产生。这种方法将语言教学进行了阶段的划分：演示、操练和成果。教师会先将语言知识呈现在学生面前，通过操练让学生理解和掌握，然后在一定的控制之下让学生们进行假设交际，实现语言输出，从而产生学习效果。

IRF 法简单来说就是由三个步骤组成的，I(initiation)：教师提出问题引发讨论；R(response)：学生针对教师提出的问题做出应答；F(feedback or follow-up)：教师对于学生的应答做出反馈。总结来说就是"问题、回答、反馈"这三个步骤。这一教学模式在课堂话语分析理论中颇具影响，多年来一直备受相关教师和研究者的关注，也是热点话题。

PWP 法是 Pre-learning、While-learning 与 Post-learning 的缩写，也就是根据学习的过程划分成的前中后三个阶段。第一阶段：学习前（Pre-learning），主要是指教师及学生在课前的准备阶段以及学生对新的语言知识、运用能力的激活阶段。这一阶段存在的意义在于为新的语言学习作出相应的准备工作，其中涵盖了包括激活、导入、启动、复习等全部的准备活动。第二阶段：学习中（While-learning），就是指对新语言的学习阶段，也就是教师将新的语言知识呈现在学生面前并进行讲解，引导学生训练的过程。这一阶段一般会在课堂当中进行，也可能是学生的课外自学，在这一过程中学生会逐渐掌握语言内容，并逐渐产生实际应用的能力。第三阶段：学习后（Post-learning），是一个对于新学习的语言知识进行评价和运用的阶段。这一阶段是在课堂之外的，因为课堂之内的运用活动依然是为学习阶段提供支持的。

英语教学过程中的具体语言教学内容都可以用 PWP 教学过程作为基础方法，但是技能教学中具体的形式表现是不同的。例如：Pre-listening, while-listening 和 post-listening 是听力中的；Pre-speaking, while-speaking 和 post-speaking 是口语中的；Pre-reading, while-reading 和 post-reading 是阅读中的；Pre-writing, while-writing 和 post-writing 是写作中的。

（3）微观层。微观层主要针对的是每一具体问题，并针对具体的问题找寻具体的解决方法，技能技巧性更强。这些解决问题的方法主要包含：归纳法、跟读法、默写法和演绎法。

英语教学方法是一种具有独特方法和体系的科学，其中涵盖对于语言的研究学习、对于教学材料的运用。独特的自身结构和研究对象使其成为一种非母语的教学理论。在这一方法中会将语言和语言学习的本质特征、教学目的、教师职能、大纲体系、活动开展、教材运用、技巧实施和程序进行等清楚地阐释出来，是在语言教学过程中的最佳途径、方法及观点的应用。

理论基础和操作程序是英语教学方法的根本。就前者来说，主要涉及的是教学当中的理论、观点和原则，就是对科学思维、逻辑推理、哲学思考的深层探索。而后者的侧重点则是，在操作层面上，学生和教师该做哪些事情，具体实施的方法又是什么，针对的是教学活动内容的决定、技术技巧的应用。二者构成英语教学的完整结构，前者需要科学的分析作为支撑，后者则需要科学的应用作为支撑。

（二）教学方法的基本框架

在教学过程中，英语教学方法的基本框架发挥着至关重要的作用。其有利于教师自身教学风格的形成以及方法体系的建立，更有助于对自身教学方法中问题的发现和分析。

1.AMT 三级构架

在英语教学中，科学的分析与应用之间的关系是相互依赖的，但又并不完全相同。

教学框架的良好层次性更加有利于学习技巧策略的实现，需要保证的是方法体系与理论原则之间是一致的。其中理论原则的特点是自明性，方法体系讲求的是程序性。理论原则主要是对教学内容的本质问题进行深度的分析和论述，从而提出关于语言的教与学的假设。而方法体系针对的则是整体的计划，这一计划不仅要与理论原则保持一致，同时还要保证与各部分之间的和谐一致。因此，以相同的理论原则为基础，是可以创立出多种教学方法体系的。

AMT 是由 Approach、Method、Technique 三个层面构成的，其间具有清晰的层次感和逻辑性。

Approach：即理论原则，是语言教学的基础层面，会对其他两个层面起到直接或间接的决定效果，也是语言本质的基本观点所在。

Method：即方法体系，介于另外两个层次之间，被 Approach 层决定，也能对 Technique 层起到决定的作用。在语言教学过程中内容、形式、操作以及教学框架等均是以认识语言和语言学习本质特征为基础建立的。

Technique：即技巧策略，直接受 Method 层决定，间接受 Approach 层决定。就是教学过程中常用的技巧策略、活动、任务的各种具体体现。

AMT 三级架构并未对本身的内在结构进行详细的描述，只是对教学方法的外围结构进行了介绍。看似合理，实则单薄。在此背景基础上，ADP 三维架构也就应运而生。

2.ADP 三维构架

ADP 三维架构是在 AMT 三级架构的基础上产生的，是指 Approach，Design，Procedure，也就是教学理论原则、教学设计和教学步骤，其构成了一个完整的英语教学方法。

这三种模式之间既存在着差异，又有着紧密的联系。在一种教学方法中，教学设计是组织形式的基础、理论上与教学理论原则有着密切的联系，教学步骤是实践的根本。

ADP 模式较 AMT 形态上更加完美，模式充实丰富，教学方法的构架更加趋向于完整。A、D、P 三个部分之间的关系是相互独立的，同时也是相互依存的，语言学习理论、语言教学技巧都被纳入到体系之中的同时，核心内容也被进行了具体的分类。

教学方法本身不是教学实践，只是概念的组合，教学实践是教学方法应用的具体体现。ADP 模式当中的教学设计只是表面理论的阐述，教学步骤被当成了实践。这一前提下使得教学步骤和教学设计被割裂成了两个部分，无法互相融合，甚至还会出现教学设计与教学步骤的某些内容重复出现的情况。因此，这种教学方法本身是存在不合理之处的，把课堂应用并入体系中的做法，难以让人信服。

3. 五层框架

这种框架模式对结构之间的个自定义和相互之间的关系进行了明确。其精髓在于将整个方法论相关的内容划分为了科学范畴的理论和艺术范畴的实践。前者是教学基础理论原则，包含方法论（Methodology）和研究方法（Approach）两个部分。后者包含方法（Method）和技术（Technique）。理论与实践的结合使得五层框架结构能够有机地组合成为一个完整的框架，创造出一个全新的英语教学方法论说明体系。有效的教学策略促使这一模式形成，不仅促进了中国英语教学方法的理论研究，还积累了教育思想上的财富。

新框架本身是极具优势的，但不可否认的是也存在某些问题。

（1）教学策略被定位在教学方法之上，是与其他观点相反的，易导致错误和混淆的发生。

（2）教学方法被框定在课堂这一环境之中，不利于方法和教学整体性间的一致。

（3）概念与主流不符，难以被接受。

（4）以英文为概念基础，伴随着概念的混乱，是这一模式的先天不足之处。

三、大学英语教学方法

（一）情境教学法解析

1. 情境教学法的基本原则

（1）独立自主性。独立自主性原则体现在：合作关系是基本保证。情境教学强调教学要在师生间互信、互尊的前提下进行，是因为教学从本质上来讲就是一种特定情境中的人际交往；学习和自主创新的主体地位。这就要求在情景教学时，教师要从学生的实际出发，让学生积极、主动、快乐的参与课堂活动。

（2）轻松体验性。在情境教学法中，教师设法引导学生向问题答案的方向去思考，让学生充分发挥自己的想象力去独立思考问题，并找到问题的答案。轻松体验性原则解决问题的乐趣。

（3）统一原则。培养良好的学习习惯，还要充分培养刻苦和钻研的学习精神，以便发掘无限的潜能。教师在教学过程中，要注重学生的理智与情感的结合，要不遗余力地想办法去培养学生良好的习惯，挖掘学生的潜力。不是单纯地要求学生努力学习。简而言之，教学是一种精神的集中与轻松并存的状态。情境教学法最理想效果就是学生在学习中张弛有度。学生取得更好的学习成绩是理所当然的。

2. 情境教学法的实施途径

（1）背景的设计。语言学习是要在一定的社会文化背景（即情境）中实现的。学生会在所提供的社会文化背景下，将已经理解的知识和新的知识联系起来，吸收新的知识，并且把旧的知识和新的知识融合在一起。所以，教师在教学过程中，不断创造出学生学习语言的社会文化背景，引导学生积极参与和学习。与背景设计相联系的六个因素如下。

第一，相关的范例。构建心理模型以备需要的时候或者是解决问题的时候参考。与此同时，还要想出解决问题的多重想法，培养学生的发散性思维。

第二，学习的任务。教师首先向学生描述社会文化背景，然后在告诉学生学习任务。告诉学生学习任务的目的是激发学生的学习积极性，培养学习兴趣，吸引学生参与。与此同时，教师还应注意允许他们操纵某些维度，自己做出决策，在问题呈现的过程中为学生留出足够的操作空间。

第三，学生的自主学习设计。建构主义指导下的情境教学的意义。自主学习是在构建主义情景教学的指导下。内因决定外因，外因通过内因起作用。在适当的社会文化背景下，学生独立自主的，以便更好地完成学习任务。由此可见，学生的自主学习设计是情境设计中最重要的解决部分。

第四，教师的引导。学生是建构主义的核心，是知识建构者，不仅如此，教师对学生的意义构建起促进作用，是整个教学过程的组织者、指导者和协调者。教师的有效启发、认真组织和精心指导都以主动建构知识意义的情境时不可忽略。

第五，学习资源。在学习过程中，学生首先确定学习资料的数量和种类，从而想出解决问题的办法。学习资源的资源不但可以在书本中获得，还可以通过网络获取各种学习资源。这类信息和知识随时可得以备学生选择。

第六，学习工具。学生可以借助认知学习工具帮助自己进行各方面的分析、编辑等，用来表达出自己心中的想法。

（2）意义的构建。如果学生在日常学习中得不到一定的吸引，也就很难加深教学方法和步骤包括以下三个方面。

第一，教学目标的剖析。在以意义建构新知识为中心前提下，学生在学习过程进行独立探索，还有教师的指导。但是不同的学习阶段的所学习的内容都是由很多个重要并具有特点的知识点组成，所以在学习中对人们学习的内容进行剖析，来确定和完成人们所学知识的基本内容意义构建。

第二，自主学习策略的设计。自主学习策略是完成意义建构的基础。设计需要自主学习，同样，意义的建构也需要自主学习的策略设计。由于自主学习策略设计的目的是，能帮助学生选择有效的学习方式。元知策略设计在自主学习策略设计中非常重要。是学生在学习过程中采用的学习策略之一。

第三，协作式学习的设计。就同一问题为几个学生提供用几种不同观点，不仅如此，它还可以培养学生之间的合作精神。

（二）交际型教学法解析

1. 交际型教学法的发展

20世纪70年代初期交际型教学法逐渐产生。当时，作为一种工具来进行教学的国外语言教学方法。可以说，当时的社会历史背景催生了交际型教学法的产生。

从20世纪70年代中期起，"交际能力"概念上包含了教育的实践、理论和研究的重大问题。这一概念与"语言能力"形成鲜明对照。这个时候人们开始逐渐认同从社会的角度观察语言，于是社会需求和"交际能力"两个概念相结合，就形成了新思想即"交际语言教学"。其后，这种教学法就传入中国。并能得到了较广的应用。

教师和学生在交际型教学模式中，他们的主要接受能力应当放在怎样利用语言作为介质以实现交际目的、完成任务上，而不是仅关注所述句子的结构是否完全正确。所以，交际型教学法是将语言的结构与功能很好结合起来，要求教师不仅培养学生听、说、读、写等方面的语言技能，同时还要教会学生如何灵活地运用语言技能运用到英语交际中去。

2. 交际型教学法的基本原则

（1）以学生为主体的原则。如果教师在教学时采用交际型模式，需要注意两个方面：一是教师要创造一种相对宽松、愉快的教学环境，这样学生在学习中就能更放松，从而交流和沟通也显得没有任何压力；二是不管是在课前预习还是课后巩固的环节中，教师都要注重对学生自主性的培养，让学生养成独立思考、独立解决问题的习惯。交际型教学法就是将教师和学生的身份进行调整，并根据教学内容来最终确认学生的主体地位。这对于英语教学来说，既是一个机遇又是一种挑战，这就要对学生的个体差异有所了解，以此再选择合适的教材以及有效的教学方法。

（2）以意义为中心的原则。对意义进行传达是交际型教学方法中最为重要的任务，通常情况下，母语交流也好，其他语言交流也好，教师更为注重的是对语法的结构主义进行讲解，也就是对词汇、语法和句型的构成讲解为重点。这样的教学方法导致很多学生学完英语后，并不能在实际交流和沟通中做到交流自如。学生学习英语基本上都是被动接受，教材中的英语文本和实际口语交流用语还是有一定的差异。因此教师在课堂上要允许学生在语法中犯错误，这样学生才能敢于开口，敢于交流。因为不管学习什么语言，都是在纠错过程中获得能力的提升的，学生愿意说，而且可以比较系统的说出自己的观点和看法的话，那么语法上的一点点小错误也不足为奇，教师应该引导学生将自己的看法进行比较系统地表达。当然，这也并非要求教师对学生在语言形式上所犯的错误采取无视的态度，只重视语音意义的传递，而应该让学生主动地来学习语言，且可以较灵活地运用于实际生活中去。

（3）以任务为指向的原则。教师进行语言教学的过程中，可以结合一些实际的交流活动，这样学生可以在学习过程中就开始尝试对语言的实际运用，从而加强对语言的学习能力。交际型教学还可以结合其他学科的教学，在其他学科的学习过程中利用语言这个媒介，不但有利于语言本身的学习，还能将语言当成一门独立课程来进行学习。一般来说，倡导以任务为核心的教学方法可以给学生们提供更加直接、更加真实的语言沟通机会，有利于提高学生的学习兴趣和热情，从这点上来说，任务和交际也有着密不可分的关系。另外，英语演讲、英语辩论和英语段子等方式都可以成为学生提高自己语言能力的重要手段。

（4）真实性原则。交际型教学方法可以从以下两个层面来理解它的真实性含义。

首先，对其教学内容的真实性要求比较高。如果教学内容和学生的实际生活非常贴近，有利于学生实际交流能力的培养。若教学内容都是选取的跟实际生活相差较远的书面语言来进行教学，是不利于学生语言实际交流能力的提高的。

其次，对教学氛围的真实感以及实际交流的模拟要求比较高。从交际法教学目标来看，只将语言结构形式教给学生是远远不够的，更为重要的是让学生可以掌握语音技巧，能在实际交流时进行灵活运用。

与此同时，交际型教学方法不仅对学生运用真实语言做了要求，而且还要求他们善于运用具有创造性的语言。换句话说，也就是需要学生使用语言时既要考虑语言形式的准确性，也要考虑语言的丰富多样化。而且，在角色扮演中也要求真实性，教师要让他们对交际存有愿望和期待，鼓励学生融入自身所扮演的情境角色中。

3. 交际型教学法的实施途径

（1）设计交际活动。交际型教学方法中还可以增加一些针对语言功能设置的交流活动。主要是为了能激发学生运用已经掌握的语言知识灵活运用于实际交流活动中去，从而达到传递信息或者独立解决问题的目的。比如猜词、角色扮演、描述、对话等活动。

首先，所谓描述活动是指教师提供给学生一个具体的物体或者事件，让学生通过观察来将自己的观点和认识描述出来，这样能有效提高学生对目标语的理解和对段落的运用。例如，教师可以让学生将自己的卧室、学校或者所在地的城市进行描述。通过学生的描述，教师可以掌握学生的学习情况或不足之处，有利于提高学生的语言组织能力和思维能力，而且还能让学生参与到实际交流中去。

其次，对学生进行口语使用能力的培养还可以采取猜词语的游戏来进行。这就要求学生能对词汇的确切含义进行掌握，并可以活学活用，而且提高学生交流能力的前提也是对句子句法的运用有较强的掌握。该游戏具体操作是：

教师先找一个学生面对着大家,不能看到黑板,然后再让另一个同学在黑板上写上一个单词,接着让学生们对单词的含义用英语表达出来,让第一个同学来猜。这种游戏的融入,不但提高了课堂教学的活跃氛围,而且能调动每个同学的参与热情,这样让学生在相对轻松的游戏氛围中掌握单词,更可以对学生进行口语练习。

最后,对学生交际能力的提升还有一个比较有效的活动即对话活动,教师先给学生确立一个话题,可以是心情、天气、体育赛事、日常生活等,让学生们展开对话。这些内容乍一看对学习没什么实际作用,其实它可以很好地活跃社交氛围。因此,学生要利用这些机会加强与别人的沟通和交流,增进自己的交际技能,简洁完整地将自己的观点表达出来,这样不但将自己的意思表达明确了,而且不会因为过长的对话导致对方的反感。当然,对认识标准的确认必须要学生自己来确定。使得交流双方处于一个平等的地位,能推动交流活动的顺利展开。若是这种平等被破坏了,将不利于交流活动的继续。

(2)评价交际能力。评价学生交际能力是在所有的活动设计以及开展之后才能进行的。教师的交际活动的选取要注意必须包括功能性和社会性两个要求。因为教师对学生交际能力的评价也是从功能性和社会性两个层面来进行的。也就是说,功能性和社会性两者兼顾统一才是对学生总体交际能力评价的标准。

其一,教师要对语言的恰当和得体进行评价。这要求从语言文化背景中去决定合适的交际话题。不同的文化中对隐私有不同的看法。再者,对语言的使用得体的标准还要根据当时的语境和交流双方的关系来确定。

其二,教师要对文化背景知识的掌握程度进行评价。这对学生的交际能力的培养是至关重要的。他能提高学生对语言进行准确的把握。社会文化习俗对语言表达方式是否恰当有相当大的影响。所以,学生在进行实际交流和沟通中要注意结合目标语文化背景知识的规则。

例如教师可以将错误的交际情境提供给学生,看学生能否发现其中的错误,这样能较好地验证学生对文化背景知识的掌握程度。这些文化误解主要是来源于本族语言的负面情绪,针对这些错误,教师可以引导学生进行指正。通过这个环节,能有效引导学生对语音语境以及社交技能的掌握,而且教师还可以对学生的语言掌握程度进行评价，对学生进行启发。与此同时，教师还可以将母语文化和目标语文化进行对比。这样既能加强学生对母语的掌握，又能保持目标语和母语之间的一个平衡关系，加强学生的交际能力。

最后，教师要对学生风俗习惯的掌握程度进行评价。任何语言都有自己独特的固定语言形式和固定的用法。若是学生对其固定用法没有很好的掌握，则不可能准确地对语言进行表达，甚至会遇到一些尴尬情况。而且，英语礼仪中经常有一些固定式的短语用法，比如有客人来访，要让客人先进房间，通常要说"After you！"；长久不见的熟人偶遇时则应该说"How nice to see you！"。这些都属于语法和句法结构上的固定用法，当然英语中还包括了一些词汇上的固定用法。

对英语教学效果的评价中，这三个要素是相互关联、相互作用的。因此对学生文化得体意识的养成要对三个层面进行深刻的理解，当然，这也是交际能力不可或缺的重要部分。

第三节　PI 理论的现实意义

当代社会对人才的要求越来越高，高等院校作为培养优秀人才的载体，培养出来的人才不仅需要掌握牢固的专业知识，而且还需要掌握有效的学习方法。近些年来，我国的高等教育改革取得了一定的成效，但仍然有待提升。

一、PI 教学的思想

（一）教学相长

"是故学然后知不足，教然后知困。知不足，然后能自反也，知困然后能自强也。故曰：教学相长也。《兑命》曰：'学学半'。其此之谓乎？"

人们只有亲身去学习，才会发现自己不懂的知识，在教授别人的同时也可以发现自己的不足。从而不断进行反省、改正，知道自己不懂才会更加努力去学习和询问。所以教与学是相互促进的。

"教学相长"一词呈现出一幅同伴教学的画面，这其中展现出的学习方法是新型的。这种方法将学生作为教学活动的主体，学生主动去学习、去讲解，就会很清楚自己的不足之处，不仅可以加强对知识的理解和掌握，还可以促进同学之间相互交流，解决自己的困惑，提高同学们的学习积极性。这种教学方法突出的是学生，学生是整个教学活动的中心，实行这种教学方法能够明显增强学生的自主学习能力，帮助他们更扎实地掌握所学的内容。

（二）乐群取友

"一年视离经辨志；三年视敬业乐群；五年视博习亲师；七年视论学取友，谓之小成""独学而无友，则孤陋而寡闻。"

第一年考察分析文章义理，断句分章，辨别志向所趋的能力；第三年考察学生是否尊敬学长，是否与学友和睦相处；第五年考察学生是否少广学博览，亲敬师长；第七年考察学生在学术上是否有独到的见解和择友的眼光，称之为"小成"。自己一个人冥思苦想，不与友人讨论，就会形成学识浅薄，见闻不广。

在当今的大学校园之中，学生都强调自我个性，平时交流较少。《学记》中的这两段话讨论的就是学生间进行交流的重要性，评价学生是否优秀是从两个方面来看的，首先，要看学生能不能与同伴和谐共处；其次，要看他能不能与同伴进行学习方面的交流。这两个方面都是需要考察的，而不仅仅是学习成绩。但现阶段我国高校所建立起的有关于学生的评价体系中，这方面的考察内容经常是缺乏的。

PI 教学提倡同伴之间的相互教学、相互交流，解决了目前高校存在的短板，不仅可以使同学们学到理论知识，而且也提高了学生的交流表达能力，促进了学生之间的和睦相处、交友能力的提升。这种教学方式除了对学习有帮助外，对生活和工作也是受益匪浅。

二、PI 教学思想的现实意义

从《学记》中，可以看到 PI 教学的极大益处，不仅体现在学生的学习方面，同时也表现在学生的生存、生活方面。同伴教学的优越性除了表现在学生个体上，也表现在学校整体两个方面。

（一）学校整体视角下 IP 教学思想的现实意义

如何在高校营造良好的校园氛围，构建和谐校园是近年来一直困扰着众多教育学者的问题。对此问题专家指出，现如今高校所出现的这类问题，主要与学生主体存在重大关系。学校的学习风气和校园氛围会随着学生对于学习的态度，也就是学生学习的主动性发生变化。学校作为一个整体，学生就是其构成主体。所以学生的精神文明程度和学习习惯是影响学校氛围的重要因素。校园氛围和学生个人的精神文明是相互影响、相互作用的，要想营造出和谐积极的校园氛围，就需要帮助学生养成良好的学习习惯，注重学生的精神文明建设。

PI 教学能够在培养学生学习主动性上起到推动作用。它的教学特点就是将学生作为整个教学过程的主体，需要学生充分发挥主体作用，多渠道寻找资源来进行自主学习。学生自觉进行学习交流，有利于学校营造积极进取的校园氛围。与此同时，学生之间通过同伴教学模式，可以在学术交流上产生思想上的碰撞。通过一个课题或学术问题来引导和带动一批学生开展自主学习，营造出良好的学习氛围。

（二）学生个体视角下 IP 教学思想的现实意义

1. 知识促进的优势

所谓的同伴教学，最大的特点就是学生可以在这个模式下进行知识吸收。首先，这种模式要求每个学生不仅要成为学习者，更要成为他人的施教者。学生在这个过程中可以更大程度地体会到学习的乐趣，增加学习热情，而且因为兼具施教者身份，学生不得不积极主动地进行知识学习，这就会进一步促进学生自身的主观能动性，在学习过程中主动自觉理解知识，甚至愿意去主动涉猎更多的知识领域。其次，学生作为同伴教学模式中的主体和中心，需要不断提高自己的能力才能够适应，这就会使得学生的学习变得更加高效、更加有动力。而且在这个过程中由于学生之间会潜移默化地形成一种隐形竞争的关系，学生就会不自觉进行比较，那么就理所当然会对学习产生更大的热情，这也有利于校园营造良好的学习氛围。在这样的模式下，不仅会促进学生成绩和学业发展，还会对学生的学习习惯产生正面影响。当学生成为一个施教者就会在督促别人完成课业的同时意识到自己的不足，进而提高能力。

2. 发展情感和社会性

在个体发展的过程中，情感是最为重要的。在人的一生之中，爱是非常重要的情感之一，而在我国的学校教育中，恰恰缺少爱的教育。在当前的大学生活中，学生大多是享受高度的时间和空间的自由，而缺少长时间的相处。所以当今大学生往往会产生一定程度的孤独感，朋友也会减少。而 PI 教学的教学特点正好能够弥补这方面的不足，学生在进行自主学习的过程中，可以和其他人进行更多的交流，学生们相处的时间增多，自然也会在情感上获得更多，也会获得更多选择朋友的机会。在这样的模式下，学生不仅能够增长知识，还可以获得友谊。

在 PI 教学的过程中，学生通过与同伴间的共同学习与互相帮助，建立起自己的责任心，也能增强自信心，提高自身的综合素养。培养人才是高校一直以来最重要的课题，但是所谓人才，不应只是知识技能上面的人才，而应该是全方位的，其中就包括更为重要的个人素养问题。学生在今后的工作和生活中是否具有责任心和自信心对于学生的个人发展都是十分重要的。在 PI 教学中，学生在作为施教者的角色中，会努力去表达自己的观点，也会主动去与人合作沟通。通过学校学习这一方面不断影响到学生今后的生活，甚至是整个人生。

PI 教学区别于传统课堂的最大特点就是能够增加学生之间交流的机会，这样就可以潜移默化地提高学生交际能力。学生所学习到的并不只是学科知识，还包括查找和整理资料的方法、如何和他人进行更好的交流、清晰表达自己的想法。在进行 PI 教学的过程中，学生的交际能力不断得到锻炼和提高。尤其是那些性格相对内向的同学，更是可以通过这样的机会督促自己进行人际交流。人际交流这一能力是现在高校应该培养的重要能力之一，更是学生在进入社会之后的重要能力。

作为当今社会的一员有四个最基本的要求，即学会做人、学会做事、学会学习、学会与他人共同生活。而这四种能力在 PI 教学中都能够得到锻炼并提高。正是因为 IP 教学对于教育事业的重要意义，也使其逐渐进入高校的视野并得到重用。

第四节 PI 教学法的历史与研究现状

PI 教学法在我国很早就开始兴起了，在古代著名思想家孔子的教育思想中实际上已经体现了同伴教学的观点。一些西方发达国家自 20 世纪 70 年代起开始对同伴教学理论进行探讨和研究，并且已经将这些理论付诸了教学实践。教学改革的全面推进不仅为在我国的教育情景下研究同伴教学提供了契机，而且推动了新教学方式的实践进程。

一、国外 PI 教学法的发展

（1）早期的贝尔 – 兰卡斯特制。PI 教学法的形式在古罗马时期已经开始兴起。PI 教学是由贝尔 – 兰卡斯特制发展而来的。

贝尔 – 兰卡斯特制对教育状况的改善起到了很大的促进作用，教育经费匮乏的问题得到了较为有效的解决，师资短缺的问题也得到了改善，扩大了接受教育的范围，为大家学习知识提供了一种便捷的途径，提高了学生学习的积极性和主动性，对成绩的提高具有显著的作用。但是在工业革命完成之后，英国的教育制度化逐渐得到完善，教育变得更加规范，这种"导生制"的教学方式在英国兴起几十年后也开始走入低谷。

（2）PI 教学法在美国的复兴。美国的教育界于 20 世纪 60 年代开始将注意力聚焦于学困生身上，PI 教学法在这一时期也被越来越多的人所重视。面向少数民族低收入家庭的学生专门设计一门"辅导社区"的课程，该课程包括通过对 PI 教学法的培训和评价体系。

对于学困生实行 PI 教学法是新时期对抗贫困的补偿性教育的重要措施，随着美国复兴的兴起，PI 教学法在美国获得了肥沃的土壤，如雨后春笋般，新的研究领域逐渐硕果累累。

（3）PI 教学法在英国的复兴。1979 年，英国教育开始了对 PI 教学法的研究，一直到 19 年后，1998 年苏格兰心理学家出版了《同伴辅助学习》一书，象征着 PI 教学研究已经发展到一个新的阶段，此书包括了该世纪所有与PI 教学有关的优秀论文。

二、我国 PI 教学法的发展

（一）我国古代 PI 教学思想的出现

《学记》中记载"相观而善之谓摩""独学而无友，则孤陋而寡闻，燕朋逆其师，燕辟废其学"。从中可见 PI 教学法思想的发端。孔子虽然没有直接阐发 PI 教学的问题，但他非常注重同伴之间相互纠错和学习的必要性，《论语》载曰"益者三友，损者三友"，又曰"三人行，必有我师焉，择其善者而从之，其不善者而改之"。到了汉代以后 PI 教学逐渐成为一种比较普遍的教学现象，据《汉书·董仲舒传》记载："董仲舒，下帷讲学，弟子传以久，或莫见其面。"古代时期我国就已经有了 PI 教学法。教育在当时是统治阶级巩固政权的一种工具，并和政治紧密结合在一起，因此在这种情况下 PI 教学法很难得到发展。

（二）我国近代 PI 教学发展

20 世纪 30 年代，中国的教育还是以私塾为主，著名思想家陶行知根据实际在全国推行"教知即传入"的"小先生"制，也就是动员小学生做教学先生。❶ 这与 18 世纪流行于英国的导生制有相似之处，都是同伴教学的方式；但是导生制是当时的资本主义国家为了扩大技术工人数量而产生的一种教学方式，而中国的小先生制则是为了救国于危亡时期，是为了让更多的平民接受教育，寻找强国之策和兴国之路的一种探索。二者在存在的目的上有着明显差别。另外，导生制只限于学生之间的互相学习，是具有相同的教育背景，而小先生制则不仅限于学生之间，小学生也可以去教任何愿意接受教育的人。所以说小先生制是中国历史上 PI 教学法的诞生标志，也是一种真正意义上的实践。

三、国外 PI 教学研究现状

国外基于应答系统的同伴教学相关研究已经十分成熟，同伴教学法已经

---

❶ 李正栓，杨国燕，贾萍，谷素华．现代英语教学论 [M]．北京：清华大学出版社，2018.

从综合大学的课堂走向专科学校、中学等不同的学校，也渐渐从物理课堂走向大学英语等其他不同学科的课堂，同伴教学的使用范围日益扩大。

根据已有同伴教学流程的研究，可知后人的研究基本都是在埃里克·马祖尔的标准同伴教学流程基础上做了改动，虽然有些许的差别，但是核心理念都是相同的，都注重学生间的差异，都强调学生的自主思考，都注重同学间的合作、讨论与交流，也都促进了生生、师生间的互动。

四、我国 PI 教学研究现状

（1）一般性评价型。《同伴教学的理论与实践》是作家肖旻婵所著，这部著作系统研究和阐述了国外的 PI 教学法。

（2）思想政治管理类。《导生制——当前高校学生管理的一种新模式》是作家魏景柱等人所著，他们在此文中分析了导生制存在的意义，并且探讨了考评和选拔导生的方法。

（3）与具体学科相结合。《同伴教学方法与我国大学英语精读教学改革》是由朱凌云和燕燕编写的，在此书中从认知的角度解释了 PI 教学可以为大学英语精读教学中对教与学提供相互帮助、相互训练的作用。

五、PI 教学研究发展趋势

PI 教自学 20 世纪 90 年代以来，表现趋势为：

第一，同伴教学理论逐渐与心理和实验相结合，基础理论由浅入深。

第二，不再局限于阅读领域，扩展到其他学科。

第三，涉及 PI 教学的范围逐渐扩大，所涉及的对象从高年级的学生开始向着低年级的学生扩展。❶

第四，教学中引入了更多的科技设备及手段。比如网络、计算机、多媒体等。

---

❶ 裴娣娜.现代教学论（第二卷）[M].北京：人民教育出版社，2005.

第二章 PI 教学法的发展与改进策略

学生创新能力和知识构建的培养可以通过合作、互动的学习方式来实现。教育研究者要设计出合作、互动的教学方法来促进学生有效学习。本章主要论述 PI 教学法理论的主要功能、历史与发展、主要问题与改进。

第一节 PI 教学法理论的主要功能

对教育理论的主要功能不能仅限于在教育内部，需要放在时代的大背景下去考量。每一种教学理论都反映了当时的社会发展要求，脱离了时代发展背景的教学论是没有生命力的。

一、PI 教学法理论的功能

PI 教学法教学的功能是通过交往教学结构来体现的教学的潜在作用与能力。其主要功能表现在以下五个方面。

（一）文化功能

文化功能是指 PI 教学法教学具有促进学生完整地理解和掌握人类经验，发展多种智慧功能，促进自身文化形成的作用。学生进入教学领域，要解决的基本问题就是对前人或别人提供的"文本"进行解读，从而在理解中获得教育意义。然而，人类经验的内容是多方面的，性质也是多种多样的，人类经验的方式也是多种多样的，这就要求学生完整地理解和掌握人类已有的生存、生活和生产经验。❶

---

❶ 何广铿 . 英语教学法教程：理论与实践 [M]. 广州：暨南大学出版社，2018.

人类的经验是整体的，不仅有关于"是什么"的事实知识或陈述性知识，而且有关于"怎么样"的程序性知识或智慧性知识，还有关于"为什么"的价值知识。PI 教学法教学应使学生整体地理解和掌握人类经验。这些知识经验体系能转化为人的内在的良知、力量和智慧，能用来指导人生道路，给自己创造幸福，也给人类创造幸福。有文化的人必然是智慧的人，PI 教学法教学在学习文化的过程中可以让学生完整地掌握人类的经验，发展多元智慧。

（二）社会化功能

社会化功能是指 PI 教学法具有有效地促进学生社会性的发展功能。教学过程是促进学生社会化的过程，发展学生的社会性是交往教学要素、结构和活动的社会性决定的。第一，PI 教学法教学的目的就是为未来社会的发展培养合格的人才，脱离了社会需求的教学是无法存在的。PI 教学法教学的内容既反映了过去的社会经验，也反映着现代社会的政治、经济、文化、科技等的发展要求。第二，教师、学生都是生活在一定社会关系中的具体的现实的社会存在。PI 教学法教学活动本身就是人类活动的一种特殊形式，具有共同目的、利益性和规范性，教师和学生共同的教学生活是一种"类"生活。学生的社会性发展包括如下三个方面。

（1）学生社会关系的丰富和优化。学生的社会关系是一种主体间关系，即把与自己有关的交往者的主体性作为相互理解、沟通、对话的基础而结成的互为主客体的人际关系。随着 PI 教学法的"交往"范围不断扩大，学生与更多的人发生主体间交往关系，学生的社会关系范围扩大了。个体越来越摆脱个体的认识局限性，具有更多的人类共性，个性也会更加突出。当然，教学中的交往也有一定的度，存在优化问题。PI 教学法就是要使学生生活在积极的、健康的人际环境中。

（2）学生交往意识和交往能力的发展。交往能力包括人际沟通能力、对话能力、合作能力、自我展示能力、人际吸引力、人际理解甚至是国际理解能力等。PI 教学法给学生提供了交往的时空和条件，有助于培养学生的交往意识并锻炼学生的交往技能和能力。

（3）学生的职业意向和职业能力的发展。学生毫无例外地要走出校门，并进入社会生活。谋生的能力是学生在未来社会中立足的基础，经济生活是人的基本生活形态。显然，不顾学生职业发展需要，单纯进行"普通教育"是值得人们怀疑的。传统的教学很少涉及职业知识介绍和职业技能的训练，以至于学生就业准备不足，适应社会能力差。在市场经济条件下，不关注学生未来职业生活的需要是不行的。交往教学凸显了培养职业意识和发展职业能力的功能，不仅是因为交往教学主张学生全面交往，使教师容易发现学生的潜能与特长，便于教师定向培养；而且交往教学加强了与社会生活的联系，加强了学生对职业生活的理解，培养了学生的职业意识，特别是通过一定的社会实践活动，可以进一步锻炼学生的职业能力。

（三）个性化功能

PI 教学法的个性化功能是指交往教学具有促进学生独立人格和个性发展的功能。

人格就是作为人的起码资格。它具体体现为作为人必然具有的权利、地位和尊严。一旦这些权利、地位和尊严遭到剥夺、贬低或削弱，个人作为人的资格，即他作为人的存在，就会成为疑问。尊重人格就是尊重人的生命存在。

个性可以从不同角度来理解。心理学中的个性是指一个人经常表现出来的稳定的心理倾向性和心理特征的有机结合，包括能力、气质及性格等个性心理特征和动机、兴趣、理想及信念等个性倾向性两大方面。社会学上的个性是指与社会性相对的人性。哲学上理解的个性是与共性相对的个人的特殊性。从人的主体性看，包括与客体性相对的自觉性、开放性和选择性，与非主体性或反主体性相对的自觉能动性、独立自主性和主动创造性；从个体与其他主体性相区别的唯一性、独特性和差异性看，包括个体自然潜力的差异性、个性倾向的差异性、个人心理特征的差异性以及个人的社会性特征的差异。因此，发展学生的个性内涵是非常丰富的。

在现实中，许多人将学生个性发展简单地理解为"特长"发展，或标新立异、与众不同，或抽象地理解为"人的解放"，这是对"个性"含义的片面理解。个性不仅指个体的特殊性，更是指个体的整体特性。标新立异的个性可能导致人性的异化，或导致个人的畸形发展。

倡导个性，充分发展个性，对社会和个人的进取具有积极价值。因为个性发展意味着个人社会自主能力、自觉能动性、主动创造性和自我调控能力普遍提高，这是个体生存发展的重要条件。同时，个性发展既是社会发展的重要目标，又是社会发展的源泉和动力，也是社会充满活力的根源。传统教学是以集约化、规模化、标准化和同步化为基本特征的。由于过于追求集体至上和规范至上，忽视了个人的自由、独立人格和创新精神，结果学生个性难以伸展；由于过于强调一致性，忽视了教学主体之间在需要、兴趣、爱好、性格、气质、才能、理想和信念等方面的差异，致使个性单调，缺乏多样性和丰富性。总之，学生的个性很少有发展的空间和时间，个性往往被共性驱赶，被社会性挤压。

（四）促进学生可持续发展能力的发展

学生的可持续发展指的是学生作为一个有机整体的持续、稳定、健康的发展，是个体与社会协调一致的发展。它是个体生活质量不断提高，生存价值不断提升的过程，也是主体性的持续发展；在发展的前一个阶段孕育着后一个阶段的构成要素，并成为后一阶段的动力。如果某一个阶段的发展方向不正确，发展结构片面，就有可能阻碍下一个阶段的发展。

并不是学生现有的任何发展都会带来他的未来的顺利发展，这除了时代发展等因素外，主要与自我发展的方向和结构有关，与教育教学的模式相关。因此，促进学生可持续发展的能力的确是现代教学应引起足够重视的问题。

传统的教学结构与功能是关注学生"认知"的现时的发展，没有从人的发展的连续性和终身学习的角度培养学生可持续发展的愿望和能力。把现在的发展与未来的发展的连接当作是理所当然的事情。然而，现实教学在发展学生现实本质时，由于过于强调某个方面的教育和训练而导致学生发展的结构失调，由于采取强制等方法而令其产生厌学情绪，由于重复他人的思维和机械地练习而造成思维保守、缺乏开拓精神等。

PI教学法具有促进学生可持续发展的功能，除了促进学生知识技能掌握，使社会性得到一般发展外，还包括以下四个方面的可持续发展能力。

第一，提高学生的自信心。交往教学将学生置于主体地位，注意满足学生的多种需要，还给学生适当的自由时间和发展空间，使学生能感受到人的尊严和价值，体验到成功的喜悦，进而通过提高主体性而增强自信心，并成为今后学习、工作的动力机制。

第二，培养学生的交往能力。通过交往教学的各种交往活动，如小组研讨、合作探索、组织交流、相互沟通及师生对话等，使学生学会理解、倾听、沟通与表达。

第三，促进学生终身学习愿望的形成。终身学习是根据社会与自身发展需要而不间断地进行的有意义的自我导向性学习和个性化学习。终身学习既是一种学习，又是人的生活方式之一。为了使终身学习得以进行，在现实的教学中就应培养学生自我学习的意识和能力。交往教学主张学生自由探索学习、交往学习、研究性学习，使学生不断感受到智力生活的乐趣，养成良好的学习习惯，这就为终身学习提供了认知准备和学习方法基础。

第四，培养学生的创新精神和创新能力。创新是一个民族灵魂不竭的源泉和动力，同样也是个体发展的源泉和动力。在交往教学中，自主的气氛给学生以心灵的自由，学生可以展开想象的翅膀，这种创新意识、创新能力和创新思维品质的发展必然为学生今后的发展种下创造的种子。

（五）丰富教学生活

现代教学不仅可以将教学和实际生活联系在一起，而且对教学生活也十分关注。PI 教学法正是在这种情况下产生的，教师和学生的人格会在交往教学的过程中进行对话，不断沟通和交流，使生命内容变得更加丰富，更加便于彼此之间理解，共同创造出新的价值，实现成果共享。交往教学可以很好地促进学生智力的开发和思想的引导，让他们获得情感方面的喜悦感，创造出生机与活力。若将教学比作生活的话，那么，交往教学可以将这种生活变得更加丰富多彩，教师和学生都能从中感受到生活的快乐教学的乐趣，从人与人的交往中获得愉悦和快乐，从创造的过程中获得满足感。

二、PI 教学法有效性的研究

同伴教学法在世界上许多国家已经使用 20 多年，每年使用这个教学方法的教师人数都在不断增长，众多的教育研究者对同伴教学法的有效性进行研究。研究涉及许多学科领域的课程，包括知识、态度和能力等多个方面，主要的研究结果如下。

（一）分析能力与综合能力的提高

同伴教学法为学生创造了小组讨论的课堂环境，各个成员都有自己思考问题的角度，搜集信息的渠道，会按照自己的推理方式获得结论，会持有各自不同的观点，面对各种问题也会产生不同的结论。正因为人与人之间会有不同的认知，也就会在彼此间产生冲突，这就能够引导彼此去做更加深刻的思考，探寻事物的本质。[1]

使用标准化的评价工具力的概念测试量表和力学基准测试（Mechanics Baseline Test，MBT）对同伴教学方法与传统教学方法进行科学的比较结果表明：在物理概念的理解、物理定性分析和定量计算几方面上，相较于传统的教学方法，同伴教学法的优势更加明显。经过对国内外 PI 教学法的调查，有很多物理课教师认为在 PI 教学法中进行定量测量是十分有效的。

除了物理课程以外，在大学生理学课程、计算机编程课程、微积分课程、地质学导论课程、细胞生物学课程等众多不同学科中的教学效果研究都表明，同伴教学方法有助于学生深入理解概念，提高学生的分析能力和综合能力，提高学业成绩。听到的，会忘记；视听结合，能记住；与人探讨，加深理解。"教给他人后才能真正明白"，这句话很好地解释了同伴教学法的有效性。在研究同伴教学方法中的学生讨论环节对物理概念学习的有效性时可以发现，使用同伴教学法讲授大学物理课程，要求学生课前阅读教材，在课上用概念测试题来组织学生讨论。其过程是：首先，要求学生先给出个人答案（讨论前答案），邻近同学之间讨论（2～3分钟）；其次，给出个人答案（讨论后答案）概念测试题中涉及的概念都是教师没有讲过的，平均经过2～3分钟的同伴之间的讨论，概念测试的正确率平均升高27%，占最大可能实现增益的49%。在讨论中同学之间的分歧增加个人结论的不确定性，学生需要组织相应的知识对双方的论据进行分析、形成联结、加以评论，这些可以帮助学

---

[1]　吴玉国. 基于同伴交往的教学 [M]. 南京：南京大学出版社，2013.

习者加深理解，扩展知识，做出高质量的决策。

（二）高水平推理与批判性思维的发展

学生在传统课堂的学习中，大多数时候是被动获得知识；在生活中，从各种媒体上获得信息，在网络上看新闻，在社交媒体上获得并分享信息和知识，有问题上网寻求答案……生活中人们也是被动地获得知识，并且技术的进步使知识的获得和存取变得越来越容易，因此，借助网络人们会认为自己可拥有和可调用大量的信息，可谓"无所不知"。但是知识和信息的易于获得和被动获取带来了一个非常大的问题，就是盲从和懒得思考。当人们在社交平台获得一种观点，很少有人判断信息来源的可靠性，也不去检查是否有足够的证据支撑这些观点。因此，遇到社交平台上的各种网络信息，很多人不仅自己相信还乐于转发给更多的人。

教育对于培养批判性思维和独立判断的能力、摆脱盲从有着至关重要的作用。同伴教学方法中学生通过讨论和推理而主动获得知识，在同伴之间讨论的过程中，所有人都需要对自己的观点进行阐述，用搜集到的证据来证明自己的观点，并且要说服他人；与此同时，还要对他人的质疑和说明进行倾听，从中获取有用的信息并且对自己以及他人的观点进行反思，对各种概念以及观点是否具有有效性进行评价，在此基础上获取新的结论。通过这个过程不仅能搜集到更多有用的信息，而且还能令自身的洞察力大大提高，令思维更具创造性，所做的决策同样具有更高的质量。

课堂教学应该和现实世界的工作更接近，因为学生学习的目的是准备进入社会。在医学课程中使用同伴教学法，可以有效地培养学生在形成一种观点之前检查证据的质量和数量的习惯，这对提高医学专业的学生诊断能力至关重要。高水平推理和批判性思维的教学并非取决于教学内容而是教的方法，教学方法改革是解决问题的唯一途径，合作学习是有效的方法。

大学教育在为毕业生提供继续学习的能力的同时还要他们能够以批判性的态度对待生活中遇到的一切，使用最基本的方法——采用证据、进行推演、发现概念之间的联系得出结论。大学教育的重要价值在于使学生能对碰到的问题秉持一种怀疑的态度。

（三）学习兴趣的激发、学习潜能的提高

学习兴趣指一个人对学习的一种积极的认识倾向与情绪状态。学生对某一学科有兴趣，就会持续地专心致志地钻研它，从而提高学习效果。学习兴趣的产生与教学有密切的关系，当学生获得了良好的情绪体验时，对其学习兴趣的培养和提高则会产生很大的作用。使用同伴教学法的课堂上，在小课堂内外的讨论中，学生会彼此持有不同的意见和观点，这时候就会产生一些观念上的分歧、失衡，但由于保有对体验认知的好奇心，则可以调动起其学习兴趣，促使他们去查找更多的学习资料，投入更多的学习时间和精力。

基于问题的合作学习是激发和保持兴趣的一种有效方法，学生相互讨论的过程是一个不断提问和解答问题的过程，为了回答问题而学习使学习带有明确的目的性，通过学习成功解答问题，会产生积极的情绪体验，从而激发学生的学习兴趣，有兴趣会带来更多的学习时间投入深度地学习。学生不可能进行深度学习却不热爱学习；反之亦然，也不可能热爱学习却不去深入钻研它。托尔斯泰说过："成功的教学所需要的不是强制，而是激发学生的兴趣。"能使学生在愉悦的气氛中学习，唤起学生强烈的求知欲望是教学成功的关键。

同伴教学法可以提高学生出勤率、保持学生课堂注意力的持续性，降低学习焦虑，增强学生的学习潜能和自信心。自信心能够反映出个体对于自己完成一项任务的能力的信任度，这是一种心理特征。要想培养并提升学生的自信心，就不能让学生单纯地处于竞争的学习环境之中，也不能采用单一的、呆板的教学方法，要让学生进行主动学习，与他人合作开展学习，在学习的过程中体会到更多的成功，获得教师的认同，同学的尊敬。只有建立起了足够的信心，他们才能有勇气面对各种挑战。

（四）知识的保持与记忆

要进行综合水平的思考，学生必须要记忆一定量的背景知识。学习信息的方式强烈地影响学习之后对信息的回忆。传统教学模式中教师在课堂上传授的知识是静态的、无生命的、独立于学习者的，学生在听讲、阅读之后很难长时间记住所学的知识。在学生第一次学习时，对信息进行精细加工有利于长时记忆中信息的存储和提取，在同伴之间的讨论可以使学生拓宽学习数量、深度和细节。学生在讨论中，通过信息交换、评价信息可靠性、向同伴提出疑问、多角度向同伴解释自己的理解、理清概念之间的相互关系，将新知与已有的知识建立联系，实现完善和建构知识。学生对新思想精细加工得越多，就越能"把新思想变为自己的东西"，对新思想理解越深，记忆就越好。同伴教学法在医学、生物、化学、语言等要求学生记忆大量的知识的学科中得到广泛的应用并获得成功，大量的研究结果都证明：同伴教学法利于知识的保持和记忆。

（五）男女生学习差异的减少

学生在学习科学课程时，男生得到的分数往往会比女生高，男女生在科学学习上存在着一定的差异。从 20 世纪 80 年代开始，就有学者致力于降低男女生科学课程中的性别差异的研究。根据研究显示，在互动性较强的教学过程中，或者是竞争不激烈的氛围中，女生的学习效果要更好。因为女生更擅长于语言表达，而男生则更擅长于独立开展工作。

同伴教学法中设置有专门的讨论环节，在这个环节中学生可以彼此间进行互动，并阐述自己的观点。有专门的研究机构关注到了这种教学方法，并认为其产生的教学环境能够有效降低男女生在物理学习中的差异，其中女生所获得的学习效果则更加明显，用这种教学方法教授物理课程，可以明显降低男女生的学习差异。这个结论在其他学校的非物理学科也有研究，研究表明，在计算机科学导论课程中使用同伴教学方法，女生进步比男生更显著。

上述研究结果说明，同伴教学法在许多方面都具有优势，但这并不意味着同伴教学法绝对比传统教学方法好，教学方法本身没有好坏之分，正所谓"教学有法，但无定法，必须得法"。教师需要依据课程的教学目标和内容合理地选择教学方法，同时一个教学方法能否获得成功，关键还在于教师如何将理论付诸教学实践。

第二节 PI 教学中的主要问题与改进

一、大学英语教学的现状分析及存在问题

（一）学生英语基础呈现出地域性差异

近几年我国高校普遍进行了扩招，这也导致了一个问题的出现，那就是学生的英语基础较过去有所下降，地域性差别加大，而且有明显的两极化趋势。与城市考生相比，来自偏远地区的考生基础更加薄弱，原因在于当地英语师资力量不足，水平也较差，现行的大学英语教材对于这部分考生来讲难度相对较大。

面对这种情况，高校的英语教师需要解决的难题就是如何在较短的时间内让这部分学生的英语成绩有明显提升，增强他们对英语的综合运用能力。

（二）中学英语与大学英语在教学内容上的脱节

听力是大学英语考级中很重要的部分，在总分中约占到 30%。不少学生在大学阶段的英语学习中，听力成了一个薄弱的环节，口语也令人担忧，英语阅读和写作能力也因为听力和口语的阻碍而难以提高。出现这种情况有很大一部分原因是未能科学合理制定各级外语教学大纲导致的。应试教育下各级学校都是考试考什么，教师就教什么，教师和学生被考试大纲牢牢束缚，教师无暇去认真培养学生在英语方面的综合能力，学生也疲于应付考试，没有精力去锻炼自己的听力和口语能力。升入大学，这些学生通常都无法很快适应大学英语的学习节奏，需要教师对他们的语言知识、学习方法以及学习能力进行一段时间的强化训练才能让他们"进入角色"。

（三）学生学习态度的影响

缺乏自主学习的意识和能力是大学生中普遍存在的问题，不仅普通高校的学生中存在，不少一本院校的学生中也经常出现这种情况。究其原因主要是：一方面，这部分学生在中学阶段并没有受到自主学习的相关训练，他们的学习都是在教师和家长的督促下进行的，需要有人监管才能认真学习。进

入大学阶段后，这些学生身边再没有教师和家长对他们的学习进行督促，于是他们完全不知该如何安排自己的时间，常常会出现虚度光阴的现象。另一方面，很多英语基础较差的学生进入大学后并没有找到适当和有效的学习方法，也未能及时跟上大学英语的学习进程，最终陷入了恶性循环。对此要引起大学英语教师的高度关注，要及时帮助新生转变学习态度，充分调动起他们学习的自觉性，提高自主学习的能力。

（四）大学英语课程设置和教学模式中存在的问题

我国大部分高校会设置4个学期的英语课程，包括大学一年级和二年级，大学英语教材一共分为4册，每周会安排4～6个课时。大部分高校会在前三个学期每周安排5节英语课，第四学期每周安排4节英语课。大学英语教学大纲要求听力与口语训练课要占到总课时的20%，但是各校实际的教学中，因为尚未设立足够的多媒体教室及设备，大多数英语课的授课场所仍然是在普通教室进行，教师采用的还是旧的教学方法，所授内容也还是词汇、语法等知识点。实际的教学中并未落实教学大纲的要求。

在听力与口语课堂中，英语教师习惯于带领学生对课文进行精读，而并不去认真培养学生的听力和口语能力，这就是造成大学生英语听说能力较差的一个主要原因。近几年来，虽然有些高校进行了一定程度的教学改革，但是效果差强人意，教学中仍然存在着一些未能解决的问题，比如：因为存在着这样那样的困难，并未达到分级教学预期的目标，不仅如此，有时反而给教学管理带来了更大的不便，很多学校的未能将分级教学推行开来；在设置英语课程的过程中，并没有足够的后续课程可供学生选择，而且后续课程最终的归口未做到统一规范；有些学校多媒体等教学设施配备不足，也未能发挥互联网等辅助教学手段的作用，使得大学英语教学无法取得预期的成效。这些问题在我国普通本科院校中普遍存在。

（五）学生学习方法与策略方面存在问题

除了一些客观因素会对学生的学习效果产生影响外，学生的主观因素会对学习效果产重更关键的影响。外语学习方面存在困难的学生大多是因为学习方法上存在问题，未能采取有效的学习策略。有些学生虽然具备一些策略，也有一定的英语基础，但是却未能充分、有效地加以利用，学习中习惯于死记硬背，未能掌握正确的方法和策略，也不会使用相应的策略去对自己的学习方法、思路做出调整。在对英语课程进行改革的过程中，对学习策略的科学制定是非常重要的一个环节，它关系着学生的综合技能是否能够得到有效提升，因此高校的英语教师要引导学生为自己制定更加适合的学习策略。有些学习基础较差的学生不会为自己制定合适的学习计划，在复习和预习时也没有好的方法，因此大学英语教师不仅需要在课堂上向学生讲授语言知识，而且更加重要的是帮助他们学习制定学习策略，掌握适合自己的有效的学习方法，以此来让学生的学习质量从根本上得到改善。

二、大学英语教学的改进对策

（一）加强师资队伍建设

对于高校的英语教师来说，不仅需要具备较好的业务能力，而且还要有专业的素质。英语教师需要将基本的教学原则贯穿于自己的教学活动中，找到科学有效的教学方法，并且需要开展好对学生的德育教育。所以要想提高英语的教学质量，必须要培养起一支具有较高素质的高校师资队伍。为此高校要从两个方面入手：一方面要大力引进高素质、高学历的教学人才；另一方面要做好本校师资力量的培养，与此同时，要在英语教师队伍中开展职业素质的教育。目前国家正在大力支持西部地区，学校应当抓住这一机遇，借鉴其他地区先进的教学经验，加强与兄弟院校的交流与合作。教师应当采用更加新颖，对学生更有吸引力的教学方法和手段，将学生作为教学的主体，按不同的层次分别采取不同的教学方法，充分利用好多媒体技术和互联网资源，对学生开展个性化的教学。教师要对自身在高校英语教学中的定位重新进行思考，要考虑自己面对的是什么样的教学对象，应当选择什么样的教学内容，采用什么样的教学方法会更加有效，不仅将教材上的知识教授给学生，并且让学生掌握自主学习的方法。

（二）提高课堂教学效果

开展课堂教学的实质性作用应当是培养学习对于一门学科的兴趣，为他们提供语言输入的机会，教会他们制定适合于自己的学习策略，在进行课外学习时给予必要的指导。大学的英语课堂并不能囊括学生所有的语言输入，它只是一个学习的场所和实践的场所，要想学好外语，必须要利用课外时间对语言知识加以延伸。❶结合预先制定的教学内容来确定教学的课型，把学习的主动权和控制权交还给学生自己，这样才能通过学习，让学生真正获得知识上的增加，态度上的转变，情感上的培养，能力上的提升。

（三）解决学生学习中的困难

教师需要及时、准确地掌握学生的基本学习情况，了解他们所遇到的困难，对他们的所思所想进行认识的倾听，把握他们学习上的需求，帮助他们解决学习内容上的问题，学习方法上的困惑，树立起学好英语的信心，激发起他们学习英语的积极性和主动性，切实提高外语教学的实际效果。

（四）进行学习者策略培训

学习者策略指的是为了巩固自己学习的成果，有效解决学习中所遇到的重点和难点问题，争取更好的学习机会所采取的策略，做出的种种反应。学习策略是学习者的一种行为，也是一种见解，用来帮助自己保留学习的相关信息，学习相关内容，理解所学的知识，也是学习者在学习的过程中探究语法使用规则、单词使用规律的方法。在教学的过程中，教师要引导学生学会将策略训练同教学的内容相结合，这样才能提高学习的效率，也能更好地体现学习策略的价值所在。因此，教师应当将好的学习策略和方法介绍给学生。按照教学进程的推进，分阶段对学生开展学习策略方面的培训。让学生学会如何去提高自己的听、说、读、写方面的能力。

（五）学生整体知识结构的完善

隐性课程虽然未被直接纳入到课程计划当中，但其对学生综合能力的提升有着实质性的影响，比如学生的意识形态、所持的价值观等。通过参加学校组织的一些活动，学生实际上也就接触到了隐性课程。隐性课程虽然不在课程计划内，但这种课程与正式的课堂教学是同时存在的。实际上大学英语

---

❶ 樊雅桢.浅析大学英语教学法改革创新 [J].农家参谋，2017（14）：152.

要选编教材时，就已经将意识形态及"三观"方面的内容列入了教学计划，教师在实际的教学活动中应当利用好这些隐性因素，促使其对教学产生积极的影响，在正常开展课堂教学的同时，注意利用好隐性课程的价值，完善学生的知识结构，提升他们的人格修养。

（六）加深学习本质的认识

通常学生都是在掌握了母语以后，才会开始学习第二语言，所以，母语知识必然会对第二语言的学习产生影响。这种影响会导致原来的语言向两个不同的方面发展，一种是正迁移，一种是负迁移。所以，教师在外语教学活动中，应当注意尽管实现正迁移，而减少负迁移的概率，让学生的学习效率尽可能提高，进程尽可能加快。在学习外语的过程中，母语所造成的最大影响就是词序的排列上，其次是词形方面，如果学生在学习的过程中缺乏正常的语言环境，那么这种影响和干扰会更加明显。教师在开展大学英语教学时要充分意识到这一点，利用好对比的教学方法，让学生意识到母语与目的语之间的差别。教师要主动去了解学生，预测他们在学生中可能遇到的问题和困难，并及时给予帮助和指导。

大学英语教学是一项系统的工程，它有着自己复杂的程序。要想使学习自主学习的能力切实得到提升，就要培养他们学会为自己制定适合的学习策略，帮助他们提高学习效率，对语言学习的本质有更深刻的认识。对于高校的英语教师来说，需要有效协调各方面的关系，让英语教学取得更好的成效。

第三章　PI 理论应用与英语课堂教学组织

同伴教学（PI）法适合任何学科，在大、中、小学都有应用，是一个被广泛适用的教学方法。本章主要论述 PI 教学法流程与课堂组织、PI 教学法应用于大学听说教学的可行性、PI 教学法实施过程与实现策略。

第一节　PI 教学法流程与课堂组织

同伴教学法十分容易融入大学课堂教学，很容易融入传统教学中，因此教师可以轻松开始，先在传统教学中选出一部分教学内容尝试使用同伴教学法，然后再扩大使用范围，逐步实现使用同伴教学法讲授全部课程。

同伴教学法是基于概念测试题，实现在课堂上师生互动、生生互动的教学方法。教师为了可以在课堂上即时地得到学生答题的总体情况，并以此为依据组织课堂教学，需要选择一种在教室中信息交互的方式，以实现在教室中教与学之间的有效互动和信息反馈。

教师可以选择使用教室应答系统（Classroom Response System，CRS or Clickers）。教室应答系统由三部分组成，即每个学生手中都有一个答题器、一个接收器和普通的计算机，当然还需要一个专门的软件，接收器直接插接在教师使用的计算机上。每个学生手中的答题器都有一个特定的编号，教师可以将这个编号和学生的学号对应上，当学生使用答题器答题时，他发送的答案和他的学号信息一同被接收器传输给计算机。

上课时，教师利用计算机将问题展示在大屏幕上，选择学生思考的时间间隔，学生可以将自己选择的答案用答题器传递（无线传输）给接收器继而传递给计算机，答题结束后，计算机将汇总学生答案的分布等信息反映到大屏幕，教师和学生可以立即得到答案分布的柱形图。学生或许在电视台的娱乐节目中看到过观众用这个系统投票，学生还可以选择使用手机或平板电脑

（iPad）利用网络投票工具实现同样的功能。

如果教师没有相应的技术设备，也可以选择一种简易的方法获得学生的反馈。统一发给学生彩色的、印有字母的卡片本，制作时注意印在每一种颜色卡片上的字母相同，例如粉色的卡片印 A，黄色的印 B，蓝色的印 C……上课时，学生选择自己的答案对应的字母卡片，将它举起——举牌的方法呈现自己的答案，教师可以立刻看到所有学生的答题情况。

一、同伴教学法的操作流程

使用同伴教学法，教师首先要改变教学工作流程，传统的教学流程为：备课（讲课内容）→课上（讲全部内容）→布置课后作业→下一节课→测验，由此循环。教师按照教材内容顺序备课，在课堂上使用讲授方法讲授课程全部内容，然后布置家庭作业，每个学期中间可能有 1 次期中考试或者 1～2 次测验。

第一次使用同伴教学法的教师可以按如下简易流程进行：备课（课前预习任务单：课上讨论的题目，课上讲解的内容）→上课（检测预习效果：组织学生讨论讲解的课程内容）→布置作业（课后作业和探究问题：下次课预习作业）→下一节课→测验。逐步在使用的过程中进行完善。使用同伴教学法，教师需要让学生在课前预习，布置一些预习作业要求学生在课前完成。教师还需要准备一些课上讨论的题目，组织学生在课堂上分小组讨论。学生已经预习了一些课程知识，再经过课上同学之间的讨论，可以巩固和加深对这些知识的理解。因此，使用同伴教学法，教师上课时无须讲授课程的全部内容，学生通过自学和互学后已经掌握的课程内容不需要教师在课堂上讲解。使用同伴教学法，并不意味着教师完全放弃传统讲授的方法，如果课程内容太复杂，不能通过学生自学和相互合作解决时，教师的讲解仍是必不可少的。

（一）教师设计测试题目原则

同伴教学法可以用于任何主题、概念或者观点的教学。使用同伴教学法，关键是设计出好的测试题目，其目的是用来激发学生之间对问题的有效讨论，共同解决学习中的问题和促进错误概念的转变。有效的概念测试题应该围绕课程核心内容，涉及学生有困惑或有错误认识的概念，在一个题目中最好只包含一个核心概念。

编制出好的概念测试题并不是一件容易的事，第一次使用同伴教学法的教师，可以选择使用已有的题目，这包含两种情况：①从已经使用同伴教学法的教师那里分享一些题目；②从传统教学中使用过的测试题中挑选少量的题目。一般来说，这些传统的题目并不完全适合同伴教学法，因此，这是一个临时替代的办法，教师需要在之后的教学实践中积累经验改进这些题目，使之适合同伴教学法的课堂讨论。如果教师愿意在第一次使用同伴教学法时尝试自己开发新题目，可以给出一些选择或开发概念测试题的简单原则：①选择课程中的重点内容；②涉及学生的疑点、难点和错误概念；③问题难度适合学生学习能力；④能够引发学生之间的讨论。

（二）要求学生进行课前准备

为了实现学生之间在课堂上有效的交流和互动，教师必须要求学生在课前做必要的准备。要求学生在课前完成阅读教材、观看视频或者其他学习活动，引导学生在课前自学课程内容，为课上讨论做准备。教师可以利用网络平台发布预习作业，要求学生在上课的前一天完成预习作业并在网上提交，教师在上课前可以从学生预习作业获得学生课前学习活动的反馈，分析他们共有的难点或者错误概念，选择上课需要讨论的问题，高效地组织课堂教学。

二、同伴教学课堂教学组织方法

首次使用同伴教学法的教师，可以先在每次的课程内容中选出一两个概念，先让学生完成相关预习作业。然后在课上使用概念测试题让学生讨论，其余的大多数课堂时间和课程内容仍然使用原来传统的方式教学。待积累经验后逐渐增加学生自学内容和课堂讨论的时间，减少自己讲授的内容和时间。

围绕一个概念、观念或主题，使用同伴教学法的规则。但需要注意的是，概念测试题的目的是让学生讨论，深化理解和扩展他们自学后的成果，与传统教学方法先讲后练不同。同伴教学法是先学后讲，所以，概念测试题是用在教师讲授相关概念之前。一个概念测试题用在讲解之前，会暴露出学生很多学习中存在的错误和疑问，同学之间的讨论会比较激烈。他们在相互提问和解答彼此问题时，将知识应用到不同的问题情境中，利于知识的迁移从而有效地学习新知，带来好的学习效果，这是同伴教学法的真正价值。初次使用同伴教学法的教师容易沿袭传统的教学习惯，把概念测试题用在自己讲完相关概念之后。这样做的结果是，学生凭记忆使用教师刚刚讲解的结论做题，在讨论中学生把教师讲授的内容当成权威的答案，很快达成共识，使讨论流于形式。一个非常有效的概念测试题，它的作用是激励学生通过合作学习获取新知，如果将它用于复习讨论通常不会带来好的学习效果。当然，同伴教学法的学生讨论法则也适用于复习课，但是讨论题目的设计和题目难度等都要相应调整。

第二节 PI 教学法应用于大学听说教学的可行性

同伴教学法应用于大学英语听说教学能否有效避免传统教学方法的诸多问题；能否促使学生积极参与到课堂教学并提高他们对知识的理解力和语言应用能力，同时能否提升他们的考试成绩。下面将从大学英语听说教学进行分析。

一、大学英语听说教学的目标

大学英语的教学目标主要为着重培养学生的英语应用能力，尤其是听说水平的提高，以便他们在以后的工作和社交中都能灵活运用英语，并且要注意对他们的自主学习能力进行培养，为以后适应国际交流和社会的需求做准备。英语在大学教学中体现了一般、较高和更高三个层次的要求，具体要求是大学生经过大学的英语学习后，听说能力可以满足下列三项要求。

（1）一般要求。学生对日常的英语对话、教师的授课内容和较普通的英语讲座能做到听得明白，语速在每分钟 130 ~ 150 单词的英语电视节目和英语广播，能够理解和掌握主要意思和重要内容。[1]此外，还需要学生可以将基础的听力策略和技巧，灵活运用在听力过程中。就口语表达来说，需要学

---

[1] 陈静．英语教学设计 [M]．重庆：西南大学出版社，2017.

生可以用英语进行基本的日常交流，在课堂中可以用英语与教师和同学进行交流和沟通，能进行主题性讨论，并通过整理思维后，可以就话题进行简单总结，且表达清楚，发音准确，语速语调都符合标准。对各种会话策略和技巧可以做到灵活运用。

（2）较高要求。要求学生能听明白一般的英语讲座和日常对话，对于较熟悉的题材可以听懂平均语速在每分钟150～180个单词之间的英语电视节目或广播，可以理解中心意思，能够掌握重要的细节含义。此外，对于英语专业课程要听得懂。针对口语表达来说，需要学生可以针对专业性不是很强的主题进行比较顺畅的讨论，能将自己的意见和想法进行清晰的表达，并对事实、理由进行表述，发音基本准确，语速语调正常且准确。

（3）更高要求。要求学生对国外的广播电视节目做到听得懂，能理解其核心意思，重要细节可以很好地掌握；对于国外人士正常语速的交流也要听得懂。此外，可以跟上英语专业课程的讲授节奏。针对口语表达方面，需要学生可以对专业性的话题进行讨论和交流，能用精简的语言概括较长篇幅的英文文章和讲话，而且需要学生在专业性的交流和国际会议中能够进行论文表述，并能参与到讨论中。

由此可知，上述三个要求，不但反映了国内大学英语教学的实际情况，而且体现了发展性的要求，还为国内的大学英语教学改革指明了道路。针对培养听说能力所提出的建议和要求，对现存的教学问题进行研究和分析，改进教学手段和方法，从而确保学生英语听说水平的提高，增加其英语交流能力，以此来全面提升学生的英语综合应用水平。

二、大学英语听说教学的原则

教学原则的制定，可以指导教学活动和行为进行有效的开展。教学原则始终贯穿于整个教学过程，在制定教学大纲、确定教学目标和教材的选择、教学方法的采用上，都具有非常大的作用。教学原则首先要求科学、合理，能结合实践要求，以激发学生的主动性和积极性、提高他们的技能水平和知识掌握为目标。教师在教学中，结合英语听说的基本要求，需要将以下几项原则贯穿到日常的教学中。

（一）解读交际性原则

社会功能是语言最重要的作用。语言最重要的特点是发声，写出来的东西，严格地说不算语言，语言表现的是一种交流行为，声音是它的媒介。语言是通过听和说来表达的。❶在人们的日常交际中，听是最重要的，占到一半以上的比例，其次是说。因此可以得知，听和说是语言最重要的功能，所以语言教学的最终目的就是提高学生的交际能力。这一目的就表明，所有的教学活动都是为了满足语言教学的要求，也就是说不管是音标、单词、词汇或者是语法等教学，其最终目的都是为了满足语言教学的要求，让学生通过语言学习后，获得一定的实际交往能力。其实质也是为了社会交际功能的发挥，教学的目标是让学生在学习语言后，可以掌握并能灵活运用语言，并非只是让他们对语言进行了解，所以说应该转变教师和学生的整体认识，让师生能清楚知道，语言能力不单是要掌握词汇和语法，最重要的是能根据各种社会环境灵活运用英语进行实际交流。

（二）解读实践性原则

从认知的层面来看，听说能力的培养活动，同样也是感知技能的提升过程。这种技能的获取与法律、历史等知识有所不同，并不是经过学习就能掌握，而是要像弹钢琴和踢足球一样，日积月累地练习和训练才能最终掌握。唯有经过反复的听力练习，才能掌握不同场景和不同口音的语言；只有反复地说，才能保证语言的运用更加准确和流畅。因此，只有提倡学生们在学习时尽量去说去听，才能更加高效地提高学生们的听说能力。通过反复的、大量的练习，学生才能自然而然地学好一门新的语言。长期的学习、操练和积累，有利于学生将语言技能理论运用到实践操作中，从而系统地对新的语言进行理解和运用，最终将其内化成自己的知识体系，能用新的语言清晰地表达自己的想法，进行较顺畅的交流。

---

❶ 孙旭春. 网络环境下大学英语听说教学研究——理论、模式与评价 [M]. 昆明：云南大学出版社，2015.

（三）解读情景教学原则

在英语课堂教学中，创设不同的场景，让学生拥有更多的机会，将已经学到的知识进行灵活运用，这能在很大程度上保证英语课堂教学的效果。听是一种重要的交际能力，是进行英语学习的基础能力，说是学生将自己所掌握的知识进行表达和传递的一种能力。英语听说能力的提高，需要一个长期积累的、复杂的过程，学习时要求精力高度集中，不然有可能导致"视而不见、充耳不闻"的出现。所以，教师在听说课堂教学的时候，要尽量地为学生创造各种各样的场景，以供学生进行模拟对话，让学生身临其境地进行学习，有利于学生兴趣的激发，使得教学活动变得生动有趣。这种方式就是情景教学法，这种方法能让学生通过扮演、模拟等方式，来进行原本比较单调无趣的英语知识的学习，而教师通过采用这种方式，可以有效地丰富自己的教学课堂内容和活跃课堂气氛，并将说和听结合在一起，充分调动学生的语感。情景教学运用得当，不但可以调动学生的学习热情和主动性，让其自主地进行语言探索和思考，还能将学生的兴趣和情感维持在最好的状态，让他们能真正地融合到英语教学环境中，从而全面提高自己的英语综合能力。

（四）解读听说结合原则

听和说是语言交际的两个重要媒介，两者之间相辅相成，互相作用。听的过程相当于是进行语言信息的输入或接收，说则是将输入和接收的信息进行语言输出即表达。这两种能力的发展有着密不可分的联系，所以对听说能力的练习要一起进行。听力锻炼能在学习者大脑中形成知识的框架和词汇，是进行顺利表达的基础，而通过说，可以将学习者掌握的知识转化成语音能力。所以听和说是密不可分的两种重要能力。教师要将听和说的教学有机结合，才能确保学生英语听说能力的提高。教师不但要对学生进行大量的听力训练，对学生输入各种各样的英语材料，并且还要利用实际的交际情景，让学生更好地掌握特定语言环境下的语言知识，逐步形成语感。如此不断地积累和尝试，才能让学生更加扎实地掌握英语这一学科知识，能够更加顺畅地进行表达，可以在正常语速情况下跟其他人进行英语交流，进而逐步使外语达到母语的水平。总体来说，大量的能够理解透彻的语言信息的输入，是听说能力的前提条件，而进行顺畅的表达即语言输出是学习的目的，因此听说两者是紧密联系的。

（五）解读以"读写"促"听说"原则

语言学科是一门综合性很强的学科，这种综合性表现在语言的听、说、读、写各技能之间的关系是相互依存、相辅相成、密不可分的。这里一再地强调对学习者听说两种能力的培养，并不是说可以完全不顾读写两项能力的训练。恰恰相反的是，听说能力的提高也需要大量的读写能力练习来促进，培养读写能力是提高听说能力的重要途径。制约听说能力发展最重要的因素就是整个语言环境的影响，若是语言环境比较缺乏的话，读写能力对其发展也会产生更大的影响。❶国内大学生在学习英语时，最大的一个受限条件就是很少有机会能够长时间地和英语母语者进行交流和沟通，所以只能通过各种各样的书面语来进行英语学习，以达到交际的要求，从而也在一定程度上避免因语言环境缺乏而造成听说能力减弱。此外，大量西方学者经过研究探索发现，读写能力对听说能力的提高有着不可忽视的作用，它能更好地帮助学习者对听力的理解和口语的加工。由此可见，教师对读写能力的重视，最终是为了提高学生的听说能力，要充分重视听、说、读、写之间相互促进的作用和关系。作为教师更应该认识到，英语的读写能力是听说能力的基础和前提，若是过于重视某一项技能的培养，而忽视其他技能的提升，则必然会制约学生英语综合能力的发展。

第三节 PI教学法实施过程与实现策略

改变教学方法意味着教师必须转变自身的教学理念、改变长期以来的教学习惯，掌握一些并不熟悉的新教学技巧，这比改变教学内容要付出更多的努力。一般而言，让一个教师同时面对教学理念、教学方法、教学内容和评价方式等诸多教学环节的改变不是一件容易的事情。然而同伴教学法是一个非常容易嵌入传统教学模式中的一种方法，它不用改变教室结构和桌椅的位

---

❶ 顾永琦．英语教学中的学习策略培训：阅读与写作 [M]．北京：外语教学与研究出版社，2011.

置，不用将大班授课形式拆成小班，不用对学生进行编组和固定座位，只需要让学生在课前自学课程内容，然后尝试性地在传统课堂教学中使用少量的概念测试题参考同伴教学法的规则让学生在课堂上小组讨论。一旦课堂中响起学生相互讨论的声音，就意味着同伴教学法在课堂教学中已经开始。

接下来便会发现学生有能力自学课程中的许多内容，并且可以在相互讨论中有效地互教互学。在传统的教授过程中，教师在讲授的同时观察学生的反应，一旦"发现"（一种粗略的感觉）学生没有理解正在讲授的课程内容时，就尝试多角度解释这个内容，这样做会很有效。使用同伴教学法后，通过聆听学生的讨论，会发现学生的困难往往是不同的，再有经验的教师也很难在课堂讲解中覆盖学生头脑中的所有疑问，这使得无论教师多么努力地讲解，还是会有部分学生听不懂。在巡视课堂听取学生之间的讨论时，学生的错误想法随之暴露出来，从而有机会获得小组同伴有针对性的讲解，而且不同的学生常常从不同的角度解释问题，他们的讲解有时候比教师的讲解更适合同伴理解。

实践表明，一旦教师开始使用同伴教学方法，学生的出色表现会让教师心甘情愿地放弃在课堂上喋喋不休的讲解，更多地思考如何才能更有效地激励学生自己去学习，如何更有效地组织他们在课堂上合作学习以及如何精致地讲解使他们再提高。

教师在使用同伴教学法进行教学改革的过程中可以分成开始、改进和完善三个阶段。在这三个阶段中，教师讲的内容越来越少，学生学的内容越来越多，逐渐完成从"教师中心"到"学生中心"的过渡。

一、教学开始阶段

首次使用时，教师可以只选择课程中的少量、容易的内容交给学生自学，选择对应内容的概念测试题来组织学生在课堂上讨论，其余大部分课程内容仍然使用自己熟悉的讲授法。这个阶段的工作重点是对学生的自学和互学的能力有一定的了解，熟悉同伴教学法的教学流程。教师在第一次使用同伴教学法时，只选择 20% 的课程内容最容易的部分让学生自学和互学，教师使用教授法讲授其余 80% 的内容。

二、教学改进阶段

初步熟悉同伴教学后，再次使用同伴教学法讲授同一门课程时，就可以增加学生课前自学和课上互学部分的内容，减少课堂上灌输内容的时间。在这个阶段中的重点是，逐渐了解课程中到底有多少内容学生通过自学和相互讨论可以掌握，教师如何做才可以使学生在课堂上讨论的效果达到最好，以及课程中哪些知识内容是学生的疑点和难点等。在第二次使用同伴教学法讲授同一门课程时，增加了学生自学的比例，选择大概 40% 的课程内容让学生自学和课上讨论，教师讲授其余 60% 的课程内容。在第三次使用同伴教学法讲授课程时，教师要求学生自学所有的课程内容，同时让学生自评他们学会了多少内容，困难点出现在哪些地方。加强对学习效果的检测，目的是得到学生自主学习成果的反馈。通过自学作业、预习测试和学生课上对概念测试题的讨论结果等反馈，可以发现学生通过自学和相互学习可以掌握大致 60% 的课程内容，也基本了解学生的错误概念和学习难点。

三、教学完善与再提高阶段

同步教学法还应适当增加学生课后探究的学习内容。因为自主学习和相互讨论过程中学生思考的广度和深度常常会超出课程要求的程度，自学让学生带着问题进入课堂，同学之间的讨论又可以激发出许多新的问题。解决这些问题需要的知识有时候会超出课程要求，引导学生在课后探究这些问题是非常有价值的。[1]

使用同伴教学法改革传统课程，不需要教师做颠覆性的改变，按照上面三个步骤，教师可以非常从容地从原来自己"一讲到底"的传统教学方法逐渐过渡到让学生"课前自学—课上讨论—课后探究"的同伴教学法。

一开始就让学生了解为什么使用同伴教学法非常重要。学生已经习惯传统的教学方法，当教学方法发生改变时，他们必然要问需要人们做出什么样

---

[1]　康莉. 跨文化视角下的大学英语教学：困境与突破 [M]. 北京：中国社会科学出版社，2017.

的改变，这样的改变有什么样的益处。

直接告诉学生，同步教学法是一种新的教学方法，然后介绍这个新的方法的做法，在课程开始的第一节课上用一些时间和学生讨论一下"以前的教学方法中存在哪些问题"是十分必要的，教师可以设计一些相关的问题让学生回答、讨论和反思。

教师还可以选取一些内容和学生讨论。在这节动员课中，教师设计一些讨论题目，使用同伴教学法的法则引领学生讨论，让学生自己意识到原来教学方法中的问题，同时有机会了解即将使用的同伴教学法，并产生期待。❶然后，向学生宣布，教学必须放弃"一讲到底"的教学方式，使用一种新的教学方法——同伴教学法，这个方法在世界许多著名大学广泛使用，历经几十年的教学实践的考验被证明是一个非常有效的方法。接下来教师可以简单介绍这个教学方法，告诉学生使用新的教学方法可以让他们在学习知识的同时，提高推理能力和批判性思维能力，学会与人合作和交流思想，可以增强自信心，在学习中获得快乐。

❶ 孙静. 大学英语教学及改革新思维 [M]. 北京：水利水电出版社，2018.

第四章 大学英语听力与口语教学方法探析

在日常教学过程中，教师虽然意识到了听力与口语教学的重要性，但往往对听力教学中的各种方法与技巧感到困惑。教师对问题的思考，无不影响着课堂决策的制定和实施，因为教学方法与策略的选择对听力教学效果起着至关重要的作用。本章主要论述大学英语听力教学方法与策略选择、现代教育技术背景下的听力教学导向、多元化听力教学方法策略、大学英语口语教学实现路径、同伴互评在英语口语教学中的应用。

第一节 大学英语听力教学方法与策略选择

任何一种教学活动，无论教师是否有意对之加以探究，必然有一定的方法；区别在于教学方法的优劣，即教学方法是否能够产生好的教学效果。其实，任何英语教师都具有一套支配其教学活动的关于语言学习的理论或原则，教师正是依靠这些理论或原则在日常教学中进行课堂决策的。只是这些理论或原则或许并不明显，即教师自身并未意识到这些理论或原则对自己的教学行为起着支配作用。

一、以意义为驱动

教师以教学思想和教学方法为指导，分析思考教学任务中的具体任务和具体情景，对自己之前的教学经验进行总结和反思，达到对教学活动有利调节的策略，就是教学策略。由此可知，教学策略不但包括静态的理论内容维度，还有动态的教学活动维度，两者使教学策略带有明显的双维度特点。两个维度中，动态的教学活动维度受到静态的理论内容维度的指导，具体表现为教师在相关理论内容的指导下，灵活处理教学活动中遇到的不同问题，前者是后者的反映，也就是静态的理论内容的来源，是动态的教学活动的总结，在教学实践中不断完善，相关理论在最终又对实践起到指导作用，可以让教学方式灵活多样，使教师在教学实践中可以根据自己的实际情况对教学方法做决定。

教学思想具体化体现出来就是教学策略，可是定义不应该止步于此，否则就会让教学策略止步于浅显的理论阶段，前沿的教学理念转化为教学实践的过程就会受到很多阻碍。哪怕是受同一种教学思想指导，因为教学主体和实际教学环境的不同，生成的教学策略也会有很大的差异。

例如，同样是课堂教学活动设计，主题同样是保护地球环境的内容，同一年级的不同班级的四位教师在经过集体备课，讨论、修改、提高等教学设计活动后，通过实践，充分展示了自己不同的教学经验、教育价值观、教学理念和教学风格。以下是新知识导入阶段的教学活动简介，四位教师均将听力活动与口语、阅读、写作活动融于一体，但是实际的课堂各自有各自的特点。

A 教师：第一步，进行小组活动，带领学生复习上节课所学单词，之后通过巧妙的提问，将一部分新单词引出。第二步，将新单词呈现在幻灯片上，对学生发音进行纠正，依次对单词意思进行讲解，而且出示句型示范。最后，让学生再次进行小组活动，将句型中的单词用新的单词进行替换，让学生更清楚新单词的含义及日常用法，并对学生常犯的语法错误进行及时更正。

B 教师：第一步，将所有新单词展示到幻灯片上，依次对每个单词的发音、用法和意义进行讲解，并向学生解释这些单词能够对人们生活的地球进行描述。第二步，布置两个任务给学生：第一，将幻灯片上刚学到的单词填到教师出示的句子中；第二，将幻灯片上的新词变换适当的形式填空。学生将两个任务做完后，起立回答教师的问题，在这个过程中教师依次对题目进行讲解。

C 教师：学生观察地球图片，并针对此图进行简单的讨论，从而引出保护地球的主题；学生分成小组，教师出示新的词汇，要求学生在描述地球环境的时候使用新学的单词；学生练习后，每组选出一名同学登台讲解，面向全班同学用新词对地球图片进行描述。教师在学生的描述过程中，不随时纠正学生的语法和发音错误。

D 教师：首先，利用幻灯片向学生展示一副带有圆形图案的图片，让学生对这个图形所代表的事物进行猜测，并鼓励学生积极讨论，让学生意识到本节课保护地球的主题；其次，分别出示短语秀美的风景图和被污染后的图片，而且在各个图片上都将相关的英语单词和短语进行标注，不但让学生掌握了新的词汇，还记住了本节课的知识点。学生分成小组，并在教师的启发下，使用这些单词或者短语对图片内容进行描述。接着，教师任意选择二三名学生，让其使用新内容对这些图片进行讲解。学生在讲解时，必须使用图片下方的单词或短语，不过可以适当自由发挥。最后，教师点评学生的表现。

这四位教师的教学，共同遵循教学规律和遵照教学内容的前提，不过每个人的教学步骤又有所不同，个性突出，效果也不一样。但是，即便四位教师使用不同的教学策略，对其教学行为进行分析后，能够找到四堂课的相同之处。

第一，在学习新知识前，引导学生通过听、说、读等方式复习刚学过的内容，有助于新旧知识的联结。

第二，充分利用图片、幻灯片、填词游戏等方法吸引学生的注意力，激发他们参与课堂学习活动的兴趣。

第三，学生的文化背景知识、常识以及对篇章语境知识的理解能够促进学生对新单词、新句法的学习和掌握。

第四，语言输入和课堂互动是语言学习的前提，必须为学生提供丰富的语言输入。

第五，设计各类课堂活动，学生参与活动的过程就是学习语言的过程。

这五个方面着重指出了真实交际环境下，从意义出发的教学策略的特点。四位教师在课堂上所做的语言输出都是丰富的，而且从意义的角度出发，对学生提出的语言输出的要求，和以意义为目的的策略相符。同时，要让学生有充足的时间去了解和掌握新的语言形式特点，让学生对语法、语音有更深入的理解。这种反复输入信息的教学手段，也能更加集中学生的注意力。

值得重点强调的是，教师要提醒学生使用新知识或者新规则来进行语言输出。以意义为出发点的输出活动，哪怕在单词的导入活动中也要使用，要始终坚持以语言为第一准则；整个活动都离不开听说读写的相互联系和相互作用。因此，听力教学不仅仅要重视对学生听力的培养，还要将其说、读、写的能力培养结合起来考虑，也就是使学生的英语综合能力同步提高。

听力教学策略中要求从意义出发和第二语言习得理论，两者不谋而合，这个过程包括"情感过滤假设""习得与学习假设""监控假设""输入假设""自然顺序假设"，重点突出了学生交际沟通能力培养的重要性。该理论认为，隐形教学是英语学习中的首要任务，显性教学指的是（即有意识的学习）对语言习得的发生没有有效促进作用，它只能发挥"监控器"的作用，对语言的输出进行检验和修正。"i+1"原则是这样理解语言的输入：教师要根据学生现有的知识技能水平，将可理解的技能和知识适当增加，将重点放在可理解性输入上。教师在呈现语言的过程中，可以借助课堂上的物品和图片。而且，意义为出发点的听力教学中，教师创设一个愉快、活跃的课堂氛围，是非常有利于学生的学习效果的，并在一定程度上缓解了学生的焦虑心理。

同样，以意义为出发点的听力教学，和"联结认知理论"相符合，这个理论的观点里，语言习得过程中，语言输入处于核心位置，输入为语言学习提供动力。语言输入的频率确定了语言习得的效果，并对学生的大脑神经形成强烈的刺激和激活，大脑记忆的建立就是以这些联结网络形成的复杂系统为基础。学生语言结构的习得是通过交际来实现的，记忆交际场景中的所有对话，和归纳这些话语规则的出现频率，结合成了创造性的语言能力。

简单来说，以意义教学作为听力策略训练时，强调了学生对听力材料的理解，使得学生能够在听力中获取到新的单词和语法。而且，学生在理解听力材料和获得新知识的过程中，会有成就感和满足感，这种感觉会让学生对听力的兴趣越来越浓。意义教学主要的形式包括了让学生进行泛听，也可以是教师来讲一个英语故事，或者播放故事录音，或者是学生面向其他同学读故事，还能通过英语原声电影的播放来重现真实的语言环境等方法。

需要注意的是，以意义为出发点的英语课堂听力教学，不能对听力理解材料进行设限。师生在课上只要发生交流，如聊天、课堂管理、学生对学习活动态度的描述和对上一节课的复习，都带有以意义为出发点的色彩。教师可以通过灵活的设计，使学生在以意义为出发点的听力教学活动中有所收获。教师、学生和教学环境三者在实际的教学活动中持续互动，使教学目标得以实现。

建立良好的课堂环境，保证良好的课堂活动秩序，是课堂管理的重要关注点。从本质上来讲，课堂活动要关注师生之间和学生之间的对话，因此，课堂管理的有效形式是实现整个课堂的互动和交流。让学生持续发展是课堂活动的最终目的，所以课堂从本质上来说，也有持续发展的特点。教师在课堂上要为课堂注入活力，将一切有利的因素调动起来，教师常常用课堂基本用语组织课堂学习活动、鼓励学生积极参与学习任务、维护课堂秩序、检查考勤以及评判教学行为等，并以此引导学生进入以意义为驱动的课堂学习活动，这些面对面的交流活动具有高度的真实性，学生并不认为参与此类活动是在刻意"学习"英语，因此，参与此类活动时心理压力小，能更多地将注意力集中在语言意义的表达上。

　　学生熟悉和理解课堂上的常用词语，对于顺利开展课堂教学十分有利，没有英语基础的学生，也能通过简单的表达方式实现简单而真实的交流活动。除此之外，学生使用英语交流也能体会到语言实践的成就感。在英语课堂上如果只使用汉语进行管理，节省时间的同时，也浪费了帮助学生在真实语境中提升听力能力的有限的机会。除了真实的英语课堂以外，教师也可以给学生布置背诵英语中常用短语和句子的任务，提升听说能力即可，不必精讲句中语法构成。

　　通过背诵，学生可以完整地记忆整个句子，到需要交流的时候，能进行完整的输出。虽然使用了机械记忆的方式，获得了这些英语惯用法，但遇到真实的交际环境，学生也可以运用这些语句实现交流，使学生对话的互动得到有效控制，增强自信心，如此一来，学生在以意义为目的的课堂上进行的听力活动就会更加有作用。比如，真正的交际过程中，可以灵活运用"Pardon？""Please say that again．""Please speak more slowly．""What does the word/phrase mean？"等句式。实际上，学生真正的交际过程中，词汇的选择和语法结构的使用，深深受到学生对目的语中约定俗成的知识的掌握程度的影响。比如，对别人说时间可以使用"It's twenty to six．"和"It's twenty past six."可是如果使用"It's forty to six．"和"It's forty past six"就是不对的。虽然后面这两种是符合表达语法的，但是英语语言中并没有此类表达方式的，所以不能被用在真正的交际语篇中。

学生如果没有这方面的知识，说出来的语言就可能不符合语言中的约定俗成，真正的交际过程中就会出现尴尬，别人也不能很好地理解自己。还有别的例子也可以证明，如 a pair of trousers 指一件物品，但是 a pair of shirts 却指两件物品；在英语本族语者的意识里，a toothache 和 a headache 这种表达方式是地道的，而 a fingerache 这一语言形式是错误的；另外，英语本族语者在表达日期时使用的是介词 on，如 On October 1st，2000，on May 1st，on a summer evening. on New Year's Day 等，但是在表达"在圣诞节假期"时，却是用的介词 at 而不是 on。

交际语中别的方面，也能反映出语言有约定俗成的特点。具体如下所示。

（1）约定俗成的问候用语。英语中常用"How are you？"或者"How do you do？"问候别人，而不是"Are you well？""Are you good？"或"Are you in good health？"

（2）固定套语。有些约定俗成的形式仅用于某些特殊场合，如"Check，please."这一固定表达方式仅在饭店结账时使用。

（3）礼仪套语在人际交往中必须使用一些约定俗成的礼仪短语，如在请客人先于自己进入房间时要说"After you"；在偶遇多日不见的熟人时要说"How nice to see you！"等。

英语中有很多的表达方式看起来一样，但是真正理解起来却要结合特定的社交和场景来对待。而学生通过大量地运用这些固有模式的语法，能自然而然地形成地道的英语交际表达方式。而且，学生有效的交际策略的发展，可以通过熟练运用这些固定表达方式来实现，英语水平也可以因此提高。教师要向学生解释清楚这种类型的知识，启发学生关注这些知识中的不同。

研究表明，学生良好的语音辨析能力可以通过大量的发音练习来提高，也能促进以意义为目的，对听力活动的发展。语音辨析能力的组成有四点：①对发声部位掌握良好而且能发出准确语音的能力；②将不同声音正确区分的灵敏听觉能力；③分辨听到的语调特点，从而进行掌握；④对发声运动的协调能力。人体都具备生物和生理两方面的特征，这对语言能力的影响是非常大的。学生当中有的善于模仿，对声音有天赋；还有的学生甚至能达到英语本族的发音标准。当然，大部分的学生是没有这方面的特长的。因此，在进行意义为目标的听力教学过程中，教师要关注学生语音能力的培养和发音的练习，做到这些学生的听力水平可以提高很多。

在对第二语言习得的研究中发现，正确的语音和语调只有在完整、综合的句子或话语语流中才能被掌握和理解。听、说或者朗读活动中，不会以单独的因素和单词展开。在实际的交流活动中，单独的音素和单词的发音，极有可能出现很大的变化。学生应该借助交际情境中的句子和语篇的语流来练习自己的语音和语调，然后从语流中分析出单词的发音，再到音素；教师可以通过模仿和音位讲解相结合的办法帮助学生掌握正确的音素和单词的发音，最后再回到综合的语流中运用，以达到使学生掌握自然、流畅和地道的语音、语调的目的。

当然，语音训练必须本着激发学生兴趣的原则进行，也就是在学生对语句和语篇有一定的理解的基础上，结合需要学习的内容，展开多种形式的语音练习，比如谚语、游戏、歌曲等，让学生在游戏和娱乐中体验英语带来的美好感受。提高学生语言能力的同时，对其在听力过程中感知语音的灵敏度也有极大帮助。

英语中的节奏感是重音赋予的，英语口语要将重音摆在重要位置。调群是讲话者进行意义表达的基本信息单位，构成了英语中的口语语流，每个调群中都会包含一个带音调的重读音节，这也突出了调群中的高音和重音，结合相邻音节形成音高变化，语调由此形成。语调能切分连贯的语流，而调群就是这些切分后的语流片段，和语法层面的句子结构在意义上相呼应。如果从语音层面上分析，多个调群组成了听力语篇中的话语。如果学生对语音知识、规则不了解，在听力活动中完全忽视语调对意义理解的提示作用，不是有选择地获取信息，而是将注意力平均分配到听到的每个单词上，就难以捕捉到语言意义表述中的核心内容，也就跟不上交际对话语流中的信息变化。因此，教师应指导学生有重点地听，抓住听力语篇的主旨大意。

而且，真实语境下词与词之间发音的模糊引起了发音的简化现象，更是增加了以意义为驱动的听力活动的难度。语音知识和规则在日常交际中常常出现，即使是受过良好教育的讲话者，在话语交际过程中也会采用这样的简化规则。简化后的发音能让英语本族者听得明白，因为他们对自己的母语非常熟练，对发音中的细微变动可以很快地捕捉到，感受出说话人细微的语调变化，并能做出相应的回答。我国的英语学习者受英语学习环境的限制，分辨出连续语流中单个单词的发音是一件十分困难的事。所以，教师在设计以意义为出发点的听力活动的同时，也要重视训练和培养学生进行语音分辨的能力。

二、听力教学的选择方法与策略

总体而言，听力教学方法与策略的选择要考虑以下三方面的因素：①听力教学目标；②学生的认知因素和非认知因素；③听力材料选择、活动设计、学习策略、各项语言技能的综合训练以及教学效果评价等方面的因素。

（1）选择听力教学方法与策略的最终目的是为了实现特定的教学目标，帮助学生掌握课程规定的学习内容。从这个意义上看，听力教学方法与策略的选择是达成学习目标的一种方式。每个学习阶段甚至每一堂课都有具体的教学目标和教学内容，教师需要根据不同的教学目标，选择相应的听力教学方法与策略。当在某一阶段需要完成多个教学目标时，教师应当根据学习内容的特点，将数种听力教学方法相融合，以取得更好的教学效果。例如，使学生掌握某一语法规则与使学生具备就某一具体情景进行会话的语言能力是两种不同的教学目标，教师应选择与之相适应的听力教学方法和策略。使学生掌握语言规则需要以讲解为主的教学方法，并辅之以丰富的语言实例，促使学生建立相应的语法概念；在这种情况下，听力教学方法和策略应关注学生所听到的内容的准确程度，听力教学活动是促进学生学习语法的有效手段。而使学生具备就某一具体情景进行会话的语言能力则需要建立真实语境的教学方法，在这种情况下，听力教学方法和策略应更关注学生听力发展中的流利程度，让听力教学活动成为提高学生语言使用能力的有效途径。

（2）在选择听力教学方法与策略时，教师也要考虑到学生的认知因素和非认知因素。从一定程度上说，教师对学生原有知识状态和当前认知特点的合理估计与预测决定了课堂教学的成功度。心理学研究早已证明，人的感觉、直觉、记忆、想象、思维等心智功能的发挥都会受到非认知心理因素的影响，如情感、兴趣、动机、意志、自信心以及在群体中的合作意识等。例如，积极的情感态度能够促进大脑中信息的组织、加工和储存，而消极的情感态度会对心智功能产生抑制作用。教师应将积极的非认知心理因素作为选择教学法的一个重要原则，在培养学生听、说、读、写能力的同时促进学生的心理健康发展。

（3）除了考虑教学目标及学生的特点，教师还应考虑听力材料选择、活动设计、学习策略、各项语言技能的综合训练以及教学效果评价等方面因素对听力教学方法与策略选择的影响。以下分项论述各项因素对听力教学方法与策略的选择的影响。

①遵循听力材料选择上的"可理解性原则"与"细化原则"。"可理解性"指的是听力材料作为语言输入在难度上应以学生现有的知识结构为基础，但又稍微高出学生现有的语言能力。教师需采用多种方式和渠道为学生提供大量的"可理解性"语言输入，以激活学生大脑中已有的、与当前学习活动相关的内容图式，减少学生在接下来的任务完成阶段中的认知负荷。同时，也要注意对语言输入的"细化"，即不忽视学生对听力材料中的重要词汇、句型、语法规则、篇章特征以及文化差异等方面的细节化处理。

例如，教师让学生听录音或观看录像中的简短对话，听前将对话中的关键词或短语写在纸条上发给学生，要求学生听后根据纸条上的提示线索写出对话内容。这类听力练习的目的是帮助学生借助听到的真实对话巩固所学知识和技能。类似的活动还可以采取另外一种方式开展。例如，教师给学生读一则听力语篇材料或播放听力语篇的录音，引导学生对所听内容进行讨论，根据学生的英语水平，讨论可以选择英语或汉语，但原则上鼓励学生用英语交流，目的都是为了鼓励学生积极参与，集中注意力理解听力语篇中的关键信息。在接下来的活动中，教师可以鼓励学生将自己听到或者用笔记录下来的关键词写在一张纸上，同桌互相交换，教师再次读这一语篇或再次播放听力语篇的录音，要求学生核对同桌记录的关键词，鼓励学生根据自己的理解添加或者删减，然后再次交换写有关键词的纸条。这次学生拿到的纸条上记录的是自己和同桌汇总的关键词。教师第三次读语篇或播放录音，要求学生核对关键词，继续进行添加或者删减，并让一名或几名学生把自己记录的关键词一一读出来，供全班讨论哪些是关键词，哪些不是，并说明原因。

②遵循听力活动设计过程中的"强迫原则"与"协作原则"。听力过程的复杂性要求学生要高度集中注意力来处理相应的语言信息，如果学生心不在焉，那么无论教师如何巧妙地处理听力材料，听力活动开展的效果都不会令人满意。为了能激发和保持学生的学习兴趣，在教学活动过程中，教师应时常扮演督促者的角色，要求学生不满足于听懂，而是要根据听到的信息进行更多的语言输出活动，这类语言活动被称为"强迫性语言输出"(pushed output)。

"强迫性语言输出"活动可以促使学生意识到自己在语言表达方面存在的问题和不足，因而会更加有意识地关注语言输入中的相关信息，发现自己的语言表达方式和规范的目的语形式之间的差异，从而触发第二语言学习过程中的认知加工过程，生成新的语言知识或者巩固原有的语言知识。但是，过分的强迫行为也可能导致学生产生过高的学习焦虑，因此教师又要结合"协作原则"，信任、鼓励和分享学生的学习过程和结果，形成融洽的师生关系。教师还要鼓励学生在学习中互相合作，在完成任务的过程中，使每名学生有均等的机会参与讨论并回答问题，让学生分享彼此的思考、经验和知识。例如，设计听力活动时尽量安排丰富多彩的教学活动，如根据听力信息对相关内容排序、绘制地图、填空等，达到理解听力材料信息和训练听力技能的目的。

③遵循听力活动过程中的"意义/形式相匹配原则"与"技能综合原则"。语言输出非常有利于第二语言的发展，学生通过语言输出对语言进行语音、词汇、句法以及篇章层面的分析，而非仅仅停留在对语义的理解层面上。在此策略的指导下，在听的过程中，即使遇到听力障碍，学生也可以通过重复听录音、教师提示或与同伴进行意义协商等方法，不断调整自己的学习方法，从而尽可能多地理解输入的语言，并在此基础上提高语言输出的可理解性、得体性与准确性，使语言的意义与语言的形式相匹配。可以说"Please borrow a book for me."或"Would you mind borrowing a book for me."，但是不能说"I request you to borrow a book for me."或"It is my desire that a book should be borrowed by you."，因为后两句虽在语法上是正确的，但是在真实语境下，英语母语者从不用这种表达方式。

而且，听力技能的应用离不开其他的技能应用，如仿说、写作、阅读、动手做、计算、绘图、填表、判断以及角色扮演等，即"技能综合原则"。事实上，听力技能应用也只有与其他技能的应用相结合才能显现出其交际性的本质特征，主要体现在以下三个方面：第一，本着"在做中学"的原则，将学生的英语学习兴趣和动机维持在较高的水平上；第二，学习活动丰富多彩、寓教于乐，听、说、读、写技能的使用比例尽量反映出英语本族语者使用语言的习惯；第三，语境真实，语言用法地道，引导学生以积极、自信、轻松的心理状态参与学习活动。

④遵循听力活动过程后的"评估原则"和"反思原则"。评价意在获取有关学生目前状态的信息，根据收集的信息对学生的语言知识和技能加以评估，为教师提供即时反馈，以便教师及时了解学生对听力信息的理解程度、存在的困难等。要想准确评价、记录、反馈学生在学习过程中取得的进步，教师应尽可能多地搜集信息，信息本身也要精确、可靠。

当然，不可否认，测试也是一种了解学生进步程度的有效手段，听力测试的方法包括回答问题、判断对错、完成选择题、完形填空、词汇或句子意义匹配、听写以及面对面互动交流等。听力活动完成后的评估应该包括测试，但是又不能局限于测试。听力活动完成后的评估方式主要包括教师评估和学生自我评估两种。教师评估是指教师通过课堂观察和对听力理解任务完成结果的了解，对学生的整体学习状况或学习进步进行的主观性的评估。有些教师仅根据听力测试成绩对学生进行听力评估，往往是不可靠的，还要将学生在课堂上的具体表现包括在内，可以采用学习文件夹的方式记录学生在听力理解方面的进步及具体表现。

学习文件夹是指汇总学生学习记录的文件夹，主要用于存放反映学生的学习过程和进步的各类学习成果，如查询资料的汇总、作业、试卷、评语、调查记录以及照片等，这些学习记录由教师和学生共同收集，按照一定的顺序形成档案，用于学生的自我评价和其他形式的外部评价。

学生自我评价是指学生自己客观地评价自身的学习状况和在学习中取得的进步。教师应制定清晰的评价标准和权重体系，引导学生对照这些标准回顾自己在听力理解过程中的表现，反思自己采用的听力策略，从而学会分析、监控自己的学习过程。

任何一种方法和策略的选用和实施都不能够脱离实际的教学环境，并不存在适用于一切教学活动的最优教学方法和策略。面对不同的教材、不同的学生，任何一位教师都无法采用单一的教学方法和策略。因此，就听力教学方法和策略来说，"选择"是整个听力活动设计的精髓所在。教师应掌握多种教学策略理论，取其精华，然后结合具体教学环境的特点，选择恰当的教学方法和策略。

第二节　现代教育技术背景下的听力教学导向

在现实交际中，听是最重要的一种语言技能，人们花费大约 60% 的时间通过听来获取信息。听力活动已成为当前英语课堂教学中不可或缺的一项内容，教师一般会抽出特定的时间来开展听力活动，目的是提高学生的听力水平。而且，随着科学技术的飞速发展，教师在课堂上选择多媒体等形式的听力材料，极大地增添了英语学习的语言输入渠道的丰富性，兼顾图、文、声、像，语音、词汇、句法以及语用信息，这些因素让学生更积极地获得信息，也使学生更乐意参加听力活动。现代教育技术辅助下的英语教学具有形象、生动的特点，能够吸引学生的注意力并激发学生的学习兴趣，因此，在英语教学中的地位和作用越来越受到大家的重视，逐渐成为优化英语教学环境、推动英语教学改革的重要力量。

课标指出，英语课程的目标之一就是培养学生主动扩展和利用学习资源、多渠道获取信息并利用信息进行有条理表达的能力；以及较强的自我评价和自我调控能力。现代教育技术在听力教学中的运用是实现课程目标的重要途径。

为了更加贴合现实教学情境为目的，首先了解基础教育阶段英语教师的教学实际，通过采访观察等方式，获得他们关于听力教学活动的理念与教学行为的实施，并获得教师对使用现代教育技术辅助进行英语听力教学的看法。

一、良好的听力活动交际语境的建构

以计算机技术、微电子技术、通信技术为核心，并利用集成电子技术、

光盘技术、网络技术、自动化技术等的综合技术，是产生、存储包括转换和加工图像、文字、声音及数字信息的现代高新技术的总称，就是人们所说的现代教育技术。现代教育技术对英语教学的影响及在英语教学中的应用主要表现在英语教学的多媒体化、网络化和智能化三方面。

（1）多媒体化。对音频、图形、图像等多媒体信息进行综合和处理被称为多媒体技术，实现人机交互式操作的一种信息技术。它融合了图、文、声、像，使其成为一个整体，让学生能身临其境地了解语言和文化。多媒体文本的灵活性表现在教师能够就同一文本设计不同的电子练习，供学生选择使用，而且这些练习可根据学生的反馈和要求随时修改，从而创造一种灵活的、不断调整以适合学生认知特点的学习环境。

（2）网络化。互联网为英语教学中的"教"提供了最便捷的平台，恰好能满足英语教与学的目标——交流。计算机互联网，作为全球性的网络，将不同地区、规模各异的网络连接到一起，形成了一个全球化的信息平台。通过这个平台，学生不仅可获得各种所需的信息，而且能够发布信息。

（3）智能化。目前开发出来的一些智能辅助教学软件具有与优秀英语教师相媲美的功能，软件通过学生信息，了解该学生的知识水平和接受知识的能力等特性；可以根据不同学生制定不同的教学方法和内容；能进行个别指导，允许学生用自然语言与计算机导师进行对话等。

以上是现代教育技术与英语教学相互辅助产生效果。关于听力教学，现代教育技术也在以下三个方面改变着传统的听力教学环境，使其更加丰富。

1. 信息输入方式的多模态

随着科技的发展，听力材料已经改变了它的传统形式，可视的、多模态的、互动的听力形式，取代了最原始的录音形式。多模态信息成为当今信息加工中最受欢迎的表现形式，协调听觉、视觉等多种感官，通过语言、图像、等多种方式，使人们更加形象地获得信息。多模态信息通常将多个感官调动起来，通过不同方式和媒介，把静态的信息（包括服饰、发型、脸型、图片、文字等）和动态的信息（包括声音、表情、动作、姿势、目光交流等）都放入听力材料里，激发学生的联想能力，使学生全方位地体验，让学生身临其境。

在实践中发现，大脑的记忆与联想有密切的联系，记忆深刻与否与联想更是分不开。输入媒体的表现形式丰富，使学生更能体会到得输入内容的真实性，更有趣味的互动方式也使学生在玩中学到知识，教师利用网络获取听力材料后，再进行筛选，使材料更有针对性，更能贴合学生接受知识的水平，最后确定合理的教学内容，斟酌每天做练习需要的时间。

2. 学习的个性化

在英语学习过程中，学生的个性也能够体现在英语学习中，有些人口语表达能力很强，有些人善于倾听别人的话，有些人善于阅读，有些人乐意与自己的伙伴一同进行学习等。这是因为学生个性产生的小差异，都会影响到最后的学习效果。现代教育技术能提供全方位立体化且更加丰富多样的学习环境，同样，能使拥有不同学习习惯的学生，选择适合自己的学习计划和内容，为不同类型的学生打造一个具有巨大包容性的学习环境。

个性化学习过程主要分为四个部分，即预测学生是什么学习水平—确定该学什么—完成需要学习的知识—对此次学习任务进行审评。预测学生学习水平的目的，是为了了解学生当前的知识水平、学习习惯和学习方法等，以便更好地树立起可完成的学习目标；在完成学习任务时，学生可利用自己喜欢的形式选择学习方法和内容，寻找如何完成学习任务的方式，可以让学生更加了解自己。学生的选择，在现代教育技术的普及中变得更加丰富更加自由。多媒体教室、互联网等，为人们提供了教学环境的硬件，英语教学软件又为人们提供了有声有色的软件环境，学生可根据自己的能力水平和学习习惯进行媒体的选择，教师也是现代教育技术中的受益者，有了计算机、多媒体和网络等技术，可以让学生进行自主学习，改变传统教学模式，使学生获得专门属于自己的学习计划和内容。

3. 交际情境的真实化

除了给学生提供自主学习的条件以外，现代教育技术也给听力教学提供了良好的交际环境。交际学习环境的建构包括人机互动和人际互动。人机互动是指学生运用计算机及网络进行学习的过程，而人际互动指学生和教师和同学进行交流学习的过程，在人机互动中，由于多媒体计算机已具有一定的语言识别能力，许多英语学习软件都具有对话功能，学生也可访问相关的英语学习网站，找到适宜的学习内容与计算机对话，以提高听力水平和口语表达能力。教师可以利用多媒体语言实验室，开展多种趣味活动促进学生和同学、教师的交流。以小组形式进行自主学习，打破了传统的教师授课形式，落实以学生为主的自主化教学模式。教师还可以利用基于校园宽带网的教学网络为学生提供多样的具有时效性的教学资料，借助调动多种感官又有趣味性的多媒体教学资源，教师也可以利用多媒体，举办让学生真正融入当时情景的学习活动。

在英语课堂环境下，教师应该利用现代教育技术为提高学生的英语听力水平建构良好的听力交际情境。

（1）合理利用视频资源为学生创设真实的交际情境。多媒体等动态影像通过某种媒介被储存的形式叫视频。视频也是当今社会在互联网前提的支持下，受人们喜爱一种交流方式，视频可以让交流双方真实地看到和听到对面的情景。视频材料将真实场景中的信息带入课堂，能使学生身临其境，听到英语本族语者使用英语时的语音和语调，看到以英语为母语的人们说英语时的表情和动作，有利于调动学生多种感官进行学习加深记忆。因此，将多媒体融入英语听力教学设计，调动视觉和听觉两种感官协调工作，让学生在不知不觉中将知识接受录像、图片等作为意义表达的辅助方式，可以激发交际者交际的兴趣和热情。

视频教学要考虑的重点是如何利用字幕的问题。许多教师认为用字幕会影响学生听的效果，但实际上，合理利用字幕能帮助学生有效地关注内容，并激发他们最大限度地从视频中获取知识。常用的字幕设计有三种形式：①传统方式（英语声音，汉语字幕）；②双模式（英语声音，英语字幕）；③反向传送（汉语声音，英语字幕）。

现在有很多双语配音和带字幕的视频，这些视频的广泛使用可以有效地提高学生的听力理解能力，很多同学一开始在观看影片时，肯定选择看汉语字幕，但是在多次观看进行记忆以后，会逐渐选择看英语字幕，到了最后阶段甚至可以达到不需要观看字幕的水平。

视频中人物的表情和肢体语言可以给学生营造语言环境，教师可以根据学生的爱好选择符合学生趣味的影片，可以开展让学生为电影配音的活动，提高学生的英语水平方式有多种，模仿视频中的声音和行为，使说和做保持一致。先听后看，听后猜测说话人的动作和表情。结合精听与泛听，例如教师获取原声电影的一个小片段，让学生利用准备好的材料模仿电影人物主角进行跟读，最后将电影消音进行表演，目标是学生不看原文就能够彻底听懂。精听每一个片段之后，再让学生不看字幕，完整地泛听一遍电影，接着将消音版的电影进行播放，让学生根据图像配音，然后再播放原声电影进行比对，看学生配音是否与视频的原声大致相同。教师也可以为学生播放一段有深度的视频影像，让学生根据这段影像思考更深层的含义，再将自己的理解写下来，这样既锻炼听力能力又锻炼了写作能力。

（2）利用广播和网络资源创设交际环境。广播节目涉及各种主题，拥有取之不尽的材料。例如，可以让学生听话题节目、流行文化节目和当代名人节目，一方面能激发学生学习英语的兴趣，另一方面还能使人们的听力课堂与外在世界紧密相连。广播节目的另一个好处是题材、体裁丰富，人们可以根据不同的学习目的选用不同种类的材料进行学习。

网络多媒体英语教学是指运用多媒体和互联网，让学生高效进行英语学习的过程。随着互联网的推广，很多网站将英语作为第二外语有效组织教与学，供教师搜索到适用于听力教学的材料。另外，互联网为英语学习提供了很多方便，比如有免费的在线词库和翻译工具等，学生可以运用在线词典等功能来改进自己的拼写和用词等。

（3）利用文学语篇创建创设情境。各种文学语篇改编一下都可用于听力教学。许多篇幅较短的诗歌和短篇小说内容完整，完全适用于听力课堂；改写后的戏剧、节选的小说都可以作为非常好的听力资源。一方面，教师可以结合作品内容设计多种形式的听力任务，并引导学生对各种类型的文学作品进行思考，既能够提高学生的文学鉴赏水平、陶冶其情操，也能够培养学生的批判性思维。另一方面，文学作品包含多种文本类型，适用于培养和训练学生的各种听力技能。

但是，处于基础教育阶段的学生尚未掌握足够的英美文学背景知识，因此，教师在选择听力语篇时要注意以下三个方面。

首先，要根据学生的年龄段来选择，以便学生能理解语篇的主题。

其次，要选用文体简单的语篇，因为人们的目的是用这些语篇来设计听力任务，不是单纯用作理解或进行语言分析，所以，不应该选择难度太大的语篇，以免在听的时候给学生带来很多加工负担。

最后，要考虑文化因素对学生理解的影响，比如学生是否有足够的背景知识来理解所选择的语篇，以及如果选择该语篇需要给学生补充哪些文化背景知识。

可见，网络像一个电子图书馆一样，收纳着图像、文字、声音等电子材料，又拥有政治、经济、文化等各种方面的英语教学材料，这些材料大多都是以英语为母语的人所建立，具有真实性。因此，利用这种取材于生活的、自然又生动的材料，可以让学生在多种文化共存的环境中，得到更深程度的成长，接受和了解多种语言，了解不同国家的人的文化差异。练习听力时，通过人物对话内容及情景，可以让学生建立自己的语言知识，语言能力也得到了提高。

当然，教师进行教学也不能只考虑学生兴趣，应根据教学大纲选择话题，举办营造英语交际氛围的活动，可以稍加一些内容辅助大纲，但不能脱离大纲。以防教学失去系统性与合理性。

二、学生自主性现代教育技术的培养

培养学生的自主性现代教育技术的使用，改变了传统的听力学习环境，也会影响学生的学习方式。语言学习中的自主性是指学生管理自己的学习的能力。自主性是学生的特征，学生的自主性不是单一的行为，也不是学生获得的一劳永逸的稳定状态，它是一个不断积累、生成、调节、完善的动态发展过程，会随着学生的学习和进步而形成和发展。学生的自主性不是教师强加给学生的，学生需要在教师指导下发展自我管理和自我监控能力。

具备学习自主性的学生应该具备能够主动、独立思考自己的需求，思考自己应该学什么、选择何种方式进行学习、要以什么速度去学，最后对自己这一阶段的学习进行评价的基本能力。从英语听力学习来讲，学生的自主性表现在英语学习中，学生能根据自己的英语听力水平，主动并独立地分析自己的听力学习需要、独立思考自己的需求，思考自己应该学什么、选择何种方式进行学习、要以什么速度去学，最后对自己这一阶段的学习进行评价。

与学生自主性密切相关的是自主学习，自主学习是一种学习模式，常规教学就可以做到，学生的自主学习能力也会得到提高。自主学习大致可以通过五个方面来介绍：①意识，即学生要了解自己的需求、内容和方法；②参与，学生要以切实的行动投入到学习中去；③干预，即教师进行指导，督促其订立学习目标和方法；④创造，即学生确立自己的目标和计划；⑤超越，即学生能够在课堂之外独立学习。

由此可以看出，自主学习带有自我指导的特点，与传统的师生关系相比，自主学习体现出教师与学生间的独特关系。在自主学习过程中，学生具有一定的选择权和决策权，如设定学习目标、确定学习内容、选择学习方式和评价方式等。他们为自己的种种决策承担责任，这就要求学生在做出决策之前要认真地思考，对自己前期的学习情况进行评估、要向教师咨询相关问题、要了解其他相关的信息，在此基础上做出比较科学的决策。

在自主学习教育理念的影响下，教师除了要帮助学生获得知识和技能之外，还要帮助他们提高自主意识、确定并完成自己独立的学习任务以及帮助学生监督和评定学习情况。就教师而言，课堂教学的关键是培养学生的自主学习能力，进而发展学生的学习自主性。

自主学习这种能力不是天生的，它可以通过有意识的学习而获得。教师要建构自主学习教学模式，以此来鼓励和帮助学生逐渐养成自主学习的习惯。自主学习教学模式是以学生为主体的教学模式，强调教师应该为学生提供和建立自主学习的环境，有意识地遵循系统而稳定的教学结构来引导学生开展自主学习。

（一）自主学习环境的构建

从本质上说，听力理解是一项社会活动。在课堂上，教师应该尽力为学生建构能促进听力理解的真实交际语境。课堂上使用现代教育技术创建的真实交际活动有助于创建丰富的语言环境，并能够给学生提供真实的目标语社区环境，让学生仿佛置身于真实的交际语境中；提供学生互相交流的机会，使学生参与到对话中去；通过提问或评论对所听内容做出回应，使对话交流继续下去。教师应教给学生一些反馈语，如"Really？""I don't think I understand you.""Could you say that again."等，学生进行小组活动时，教师可以注意他们使用这些反馈语的情况，还可以及时提醒学生练习使用这些反馈语。

从教学材料的选取与补充方面来看，教师应充分利用多媒体资源，丰富英语课堂教学。多媒体信息的自由传输使得英语听力资源在全世界的交换、共享成为可能。教师可以随时从网络上下载有利于建构交际情境的资源，为学生补充听力语篇，这种与多媒体相结合的新型教学模式集知识性、趣味性、易操作性于一体，能大大激发学生的学习兴趣，培养学生的参与意识，让学生在真实的交际情境中提高英语听、说能力。采用真实听力语篇的作用主要表现在两个方面：①使语言学习机会能够满足个体学生的需要和兴趣；②学生能最大限度地利用这些机会来学习。而且，在情感层面，如果在学习初期就使用真实语料，学生在面对目标语真实语境时就会更有信心，不会感到过分焦虑；在心理层面，真实语篇更加有助于学生发展语言运用的能力。

从学生自主性的发展方面来看，广泛和恰当地设计与真实语篇相关的课堂活动对促进学生形成积极的学习态度有着关键的作用，能够促进学生听力技能的提高，让学生不再依赖教师而能够独立学习。开展合作聆听是建构课堂自主学习环境的有效手段。学生在面对一至三个人讲话时会觉得容易和放松。教师可以让学生结成三至五人小组，在课后合作完成一项学习任务，比如从网上查找与课文相关的英文资料，包括查找背景知识、查询关键词语的意义等，小组成员先通过邮件或者在 QQ 聊天室交流沟通，然后在班级论坛上发布他们搜集到的信息。全班学生都可以在班级论坛上分享并查询信息，还可以在论坛上进行"面对面"的讨论。以查询关键词的意义为例，教师可以引导学生比较一下各组发布的关键词意义阐释，看哪些阐释更准确。在这样的小组活动中，因为大家先是在小组内讨论，然后才在班级论坛发布信息，能力较弱的学生就有机会向能力较强的学生学习，他们既可以在小组内分享自己听懂了的内容，又不必担心自己的自尊受到伤害。

（二）学生决策能力的培养

多媒体网络环境下的英语教学突破了传统课堂的时空限制，学生面对的不再是一成不变的课堂和枯燥乏味的课本，而是现代化的视听设备与软件资料；学生可以根据自己的英语水平选择适合自己的学习材料并安排合理的学习进度，也可以根据自己的具体情况来安排自己的学习时间；再加上教师适当的监控、检查，这些都有助于取得较好的听力学习效果。

在英语信息化条件下，要达成自主学习、培养学生的决策能力应从以下两个方面来进行。

第一，学生要掌握获取信息的硬件知识，即学生首先要学习和掌握现代信息技术的操作技能，能与教师或者同学通过网络技术进行实时交流，这也是最重要的一项。学生在学完一课或经过一周的学习之后，结合自己的听力学习状况，反思自己的学习过程和学习效果，通过日记的方式对自己的听力学习过程、学习活动以及内容等做出评价，发表见解、提出问题，并提出下一步学习的建议等；定期通过电子邮件发给教师，请教师点评；教师将点评和指导意见通过电子邮件反馈给学生。

第二，提高学生掌握获取和利用信息的能力，使学生能根据某项学习任务，通过现代信息技术即互联网多媒体等手段采集信息，再把搜索来的信息运用到实际生活中去，锻炼语言能力。最后利用互联网等手段对其进行评价。包括学生自主评价与他人（教师或其他学生）评价。

由此可见，计算机技术的智能化发展使教师能够针对学生遇到的不同问题设计相应的学习任务，从而增强学生的学习动机，提升自我概念，拓宽文化意识。具体来说，借助于多媒体所提供的网络化虚拟课堂，教师可以提供各种模拟式的"真实"交际情境，学生不再只是知识的被动接受者，而是听力理解过程中意义的自主建构者。他们以自己的整个身心去感受听力语篇中呈现的事实、问题、情感和价值，并通过网络生动地传达自己的思想，积极参与学习交互活动。

另外，多媒体通过模拟环境调动学生多种感官，改变了学习空间的封闭性，让学生在模拟世界与多个个体和群体进行信息交换。在虚拟的环境中，不用顾忌礼貌和交际，学生能够毫无压力地专心学习，学生个性也能最大化地表现出来。教师作为参与者、鼓励者、引导者，鼓励学生进行主动思考、求索和探究，促使学生主动分析自己的学习期望、学习风格、学习状态和学习水平，从而主动认识自身的学习需要，发现存在的问题，并合理安排学习活动来达到预期的学习目标，不断提高自我管理能力。

三、教师主导作用的发挥

以现代教育技术辅助听力教学，并不是说教师的作用就不重要了。恰恰相反，在教育技术的迅速发展为英语教学带来一系列重要的变化的今天，应该更加强调教师在教学过程中的主导作用。

首先，在基于网络与多媒体的英语自主学习中，传统意义上的教师的作用被削弱了，教师的角色发生了改变，被赋予了更多新角色。在英语自主学习中，教师扮演着信息提供者、学习活动组织者、学习策略引导者以及学习效果评估者等不同的角色。教师要适应现代信息技术的发展，鼓励学生进行自主学习，转变传统教师的角色，做一个指导者而不是约束者，同时教师作为一个管理者更要制定合理的教学目标，加强和学生的交流，对学生自主学习的过程进行评价和指点。

其次，学生也要学会适应多媒体教学环境，改变自己原始被动接受知识的角色，积极进行自主学习。学生可以利用多媒体听力教学设施，确定最适合自己的学习目标与方法。这样可以激励学生更高效更主动地学习，使其自我反省和综合评审能力在自主学习中得到提升。

虽然现代教育技术对英语听力教学有积极的促进作用，但是在实践中也出现了一系列值得人们关注的问题，教师和学生角色的改变也使许多教师和学生感到不知所措。从教师角度来看，面对现代教育技术迅猛发展、听力教学资源异常丰富的局面，教师中间存在顾虑重重、全盘接受、过高估计、浅尝辄止等现象。有些传统课堂经验丰富的老教师，对多媒体网络技术存在"恐惧"心理，担心网络多媒体教学的实施会使他们失去对课堂的控制权、主动权，因而仍然采用传统的教法，以课本为主，不想转变思路；而有些教师则过分依赖多媒体技术，对网上材料采用"拿来主义"的办法，不加分析地使用，课堂上听得多总结得少，致使学生对听的内容一知半解，结果造成听力训练的无目的性和无序性，违背了听力教学的规律，造成听的时候热闹但听力能力的提高甚微的局面；还有些教师高估了多媒体教学的作用，认为多媒体教学能迅速提高学生的听力水平，而一旦实施之后没有达到预期效果，便对多媒体教学失望，甚至彻底否定其作用；更多的教师认为，只要在课堂上应用了多媒体或是课件就是进行了信息技术与课程的整合，就是进行了教学改革。以上种种，教学效果不一。

在多媒体教学环境中，多媒体只是课堂教学的一个组成部分。如果只有多媒体而没有教师与学生的积极合作与参与，很难实现最终的学习目标。教师应该做到：有能力合理使用多媒体；认识到自己是学习的指导者，发挥自己的指导作用；引导学生运用综合的学习方法。

而从学生角度来看，多媒体教学的开放性要求学生必须具备一定的信息技术基础知识和一定的自主学习能力，才能有效地学习。而在传统的教育管理体制下，学生很少有时间通过自学发展自主学习的能力，自主学习能力普遍较差，缺乏自主学习的习惯，不知道如何选择听力材料、如何有计划地练习，更不知道如何检查自己的听力水平是否有了提高。有的学生盲目选择，选的听力材料杂而乱。由于多媒体课堂缺少传统课堂上教师对学生的直接监管，很难保证自觉性较弱的学生能专心学习。在多媒体环境中，学生所表现出的兴趣、兴奋及好奇心会随着他们对环境的熟悉而逐渐减退。显然，技术的魅力是短暂的，要保持学生的注意力和学习热情，学习内容才是本质和关键。

由此可以看出，尽管基于网络与多媒体的自主学习能发挥一定的作用，但它不能够完全代替传统的课堂教学模式，只能作为传统课堂教学的补充。我国当前英语课程改革提倡的自主学习，是以学生的主体地位为前提的教师进行指导、学生主动参与的学习，而不是没有教师指导的完全意义上的自学。如果以学生学习为中心的、基于网络和多媒体的课堂教学设计忽视了教师的作用，忽视了师生交互的设计，这种教学设计必定是失败的；学生的学习将会成为没有目标的盲目探索，讨论交流将成为不着边际的漫谈，意义建构将会事倍功半。

在现代教育技术条件下，听力教学中发挥英语教师的主导作用，这是必须要探讨的一个关键问题。

（1）教师要利用现代教育技术提供的优势，精心选择听力材料。现代教育技术使师生选择材料的自由度和自主性越来越大，学生很容易迷失在浩如烟海的网络资源中，教师的引导就显得尤为重要。面对数量激增的语篇，教师要做出理智的选择，并对语篇进行创造性的加工和使用。除了教授课本知识以外，教师还可以通过多媒体技术适当给学生补充课外材料，录制或下载内容新颖的听力材料，比如当日新闻等。其后教师要给出讨论问题，让学生听后自主进行讨论，以增强学生对所听内容的理解和记忆。还可以引导学生在课外自主进行听力训练，教师可以向学生介绍适合听力训练的网站，同时还要提醒他们根据新课程标准要求的话题选择听力材料，如选择学校生活、兴趣与爱好、节假日活动等话题范围内的材料。

（2）教师要利用现代教育技术合理引导学生关注英语国家的文化现象。例如，教师可以推荐学生看原版电视剧或教学影片，如《走遍美国》等。《走遍美国》不只是简单的对话，还包含着有趣的剧情，而且剧情与美国当前社会环境和现象有着密切的关系。听力语篇中会包括诸如食品类型、工作实践、历史典故等各种内容，学生可能会对这些内容感到陌生，教师可以组织讨论，让学生将自己民族的文化因素与语篇中的文化因素进行对比。教师还可以从剧情内容引出有关文化差异的话题，讨论丰富的社会现象，有利于克服文化冲击现象，降低因母语文化与目的语文化之间的差异给学生带来的焦虑感，激发其学习目的语的兴趣。同时，教师要对学生的在线学习给予指导，引导学生对从网站下载的资料进行筛选、分类和整理，引导学生比较分析、去伪存真。

网络具有交互性的特点，包括实时交互和非实时交互两种。实时交互和非实时交互为学生提供了以意义为中心的交际机会，并将语言的听、说、读、写技能融于一体，有利于更为广泛的个体和群体之间的直接信息交换。这种形式的交互更加需要教师的指导，需要教师设计合理的教学活动，以更加有效地促进学生的学习进步。教师可以利用现代教育技术的优势，采用教学主体置换模式，将主控台变为语言交际活动的"看台"，学生电脑变为语言交际活动的"舞台"，给学生布置交互任务，所给题目都从教材中提炼，让学生结合丰富的网络资源，围绕学习任务，在网上自由组合并进行交互练习。教师作为参与者、鼓励者、指导者，鼓励学生主动思考和探究知识，促进新知识与大脑中的先前知识的联结，更加有效地促进学生对语言知识的掌握及其语言能力的发展。

教育技术短时间内不可能取代教师在听力教学中的主导作用，教师不应仅是听力活动过程中的录音播放者或者听力答案的核对者，而应是现代教育技术的合理使用者。目前，许多学生已经习惯了传统的教学方法，如果想在现代教育技术辅助下的英语学习中获得成功，就必须积极地去适应以学生为主体的认知心理听力环境。但从目前来讲，教师应清醒地认识到，完全基于网络的认知心理听力环境仅仅适用于某些精心选择的课程内容以及那些自我导向意识较强的学生，它只是对传统学习方法的有效补充而已，还谈不上对传统课堂的取代。因而，在以现代教育技术辅助英语听力教学的过程中，应充分发挥教师的主导作用。

第三节　多元化听力教学方法策略

教学方法的理论基础主要结合了各种心理学、语言学、教育学和其他各种学科理论，立足于这些理论基础之上，形成了自己独有的教学方法，在实际运用时还结合了一些适当的教学技巧等。所有的教学思想都需要通过特定的教学方法来实现，教师需要结合一定的教学规律，遵照既定的教学目标，遵循相应的教学原则来对教学做出思考。也就是说教师在实施教学行为时，需要有两个出发点，一个是要对教学规律和教学目标有基本的认识，贯彻执行各种教学原则，使得教学方法具有相应的科学性；另一个是以具体的教学方法为基础，将其归纳总结成相关的理论，并且思考这些理论与教学的具体规律，既定的教育目标以及教育的原则是否相符。教师需要按照这种规律来对教学方法和教育原则做出思考，将具体的教学方法上升成为更高层次的理论，这样才能保证这些理论能够被有效运用到教学实践中去。

英语听力的教学经历了一个较长的发展过程，不仅是教育理论的研究者，还包括处于教学前沿的英语教师，都在持续对大学英语听力教学的方式方法进行着探索，通过教学和理论的实践，他们不断促进着英语听力教学领域新的思考和变革方向。比如最早开始听力教学的目的，只是为了让学生能够听懂教师用英语授课时的知识讲解，帮助学生学习和掌握新的英语语法知识及规则，它是一种工具和手段。此时英语听力教学可以被分为三个主要的阶段。

一、听力早期教学模式

在听前阶段，教师需要向学生讲授听力课程中出现的一些新的单词。这个阶段的听力练习可以分为两类：一类为泛听。泛听相当于略读，也就是让学生对整个听力教学的资料做一个大概的了解和认知，该阶段的问题主要是针对谈话的中心意思来设置的，问题主要包括谈话者所表现出来的情绪及精神状态、谈话者具体的身份信息等。例如：

（1）Who are the people？

（2）What are they talking about？

（3）How are they feeling？ Angry？ Happy？ Disappointed？ Annoyed？ Humorous？

另一类为精听阶段。在这个阶段，学生在倾听学习资料时可能会用到暂停、重复听取，教师会要求学生回答听力资料中涉及的一些问题。进行精听教学是为了让学生集中注意力，尽快掌握所学语言的发音规律、发音节奏和发音音调。教师可以根据学生掌握发音和听力的具体情况来及时调整教学内容和方法。

在传统的英语听力教学模式下，教学主要是围绕着文本的听力展开的。在最初的阶段，教师需要引导学生以听力材料为中心，回答一些主要的问题，随后范围逐渐缩小，将关注点放在听力课程中的一些具体事实和细节上来，对语言进行详细的分析。这种教学模式较为固定，也便于操作，因此现阶段还有很多英语教师采取这种教学模式。

近些年来，我国教育界对于英语听力教学的研究，变得越来越深入，国际上的一些学者也深入研究了英语听力活动的本质特点，在他们看来，英语教学中，听力教学和练习是最常见、最有效的教学方式。英语听力理解的学习和掌握是非常复杂和细致的过程，它主要包括了学习单词、掌握语法、标准发音、理解语义以及语言的使用，而且关系着学生交际能力的提高与发展。

随着对于英语听力教学研究的深入，一些新的观点和理论开始出现，因此不少专家对早期的大学英语听力教学方式提出了质疑，其表现主要有以下几点。

第一，早期模式认为，学生只有完全掌握了听力材料中全部或所有的单词才能开始听力练习。而新观点认为，在现实交际中，学生不可能先学会生词再参与交际活动。而且，现实交际中讲话者的面部表情、肢体动作等非语言交际信息非常有助于听者对信息的理解。

第二，早期模式认为，精听与泛听非常有助于学生加深对听力材料内容的理解。而新观点认为，重复的听力活动对听力理解并不会产生太大的促进作用，只有教师先提出问题，引导学生带着问题有目的地倾听，学生才会更准确地把握信息。

第三，早期模式认为，听后进行听力材料分析与讲解非常有助于学生听力水平的提高。而新观点认为，对听力文本的语法分析占用了听力课堂上的很多时间，把听力课变成了语法课，这样反倒会令学生失去听力训练的机会。

第四，早期模式认为，跟读并模仿能够帮助学生更好地适应目的语的发音特点和规律。而新观点认为，这种单纯模仿的做法有可能导致学生失去参与英语听力活动的兴趣，而且，学生如果仅仅是机械地模仿，并不能理解语言的意义，其听力水平也不会有相应的提高。

二、目前所采用的听力教学模式

随着听力教学理论研究的不断深入，听力教学的模式发生了较大的变化。当前的听力教学模式也包括三个阶段。

听前的这个阶段中，教师应当先向学生扼要讲解听力教材中的概要，目的是为了模拟出更加真实的英语语境，因为学生需要提前了解交际对象的基本情况，包括他的身份、所处的环境等信息，所以事先对交际情境有所了解，有助于学生更加有效地开展交际练习。

当然，对听力材料的介绍要简明扼要，以避免学生因此而产生厌烦情绪，失去学习的兴趣。如果听力材料是一篇与 jogging 有关的文章，教师可以事先向学生介绍说："Now, you will hear a woman talking about how she jogs in order to keep fit", 在这个阶段, 教师可以向学生介绍起关键作用的单词 (如 jog) 或短语, 即如果学生不了解这些词或短语就无法理解全文, 如果学生不知道 jog 这个动词的意义, 就不可能理解一篇关于 jogging 的听力材料。一般来说, 一篇听力文本中大约有四到五个关键词, 学生对这些关键词的掌握程度决定了他们对听力语篇理解的深入与全面的程度。

听前阶段听力资料的简介以及关键词的提炼有着十分明显的作用, 主要表现为如下三点: ①帮助学生了解相关语境信息, 如谈话发生的情景、话题内容、语体类型等; ②帮助学生掌握关键词语; ③有助于学生根据介绍的人名、地名更迅速地把握听力材料的内容。

听前阶段的一个非常重要的任务, 就是要调动起学生对于英语听力学习的兴趣, 学生可以在教师的引导下预测新的学习内容, 这对于提高听力教学的效率十分有益。教师可以通过板书的方式, 将听力资料中的内容概要提炼出来, 带领学生预测更加完整的听力教学内容, 并且将学生预测的内容也标注出来。随后对课堂内容进行播放, 让学生对自己的预测准确性进行验证。教师可以说: "John thinks there will be some thing a bout noise pollution in the recording. Jennifer doesn't agree. Let's listen and see who is right.", 这样的引导式语言能在学生之间营造一种竞争的氛围, 学生会提升参与的积极程度, 渴望确认自己对听力语篇内容的预测是否正确, 学习兴趣也随之提高了。通过一个听前阶段的案例可以明显看出。

教师: Boys and girls, you're going to hear somebody talking about camels. He's a zoologist who studies them. Do you know the word "zoologist"?

学生 1: 动物学家。

教师: Yes. What do you think he'll talk about?

学生 2: Desert.

教师: Yes, he might mention desert. (转身将 desert 一词写在黑板上) Anything else?

学生 3: Water. I know there is water…water on the camel's back.

教师: Yes, he might mention what the camel has on its back, its hump. (教师用手势表示出蛇峰的样子) The word is "hump". (转身将 hump 一词写在

黑板上）Any other ideas，class？

学生 4：Hot，hot temperature.

学生 5：Sand，a lot of sand，very hot sand.

学生 6：Walk，walking must be hot，I mean the camel.

教师：Yes，he might talk about the heat in the desert.（转身将 heat 一词写在黑板上）Do you know how to measure that？

学生 7：By degree.

教师：Yes，in degrees．Anything else？

学生 8：Walking．Camels walk for a long distance，to carry something，food or…

教师：Yes，he might mention how far the camel walks in the desert，the distance.（转身将 distance 写在黑板上）Any other ideas？

学生 9：I think the camel walks very slowly.

学生 10：NO，the camel walks very fast.

教师：Yes，we don't know how fast the camel walks，that is，the speed.（转身将 speed 一词写在黑板上）（在接下来的对话中，教师继续引导学生积极参与）

教师：Well，some of you guessed correctly and some of you are wrong．Let's listen carefully and see who is fight.

可以看出，这样的师生互动体现出听前阶段的三个重要作用：建立语境、导入关键词与激发学生的学习兴趣。通过听前阶段的对话互动，学生的积极性被充分调动了起来，讨论的过程就是语境建立的过程，而且，师生真实而有趣的对话自然而然地引出了一系列的关键词（如 desert，hump，heat，distance，speed），学生对生词的学习是个自然的过程，而非通过枯燥的讲解或操练而掌握，因此这种方式更容易激发学生的积极性和主动性。而且，为了突出这些关键词，教师将这些关键词一一写在了黑板上，强化了学生对这些单词的理解和记忆。

在泛听环节中，依然需要学生通过回答问题来提高英语的听力水平。但对于精听来说，教学方法有所不同。

第一，教师事先结合听力课程，设计出相关的问题并事先告知学生，让学生的学习更加具有针对性。要对录音教材进行精听时，教师应当引导学生将听到的信息概要记录在笔记中，以作为后期用于回答问题时的提示。因为如果学生未能事先获知需要回答哪些问题，那么就无法对相关问题引起注意，当教师所提的问题较为深入，内容较多时，学生的回答就无法保证正确率，也就无法反映出学生真实的听力水平。

第二，教师让学生回答之前，可以先给学生一些时间，让其通过听到的资料，对想到的问题进行梳理。因为学生经历从被动的聆听者转换成主动的问题回答者的转变时，心理上需要一个适应的阶段。并且有些学生希望能够在回答问题之前先对自己的答案进行检测和核对（如同在阅读活动中的习惯），当缺乏听力材料的文本时，他们就会对自己的回答没有把握，表现为在课堂上回答问题不积极、不主动。对此，教师可允许学生先用英语讨论问题的答案，然后再给出自己的答案。

当前的听力教材绝大部分是以对话的方式展开听力训练的，所以，除了巩固新近学到的知识以外，听后阶段还有一个非常重要的任务，那就是根据听力训练内容营造出相应的语境，让学生加深对语言功能的认识，学会道别、致谢、问候、介绍等基本功能，提高他们运用语言进行交际的实际能力。学生在听之前会对一些重要的词汇进行了解，不过新的单词还是要放在具体的语境中来进行识别的，听之后，教师要将如何结合语境来预测生词含义的方法传授给学生。特别需要指出的是，在听后阶段，教师还可以将听力训练的相关资料制作成课件用于课堂教学。在听力训练的过程中，每个学生会遇到不同的问题，这是一种非常具有个性化特征的教学环节，当有了课件或文本的提示，学生更容易查找改进自己听力训练中存在的问题。

听力教学模式还有着另外两方面的变化：一方面是通过布置任务来检测学生听力水平是否有提高，提高的程度如何；另一方面是采用了更多真实的音像教学资料。

采用布置任务的方式，在传统的教学方式下，一度采用的都是理解式的问题，但通过这种方式测量出来的听力理解能力并不准确，学生回答错误有可能是未能理解所学的内容，也有可能是对教师设计的问题本身就不理解，还有可能是自身的语言表达能力较差，所以需要采用布置任务的方式来进行教学。利用任务的方式来开展教学时，教师要注意所布置的问题难度要与学生的实际语言水平以及认知能力相当。针对初学语言的学生，教师可以设计一些简单完成句子的任务，要求学生把句子中所缺的词组或是单词填写完整。针对具有较好英语水平的学生，教师可以采取填空的方式让其将英语文章进行补齐。采取这种分别对待的方式有两方面的益处：首先，可以使得学生不受阅读和写作能力的制约，提高学生的听力水平；其次，因为这种教学方式更具趣味性，也更加真实，因此能够更好地调动学生对于英语的学习兴趣。

真实的音像资料实际上指的是一些可用于听力训练及教学的材料，并非是专业的语言授课教材，而是一些目的语的真实事件，有着真实的语境。这种更加真实的资料，能够帮助学生更真切地感受到英语口语的使用语境（如语速变化、犹豫态度的表达等），从中体验到的学习经历更近似于真实语境下的学习。

总体来说，这些教学模式上反映出来的变化，是语言教学研究者以及教师们教学理念转变的一种真实体现，表现在以下三个方面。

（1）对听力重要性的认识不断深入。在语言技能当中，听力是非常重要的组成部分。听力的提升能够帮助学生更好地理解语言教材，而且对于学生语言能力的整体提升具有至关重要的作用。听力活动不仅仅是为了理解相关材料，更是促进学生英语交际能力发展的一种重要手段。

（2）课堂听力活动与现实交际活动之间的联系更加密切。为了与真实的语境和英语交际活动更加接近，教师在课堂上选择的听力资料应当尽可能真实，将更多的真实信息引入到情境教学中来，带领学生去模仿真实的任务，引导学生尽可能去猜测新词汇、新单词的意义。

（3）注重激发学生的学习兴趣。在课堂上教师应当引导学生积极参与互动，大胆表达出自己的猜测，教师自己带着他们根据查找到的问题来进行学习，最终帮助他们验证这些猜测是否正确。教师也可以事先将自己要提出的问题告知学生，让他们带着这些问题去听录音，听完录音后组织学生进行讨论，在此基础上得出相应的答案。采取这种回答问题的方式，考察的不仅仅是学生对于学习内容的记忆力，而更多的是他们真实的听力水平。这些都使听力活动更加具有目的性和针对性，更有利于提高学生的听力水平以及英语交际能力。

更早时期大学英语听力教学中，人们更加关注的是听力训练的结果，那时考察学生的听力水平大多采用的是理解问题后进行回答的模式，且每个问题仅有一个正确的答案。不过最近这些年，听力策略训练越来越被重视，大学英语教师也意识到，在大学听力教学中，不仅应当让学生简单、被动地学习听力教材中的内容，而且还应当帮助学生建构起相应的语言信息的基本框架。因为并不是学生听到了多少信息，他们就一定会注意到所有的这些信息。那些被学生重点关注的语言信息，起到激发学生的作用，促使他们在自己原有的知识框架中不断融入新的知识。但这种融入的过程，并不是简单的知识叠加和罗列，而是通过特定的方式和模式，将这些信息纳入各自的知识体系中来，并且经常会令自身的知识体系发生整体的变化，也就是构建起新的知识体系。这些被学生所注意到的语言信息，会在他们随后的学习中被注意应用，只有这样，被纳入的新知识才能更好地融入学生的知识框架中，这是源于，引起学生重视的内容能很好地提升学生的语言能力的培养。

正因如此，教师在进行听力教学的过程中，要特别关注注意活动与重构活动两个循环的过程。通过注意活动，教师引导学生根据听力训练教材来展开学习，查找自己理解的内容与听力教程的不同之处，教师还可以安排学生根据听到的内容来完成一些完形填空。在知识重构的过程中，教师可以组织学生对听力教材中出现的内容进行练习，这种练习可以是口头的，也可以是书面的。比如组织学生练习听力教材中的内容，根据教材安排学生扮演不同的角色。

目前大学英语听力教学中，教师越来越重视意义建构的作用，也就是要检测学生对听力理解问题回答的准确性，同时要做到知其然，也知其所以然。若学生回答正确后，教师应当继续进行提问，目的是为了了解学生之所以回答正确，是因为掌握了相关的语言信息，还是在特殊的语境中正好猜中答案。当学生回答错误时，教师要有针对性地提醒学生问题所在。如果在同一个问题上，很多学生都出现了错误，这说明遇到了学习中的难点，教师应当对此开展有针对性的辅导，加强学生的练习，避免再次出现此类问题。这种针对不同的情况采取不同的教学方法，表面看起来比较简单，但实际上对于教师的专业素质、教学经验以及责任心都有着较高的要求。若是从表象上来说，学生听力上的问题可能就是不认识一个单词或词组，有些教师就会认为帮助学生掌握这个单词或词组就能解决问题，学习中的障碍就能被排除。但实际上，因为生词所造成的听力训练中的障碍，是由多方面的原因造成的，主要包括如下六点：①学生的确不认识这个单词；②学生只认识这个单词的书写形式，但以前从未听过这个词以口语形式出现；③学生把这个词与另外一个在发音上非常相似的词混淆了；④学生虽然知道这个词的口语形式，但是在连续的语流中却无法将其分辨出来；⑤学生虽然听出了这个词的发音，但是想不起来其具体意义；⑥学生虽然听出了这个词的发音，但是对其意义的理解并不正确。

教师可以向学生发放问卷，让他们对自我进行评价，这样更容易查找到学生听力训练中出现错误的原因，掌握学生辨认词汇的习惯和特点，找到学生出现听力障碍的原因所在。只有真正了解学生错误的原因，教师才能够提供切实有效的帮助。而且，通过填答问卷，可以引导学生认真思考自己的学习过程，增强语言学习和使用的意识，在教师指导下不断改进自己的听力策略，培养自主学习能力，逐步形成适合自身认知特点的学习风格。

以上所述的听力教学模式变化完全符合教学法的发展历史。最初的语法翻译法坚持认为，语言是一种完整的体系，它描述的是特定的语法及其规则，学生只有对这些规则加以理解和使用，才能掌握这门语言。语法翻译法坚持要求语言输出要具有相应的准确性，听力是一种手段，用来听懂教师的授课。随后出现的直接教学法、听说法、交际教学法、任务型教学法等都开始注重学生听力的培养和提高。

直接教学法十分注重语音的教学，要求学生的英语发音清晰准确；并且将掌握英语口语交际能力作为英语教学中最重要的目标，在学习的过程中，会尽量避免学生使用母语。

按照听说法则的要求，学习英语就是要培养使用语言的一种习惯，听说法则要求学生对语言进行反复的模仿、训练和记忆，学习英语时要以教师作为中心，先要学会听和说，努力进行模仿，不断增强对英语口语的记忆，尽量少使用母语，充分利用各种视听教具和语言实验室。

在交际教学法看来，不论学生接触到什么样的语言规则，这种规则最终的目标就是帮助学生借助目标语准确地表达自己的意思，交际教学法的关注焦点主要有两个：一是它的社会交际功能；二是它的语言所代表的结构功能。其中最本质最重要的功能是社会交际功能，相同的语法结构在不同的语境中能够行使不同的功能，例如，"I'm cold."可以起到"陈述事实、抱怨身体不适、要求到温暖的环境中去、建议关上房间的门窗"等多种作用。不同的语法结构在不同的语境中却能够行使相同的功能，如向别人打听时间可以采用下列说法。

（1）Excuse me，could you tell me the right time，please？

（2）What time is it．Please？

（3）What's the time？

（4）Time？

这些表达方式都是完全合乎语法的，也符合英语母语者的语言表达习惯，关键是要在不同的交际场合下选择合适的表达方式。上述四种表达方式的正式程度依次降低，以交际者之间社会关系的密切程度作为选择使用的标准，第一种表达方式适用于向陌生人询问时间（如在车站候车时向其他乘客询问时间），但是不适合用于向关系密切的人询问时间（如朋友之间询问时间）。

任务型教学法是以固定的学习任务为目标，整个学习过程都是围绕着教学任务来展开，而教学任务的完成程度，也是检验教学效果的唯一方法。任务型教学法有三个特点。

第一，任务型教学法强调学习过程，通过引导学生完成真实的学习任务、积极参与学习过程来培养其运用英语的能力。

第二，任务型教学法不仅重视培养学生的听、说能力，更强调培养学生运用语言的综合能力。

第三，任务型教学法认为，培养学生的语言运用能力固然重要，但也不能忽视对语言知识的教授，即倡导以语言运用能力为目的的语言知识教学。

在任务型教学法看来，语言是一种特殊的工具，它可以表达使用者的思想，传递使用者的情感，解决所遇到的问题。语言使用的过程就是学习语言的过程，如果仅仅单纯依靠机械式的训练，无法真正达到提高语言能力的效果。并且人们学习语言并不仅仅是为了学会使用一种语言，掌握这种语言的简单技能，更重要的是使用这种语言来解决遇到的问题，完成特定的任务。

我国的高校英语教学自 20 世纪 80 年代开始，英语教学开始形成了有本国特色的教学观念。立体化教学法将语言教学视为一个由学生、目的语和教学环境组成的三维整体，构建以经济发展为底、跨国文化为顶的立体化结构，强调树立根据具体国情、因地制宜地开展教学的理念。

无论是国外的研究还是国内的研究，都对我国基础阶段的英语听力教学产生了重要和积极的影响。根据相应的教学理念的指导，教师应当结合既定的教学任务，来选择最适宜的教学方法和策略，这已经成为体现教师专业素质的一项重要指标，也已成为教学实践过程中一个无法回避的重要环节。

教师不仅应充当教学任务的具体执行者，更应充当教学决策者的角色。每个教师的教学风格都不尽相同，在教学过程中处理问题的方法以及取得的教学效果也不相同。教师需要在不断变化的教学活动中，根据具体的情况制定适宜的教学决策。教育手段伴随着科技的进步越来越多样化，各种各样的英语教材也越来越丰富，教师的教学活动有了更多的选择空间，在这种情况下有了综合法。这种方法融合了多种教学方法，将学生的听力视作互动能力的重要内容，因为只有具备了相应的听力水平，学生的思维能力才有可能得到提升。综合法认为听力水平的提高，有利于学生情感的正常发展，也有利于促进他们心理的健康成长。所以在采用听力教学法时，要充分考虑学生的心理特点以及情感实际。

通过举例说明综合法涉及的一系列听力活动。

（1）听前阶段。向学生展示一幅图片，让学生自由表达对这幅图片所涉及话题的个人感受；引导学生根据话题猜测听力材料的大致内容，组织学生展开一个关于本话题的小型讨论或辩论；然后给学生读一篇关于本话题的材料，目的是增加学生关于本话题的知识，丰富其对本话题内容的图式知识。

（2）听的阶段。要求学生理解听力材料的主旨，能根据听力信息绘制图表等；要求学生理解听力材料信息的细节，如能根据听力信息填充所缺单词或短语等；要求学生认真辨析听力材料中讲话者的发音特点。

（3）听后阶段。引导学生表达自己对听力材料中的观点的意见；针对某些具体的单词或短语，要求学生再听一遍，并进行详细的释义，将听力材料的书面形式发给学生，或者以幻灯片方式展示，要求学生阅读或者跟读。

听前活动充分调动了学生投入学习活动的主动性，激活了学生大脑中关于本话题的先前知识，为听力理解活动做了充分的准备工作。并且，综合法强调学生互相讨论、交流自己的理解和听力策略，强调协作式学习。后续的一些听中、听后活动则是围绕听力材料进行开展，能促使学生对内容的理解更加准确和深入，同时也减少了学生的心理压力，不再担心教师要求他们只听一遍就记住所有的内容。由以上分析可以看出，综合法把听、说、读、写四项技能全部整合在了一起。

即使是语法教学法也在综合法中得到了体现。语法教学法要求学生在开展听力活动时阅读一篇书面语篇，然后完成数项任务，诸如确定一组词语在句子中的恰当位置，找出单词与短语之间的关系，利用上下文提供的信息线索进行语法关系推理，以及根据语境提供的线索进行认知层面（短语搭配、语法规则等）的猜测等。目前大学英语听力教学中通常采用语法教学法，仅仅将听力练习视为课堂活动而已，没有密切联系真实交际情境，学生完成的听力任务也不具有真实的交际功能。但是，类似的听力教学法对学生语言知识的掌握具有重要的促进作用，有助于实现听力教学的第一个目标，即巩固语言知识，在一定程度上仍可采用。

语法教学法之所以被广泛采用，还有一个重要的原因，就是许多测试，甚至是大规模的权威英语测试，都采用基于语法的听力测试。如国际上采用的托福考试（TOEFL），在听力部分大量采用这样的测试方法来考查学生的英语语法知识。考试引发的反拨效应（wash-back effect）使一些教师的教学理念和方法难以更新。

因此，教学方法和策略的选择与听力测试环节密切相关。

第四节 大学英语口语教学实现路径

经济全球化日益加深，中国与世界其他国家在各方面展开了更加频繁、密切的交流，相应地，社会对懂英语的复合型人才的需求也越来越大。英语教学是培养英语人才的一个主要途径，因此英语教学也受到了社会各界的广泛关注与重视。

一、口语的特征

以图例的方式（图4-1、图4-2）可以清晰看出两种输出性语言技能间的区别。

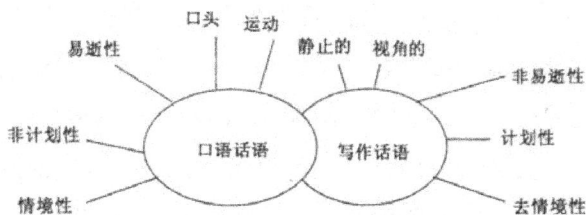

图 4-1 口语话语与写作话语的比较❶

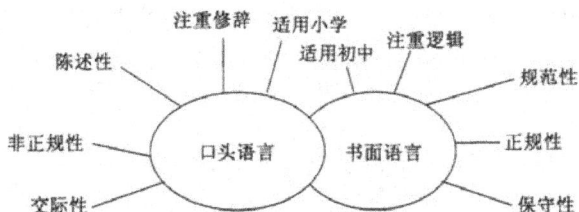

图 4-2 语言的社会性比较

口语与书面语至少有以下四点不同❷：①口语的主要特点是交互性比书面语强。凡使用口语的人都有面对面的对象，说话人与听话人随时交流，互相提示与补充。②大量的口语是无计划、无准备的，而书面语则通常是有计划、经准备而形成的。③口语比书面语更依靠交流时特定的情景与场合。④书面语语体一般比口语正式。

---

❶ 何广铿 . 英语教学法教程：理论与实践 [M]. 广州：暨南大学出版社，2018.

❷ 何广铿 . 英语教学法教程：理论与实践 [M]. 广州：暨南大学出版社，2018.

二、口语教学活动的基本原则

（一）意义协商的交际策略

在意义协商过程中，说话者为了让对方听懂自己的话，必须关注语言的准确性。一般来说，信息沟（information gap）和拼图式（jigsaws）一类的活动最适合体现意义协商的交际策略。

信息沟活动就是指参与会话活动的双方或多方，每一方都有自己知道而其他方不知道的信息，彼此之间需要通过询问对方来获得对方的信息。

（二）会话的社会交际性与事务性

社会交际性就是指交流的目的是为了建立与维护人与人之间的社会关系；而事务性是指交流的目的是为了处理事务，比如，交流信息等。这两种会话又有各自的特点。在课堂口语教学中，活动设计需要包括这两种类型。

下面看一个有关社会交际性会话的例子。这是一段饭前发生在家庭成员之间的会话，说话者转换话题很快，会话方向难以预测。

Ashley：mother，housewife，junior high school history teacher；42 year sold

Cheney：father，gas station attendant；47 years old

Abby：daughter，college sophomore and receptionist in art gallery；20years old

Larry：son，high school junior；16 years old

Ashley is in the kitchen finishing the preparation of dinner-lamb chops，Cheney's favorite，though she does not care much for them. Abby is going through some CDs. Larry is reading one of his textbooks.

Cheney comes in from work and throws his jacket over the couch；it falls to the floor.

Cheney：（Bored but angry，looking at Larry）What did you do with the car last night？It stunk like rotten eggs.And you left you're your school papers all over the backseat.

Larry：（As if expecting the angry remarks）What did I do now？

Cheney: You stunk up the car with your pot or whatever you kids smoke, and you left the car looking a mess. Can't you hear?

Larry says nothing and goes back to look at his book but without really reading.

Ashley: All right everybody, dinner's ready. Come on. Wash up and sit down.

(At dinner)

Abby: Mom, I'm going to go to the movies Friday night with some friends from school.

Ashley: Okay.

Cheney: Like hell you're going.No more going out with that group.

Ashley: Cheney, they're nice people. Why shouldn't she go?

Cheney: Because I said so, okay?

Abby: (Mumbling) I'm 20 years old and he's giving me problems.

(Turning to Cheney) You make me feel like a kid, like some stupid little kid.

Cheney: Get married. Then you can tell your husband what to do.

Abby: I wish I could.

Larry: But nobody will ask her.

Ashley: Why should she get married? She's got a good life—good job, nice friends, good home.She's still young. Listen, I was talking with Elizabeth and Cara this morning and they both feel they've just wasted their lives.They raised a family and what have they got? They got nothing. (To Abby) And don't think sex is so gr either; it isn't, believe me.

Cheney: Well, they're idiots.

Ashley: (Snidely) They're idiots? Yeah, I guess they are.

Abby: Joanne's getting married.

Ashley: Who's Joanne?

Larry: That creature who lives with that guy Michael.

Cheney : Watch your mouth, Larry.Don't be disrespectful to your mother or I'll teach you how to act right.

Ashley: Well, how do you like dinner?

(Prolonged silence)

Abby: Do you think I should be in the wedding party if Joanne asks me ?   I think she will; we always said we'd be in each other's wedding.

Ashley: Sure,   why not. It'll be nice.

Cheney: I'm not going to any wedding, no matter who's in it.

Larry: Me neither.

Abby: I hope you'll both feel that way when I get married.

Larry: By then I'll be too old to remember I got a sister.

Ashley: How's school ?

Larry: I hate it. It's so boring.It's just test after test and classes are getting bigger and bigger.Nobody knows anybody hardly. I really feel like nobody knows I'm alive.

Cheney: Get yourself a woman and you won't feel lonely, instead of hanging out with those potheads.

Abby (Looking to Ashley, giving a sigh as if to say,   "Here we go again.")

Ashley: (To Abby, in whisper) I know.

Abby: Mom ? Do you think l'm getting fat ?

Larry: Yes.

Cheney: Just don't get fat in the stomach or you'll get thrown out of here.

Ashley: No, I don't notice it.

Abby: Well, I just thought I might be.

Larry: (Pushing his plate away) I'm finished; I'm going out.

Cheney: Sit down and finish you supper.You think I work all day for you to throw food away ? You wanna smoke your dope ?

Larry: No.I just wanna get away from you–forever.

Ashley: You mean we both work all day; it's just that I earn a lot more than you do.

Cheney: No, I mean I work and you babysit.

Ashley: Teaching junior high school history isn't babysitting.

Cheney：Well，what is it then？ You don't teach them anything.

Ashley：（To Abby）You see？ You're better off single.I should haves tayed single.Instead…Oh，well.I was young and stupid.It was my own fault for getting involved with a loser. Just don't you make the same mistake.

Cheney：Go ahead. Leave the table. Leave the house. Who cares what you do？

在上述对话中，Cheney 下班回来埋怨儿子 Larry 把车子弄得一团糟，这时妈妈 Ashley 过来叫大家吃饭。女儿 Abby 向妈妈提出周五要和同学去看电影，妈妈同意，爸爸反对。爸爸生气地说让她早点嫁出去。后来，又谈到 Abby 的同学。Abby 的同学受到了 Larry 的谩骂，继而讨论起参加 Abby 的同学的婚礼。一会儿又谈起 Larry 的功课，爸爸说他功课不好不如找个女人结婚。Abby 与妈妈讨论发胖的问题……话题不断转换，难以预测会话的方向。

（三）符合学生所处的环境、兴趣及学习目标

英语口语教学活动的设计要符合学生所处的环境、兴趣与学习目标。学生所处的环境指的是本地区、本校，甚至本班的实际情况。在活动设计中将本地区具有的特色活动纳入口语教学活动，这样学生在认知上不存在困难，便于激发学生的认知图式，使学生有话可说。用英语表达自己身边发生的事件，学以致用，在用中学，能够激发学生的学习兴趣。学生有了学习兴趣，可以加快学习目标的达成。为了使口语教学活动设计贴近学生的实际，教师偶尔也可以请学生参与活动内容的设计，请他们提供话题和活动形式。教师可以在学生提供的环境背景下设计诸如角色扮演等活动，或采用学生喜爱的歌唱等形式来设计活动。

三、口语教学的基本方法

从历史角度来看，口语教学在教学法的层面经历了三个阶段：语法翻译法、直接法和听说法以及交际语言教学法。

（一）语法翻译法

在语法翻译法中，向学生分析语法并将之从一种语言翻译成另一种语言。这一方法的主要目标是让学生阅读某一文化的书面语言。其特点是：

（1）关注阅读和写作。

（2）根据阅读材料研究词汇教学。

（3）教学和语言练习的基本单位是句子。

（4）注重语言的准确性。

（5）采用演绎式教学法，即先提供语法规则，然后通过语言替换进行语言规则训练。

（6）教学用语大部分是母语，通过翻译自查教学质量。练习方式有句子填空、造句、背诵课文和作文等。

（二）直接法和听说法

与语法翻译法关注书面文本不同，直接法关注的是"日常生活中的词汇和句型"（Richards and Rogers），完全用目的语（target language）进行教学，排除干扰，朗读和写作结合起来。因为外语学习应与母语学习一样，起始于接受生活的口语，而不是文学作品中的书面语。教学重点是让学生说与听，通过按年级进度仔细规划的师生问与答的交替，逐步提升学生的听说能力。

这种方法在课堂教学中的基本程序如下所示。

8：00 ～ 8：10 讲授新词：教师进入课堂后用英语与学生进行基本问候，并就日常生活题材与学生（David）进行简单的问答式会话。然后自然进入讲授新词阶段。先利用教室内与新词有关的实物引出新词，再出示课前准备的图片，用英语简单描述新词意义。学生理解后，再与教师在对话中使用新词。

8：10 ～ 8：25 语法练习：通过学生活动进行。教师先请一学生起立，然后用动词现在进行时描述：

T：David，please stand up.（After David stood up）

T：（To the class）Now David is standing，but you are all sitting.

T：（To David）David，please go to the door.

T：（To the class，while David is walking to the door）Now David is walking to the door.

听说法受到了直接法的深刻影响。听说法中所注重的是对于对话材料的利用，让学生的重复记忆对话材料以及相关课文的背诵。

在听说法中，重复操练是其最主要的特点。其主要目标就是要让学生对于语言形式结构的掌握程度逐步提高，且主要是以呈现—练习—输出的教学程序进行的，但是这一教学方法是以学生对于语言结构熟练程度达到较高程度为基础的，同时学生能够自主地进行对话。所以，进行口语教学时，学生不仅需要提高对于重复性较高的语言口语结构的掌握程度，同时也要注重口语表达中语法的准确性，以及发音的流利性。

在听说法的理论基础中，对于养成好习惯是以反复训练为基础的，在课堂上不断进行反复训练以及纠错改正，是学生养成良好语言习惯的前提，同时教师对于学生口语表达中的语言错误，应积极予以识别纠正，避免养成不良的语言习惯，如果语言错误没有得到纠正，那么说话者与班级同学的语言习惯会逐步转化为错误的形式。

在课堂教学中，常见的类型有以下两种：

类型1：

8：00 ~ 8：10讲授新词与对话结合：教师进入课堂后在黑板上画男女两个学生，在他们后面画一个超级市场入口处。教师用英语介绍情景：他们在商店门口相遇，开始了一段对话。教师边表演对话边解释语言难点，再让学生听两遍录音。

8：10 ~ 8：25熟悉课文：教师先找一名学生和他对话（重复上述课文），然后全班两两练习对话（重复课文）。练习完毕请几对学生上讲台对话。

8：25 ~ 8：45句型操练：

（1）教师简单讲解然后说"Now Sally is talking to John"并讲解动词词组：ask John a few questions, wait for her sister, plan to buy lots of things 等，要求学生根据动词做模仿练习。

（2）教师说出主语 Sally, Mary, Cathy, David, Tim, she, he, we, they 等，要求学生仿照做替换练习。先每个学生做，再小组做并互相检查。

（3）用同样方法做动词练习，直到学生掌握方法为止。

8：45 ~ 8：50听录音然后要求背诵课文对话。

布置作业：拼写单词，听课文录音；做动词替换书面练习。

类型2（MMC教学法）：

8：00 ～ 8：10 同类型 1。

8：10 ～ 8：20 同类型 1，但两人一组对话时间要减少。

8：20 ～ 8：30 句型操练——机械操练：同类型 1 句型操练，但减少每一步骤时间。

8：30 ～ 8：40 句型操练——有意义练习：教师给出情景，要求学生用动词现在进行时的形式表达。

情景（1）：一学生表达后，教师提问：What is he/she doing？另一学生回答。

情景（2）：教师拿出一幅外国家庭父母与子女一起学习的图画，要求学生用动词现在时进行描述，并互相提问。

8：40 ～ 8：50 句型操练——交际性活动，先两人一组就照片主要内容进行交谈，再将几张照片做成 PPT，让全班学生逐张谈论照片内容（经准备后请几个同学到讲台上讲述），要求使用现在进行时肯定句、否定句和疑问句等形式。

布置作业：同类型 1。

在实际的语言实践中，采用这种教学方法，而不是采用与学生所学语言结构以及词汇相配套的语音磁带，虽然磁带的发音较为准确，但是相对于听来说并不能使学生感受到真实化、自然化的语言，而且与现实生活中的较为纯粹自然化的语言是极为不符的。而且，在语言实验中，学生在跟随录音带发音时不会注重自身想法以及感受的表达，换句话说，在听说法中，即使教学中注重口语的训练，但是在口语表达上却是受控于口语中的思想，无法将自身的思想表达出来。进行口语训练的主要目标还是以不断掌握语法规则为主的，但是如果借助这样的口语训练是不能在实际的语言交流以及相应的口语环境中运用的，同时由于其口语训练相对枯燥乏味，学生对于英语学习的热情也会减弱，所以通过这种不灵活的记忆式听说训练是不能使学生达到自动化交流以及语言实际运用的效果的。

（三）交际语言教学法

在 20 世纪 70 ～ 80 年代这一时期，由于人们对于听说法忽视了儿童学习主动性以及创造性是极其不满意的，同时也受到了婴儿学习语言特点的启蒙，有关学者在语言机制方面的研究获得了突破性的进展，而且语言的学习不是由片段拼凑而成才进行对话的，而是在人际交往的过程中逐步形成的，同时学生要掌握语言也需要一个实际交际的过程，所以交际语言教学法便由此产生。

同时，在某些语言教学中，是需要学生进行一段时间的听力训练后，然后再进行开口说话，例如全身运动法（Total Physical Response）。这种学习方法主要强调的是通过语言输入来进行语言学习的基础性活动。例如，在学生进行语言学习的初始，首先是身体上对于教师语言的反应，一段时间以后，才是语言的实际反应。相比于其他教学方法，交际语言教学法作为一种交互性的活动，将学生置身于实际语境中，以角色扮演的形式、信息差任务等形式来进行实际的语言交际。但是在课堂教学中，结对活动和小组活动作为典例的教学形式存在。

交际教学法的方法是多样化的，其主要目的就是要实现学生与教师间进行有意义的对话，也就是所谓的"语言意义的谈判"。在实际课堂教学中，两人组队或者三到五人为一组的全班对话形式是极为常见的。教师在进行情景设计时，要尽可能确保真实性。同时。因为进行的是外语交谈，所以在学生希望可以充分表达自身想法时，由于自身词汇不够以及语法结构等问题，不能进行实际表达，但是为了保障交流的有效进行，就要多元化地运用交际策略以及各种交际方法，有以下几种策略方式：

策略一：音译

（1）近似法。近似法是运用学生知道并不正确，但却有助于表达意义的某一目的语词汇或语言结构，比如 pipe for waterpipe。

（2）造词。学生造一个新词以传达一个概念，比如用 airball 替代 balloon。

（3）迂回。学生描述某物或行为的特征或元素，而不是运用目的语或语言结构。（像 "She is, uh, smoking something. I don't know what's its name. That's, uh, Persian, and we use in Turkey a lot of."）

策略二：借用

（1）逐字翻译。逐字翻译即学生用母语逐字翻译出来。

（2）语言转换。学生直接用母语而不用翻译出来。（如 Xiangyan for "Cigarette"）

策略三：寻求帮助。寻求帮助即学生寻求正确的表达。（"What's this？ What called？"）

策略四：仿效。仿效即用非语言策略表达意义，如拍手表示祝贺。

策略五：回避。

（1）主题回避。比如学生不要谈论目的语中的概念。

（2）放弃信息。即学生表达一个概念但不要讲述具体的信息。

因此得知，交际语法注重的是确保有效性、可信性等，而不再是过分强调准确性以及流利性的标准，对于语言的实用性目的——口头交际是极为关注的。最终总结的观点就是，对于语言交际过程中的目的性是极为注重的。然而，站在英语学习者的中国学生的思维方式的角度来说，学生进行英语学习时不是以生存为动机而进行英语学习的，而是以利用英语口头交际的强机动性以及强目的性为基础的，而且多数的教学情境设置都是在日常生活中的情景中，只有少数的英语的学习时需要虚拟场景。而且，学生在进行实际交际时，对于话题意义的感觉相比于第二语言学习有着较大差异。所以，可以提供相应的外语学习的虚拟环境来提高学习兴趣，尽管其中的虚拟性以及想象性较强，对于进行有意义的话题交流并没有发挥出相应的推动作用，所以学生参与的积极性以及主动性都是有着不确定因素的，因此，对于中国学生学习英语来说，交际法有着自身的不足之处。

第五节　PI 理论在大学英语听力与口语教学中的实际案例

一、口语部分教学案例解析

以《大学英语听说教程》中的第十单元 The Cinema 为例，来分析同伴教学法在大学英语听说教学中口语部分的具体应用。

（1）讲课大纲。本单元的口语部分需要学生围绕与电影相关的话题进行口语练习，课堂教学时间为 50 分钟，教师制定讲课的框架大纲主要如下。

① To get the students to be familiar with the words, expressions and some background information related to films and cinema.

② To get the students to express and defend their views from the positive perspective.

③ To get the students to express and defend their views from the negative perspective.

（2）课前阅读。口语部分由于在听力部分已经对于课前阅读进行了测试，所以不需要再次进行这方面的测试。

（3）讲课。讲课中需要突出三个重点。

第一个重点：掌握背景知识，对于一些重要的词汇，比如电影、电影院，需要学习它们的表达方式和掌握了解一些背景知识，这是非常重要的，在学生讨论中，如果没有事先进行一些提示，由于多数学生的词汇量不够充足，以及对于英语的表达方式认识不够准确等原因，会造成讨论中说不出来，或者泛泛而谈没有实际内容，这样讨论达不到应有的效果，口语教学也就失去了意义。要想使口语教学真正地发挥作用，教师在进行口语教学前要预留出一定时间，对将要讲的与课程话题有关的背景，以及语言相关知识内容进行详细讲解，这样有助于学生之后的讨论和口语练习，如 subtitle（字幕）dub（配音）的表达一般是 best leading actor，Oscar winning film，常用的表达方式 Oscar winning film，best leading actor，教师需要先进行一些讲解，然后再出一个问题进行测试。

Which of the following doesn't belong to feature films？

A.Horror film B.Science fiction C.Adventure film

D.Action film E.Documentary

该题目的正确答案是 E，考查的是学生是否了解了电影的两大类别：documentaries（纪录片）和 feature films（故事片）。其中，故事片又可以细分为 romance, comedy, action, family, war, drama, suspense, horror, adventure and science fiction。只要学生们第一次展示答案的正确率超过 70%，教师则可以讲解正确答案并进入下一个学习重点。

第二个重点：训练学生作为正方表达自己的观点。在学习了基础词汇和一些表达方式后，学生应该在话题讨论 "Is it better to watch a film at home than at a cinema？" 中将这些知识加以运用。教师可以把所要进行的练习划分为正方和反方，让学生对两个方面都进行练习讨论，这样一来，学生可以有更多的机会进行练习，学生能够站在正方的角度，正确地表达出自己的观点，以及支持该观点的原因，这是口语练习的另一个重点。

教师先利用 3 ~ 5 分钟时间讲解一些正方常用的与话题相关的表达方式，如 a big fan of，fine costumes and melodious theme music，my favorite actors and actresses，I like films that are，I can't resist，I have a passion for 等。然后，教师让学生分组来进行 8 ~ 10 分钟的话题讨论。

学生的分组要科学、合理，教师在学生讨论的时候进行巡视，认真地听和观察，并且参与到其中，在这一过程中可以明显发现，口语好的学生能够很好地带动本组的同学，口语不太好的学生也可以克服害怕说出口的心理，让大多数学生能够积极参与到讨论中来，还有一点是在讨论之前进行知识的铺垫，学生可以言之有物，基础非常不好的学生也不怕无话可说。

第三个重点：训练学生作为反方表达自己的观点。口语部分的第三个重点是训练学生作为反方来表达自己反对的观点和原因。教师也是先利用 3 ~ 5 分钟时间讲解一些反方常用的与话题相关的表达方式，如 I don't think，I've never been a big fan of，sickening and harmful to young people，take away much of the business of cinemas，prefer renting films and watching them at home 等。然后，学生分组进行 8 ~ 10 分钟的话题讨论。

完成这三方面口语练习之后，教师需要将学生的小组重新划分，在小组内分为正反方围绕这个话题进行辩论，通过重新分组，更换小组内的成员，这种方式会让学生充分参加到讨论中来，更有新鲜感。对于加深知识的理解来说，辩论是一种非常有效的形式，它可以为学生提供一个能够表达自己观点的语言环境，这对于语言能力的提升是很有帮助的。

二、听力与口语部分教学案例解析

（1）讲课大纲。通常情况下，课上至少需要 15 分钟来完成一个关键知识点的认知，其中包括教师用 3~5 分钟进行讲解，随堂测试需要 10~12 分钟，所以，三个关键知识点的学习可以在一节 50 分钟的课内完成。课堂时间是有限的，这就要求教师能够筛选出必须要完成的重要知识点以及疑点和难点，把课本中那些不是必须在课堂上讲解的内容省略掉，最后保留讲课的概况纲要。

（2）及时测试。讲课大纲确定之后，每个重要知识点都要挑选配套的测试题目，出好测试题目是一个非常重要的任务，传统的课堂讲授模式可以通过这些练习题，更好地将课堂模式转化为同伴教学模式，而且测试题的质量高低和是否能够有的放矢，影响着同伴教学模式的成功与否。教师在选择和创作测试题的时候，没有一定要遵循的原则，但是测试题目要"难易适中""题意明确""有适当的多项选择的答案""针对单个知识点"，这几个基本原则是需要遵守的。

（3）讲课。与传统教学不同，同伴教学法是比较灵活的，不是一成不变的，这也考察教师的反应能力，需要教师熟悉掌握测试的相关内容，在过程中发生紧急的情况也能很好地应对。课堂上教师首先进行知识点的讲解，随后提出问题，当学生进行讨论的时候，教师也要参与其中。这样的参与交流对于教师有两个意义：一是有利于教师对课堂情况的掌握，教师能够及时地了解学生存在哪些问题，在之后针对这些问题进行讲解；二是在与教师的交流中，学生解释自己的答案，对于教师了解学生选错答案的原因有所帮助。一般情况下，教师直接给出答案解释，是学生获得答案的有效形式，但是这种形式的学习效果，远不如学生在讨论中努力说服持反对意见同伴的效果好。所以，同伴教学法的好处是双向的，对于学生来说，让他们更好地"学"，对于教师来说也让他们更好地学会"教"。从大学英语教学使用同伴教学法的两个案例来看，在教学中，课堂教学环节的安排要具有灵活性，要能够根据课程的特点及时调整。教学内容也要根据学生具体吸收知识的能力来进行设定，具体内容包括以下两个方面。

第一，从学生对听力知识的了解来讲，对于定义的掌握和理解，往往是考查学生的第一个题目，因为多数的学生对有关知识点有一定程度的掌握，说服同伴这个环节就不需要了，在查看正确答案之后，就可以直接学习另一个知识点。反之，这道测试题答案如果在讨论空间（35% ~ 70%）的范围内的话，这种情况就需要学生进行讨论，完成后重新作答，再给一个有关这个知识点的测试题目，用这种方式来观察学生对于这个知识点能否掌握。

第二，对于培养学生听力能力方面，更为重要的是掌握细节内容，从细节入手才能使关于定义的回答在讨论区间，所以需要让学生讨论。但是这道题目不再是定义和概念的考查，而是对整个篇章进行学习，因此学生进行同伴讨论之后再次作答，就不需要再出一个题目另行测试了。

由于口语学习的特殊性，第一个知识内容成为唯一的考察点。基于这个原因，协同学习的教学方法仅仅会出现在此环节，其他环节按照内容的侧重点安排学生讨论和教师讲解。

（4）教师角色。学生进行口语话题的讨论既要有组织又要有序，教师在讨论前要将学生进行合理的分组，并选择讨论话题，在讨论过程中，要进行监督和指导，并且参与到学生的讨论中，这样才能让教师及时对学生的讨论情况进行把握，包括学生的注意力、积极性等，确保学生全部参与到其中，并在讨论中发现学生的困难并及时地给予帮助，确保教学活动中每个学生都能够有所收获。所以，同伴教学法能够成功，教师是否发挥出真正的作用是关键因素，尤其是在口语教学中。

总而言之，在课程中使用同伴教学法，教师有效地把课本中的习题和自己创作的测试题结合起来，对于学生掌握和应用课本中的重要词汇、短语以及句式，可以起到督促和引导的作用，不仅可以让学生能够将课本中的练习题很好地完成，而且能够在听力中帮助学生更好地掌握文章主旨，在抓住主旨内容的基础上，理解细节问题将会很轻松，使学生的整体学习素质得到了提高，还增加了用英语说出自己观点的机会。对于口语教学来说，同伴教学法对于那些英语词汇量、英语文化知识基础较低的学生可以让他们能够有话可说、言之有物，帮助他们更加准确地将自己的观点表达出来。总而言之，在大学英语听说教学中运用同伴教学法，可以把提高学生表达能力和听力能力有机结合起来，听与说这两部分相互依靠相互促进，真正让学生掌握新知识。

第六节　PI 理论中的同伴互评在英语口语教学中的应用

同伴互评（Peer Assessment）是学生考虑和他们学习阶段相近的学习结果，或者是学习产出的数量、水平、价值和质量的活动。同伴互评的对象多种多样，包括写作、口头演示、档案袋、考试成绩等其他体现语言技能的行为各种课堂活动和课后作业中，人们也可以以小组为单位进行互相评价，并能够给学生及时的反馈，教师也给予指点，真正做到外语教学以学生为中心，促进学生外语水平的综合实力，学生互相点评可以让学生更积极地完成学习任务，也让学生在评价他人的过程中，反思自己有没有同样的错误。

二语习得、语言测试和外语教学等领域都在利用同伴互评进行研究，但是目前人们大部分研究都侧重于英语写作，只有很少一部分研究涉及英语口语。但其实英语口语和写作都在英语学习中有些同样的重要地位，也是在运用英语时十分重要的一部分，英语口语同样也需要结合同伴互评。

一、同伴互评在口语教学中的应用

同伴互评应用于口语教学的研究中，同伴互评的形式既有总结性的，又有形成性的，研究者们对于形成性的同伴互评更有兴趣。总结性的同伴互评指学生参与对其他学生的口语水平的判断和评估。在口语课堂上，学生要对同伴的口语展示打分（1～5分），并且要对每个给出的分数进行简要描述的课堂同伴互评实验。形成性的同伴评估目的是引导学生在交流和帮助下完成学习任务、认识到自己口语的优势和劣势，并想办法来提升自己的口语，培养自己的语言能力。形成性的同伴评估，对口语教学具有重要的教学意义，因为它能促进学生运用英语口语进行互动，在玩中不知不觉提高自己的口语能力。

二、同伴互评的主要作用

对于学习者来说，英语口语比英语写作更难，因为在实际生活和交际中准确地组织好要表达自己意思的外语很难。另外，英语口语表达应该是自然流利的，这对外语学习者是很大的挑战。同伴互评对于英语口语教学的重要作用主要表现在以下三点。

首先，同伴之间没有交际的隔阂，教师也只是起引导作用，没有直接参与，学生能更自信地表达自己，而且能大胆地提出同伴的不足，并且接受同伴对自己提出的意见或建议。

其次，同伴互评一般是以小组为单位，可以促进学生的合作能力。在合作中也提高了英语口语的辩论能力，在辩论中，产生的分歧他们可以一同商讨解决，在商讨的过程中，学生也构建了属于他们自己的论证知识。

最后，在评价他人时，学生也可以进行自我反思，认识到自己英语口语学习的优势和劣势，了解到自己词汇语法的不足，从而寻找真正提高自己口语水平的办法。通过他人对自己的评价，能获得对英语口语学习的新认知，让自己对英语口语的认识进一步加深。

三、同伴互评英语口语的质疑与效度验证

虽然同伴互评的形式具有趣味性，也有利于提高学生的口语交际能力，可是这种形式的公正性、可信度和效率并不高。教育研究认为当下很难让学生个体的标准获得统一，同伴互评并不能全部表达个体的看法。同伴互评的群体性也有较大差异，如低年龄段的儿童一般没有较为明确的看法也很难做出合理的同伴互评。研究发现同伴互评的作用也会因教学手段的不同而发生改变，除此之外，有些教师并不能公正又严格地履行在同伴互评中指导者的身份，无法完成自己所应该完成的任务。

大部分学生无法改变自己的传统师生授课观念，无法接受同伴对自己的评价。并且认为教师对自己口语的评价才是最具有权威、可信的，只有教师对自己给出的评价才是最准确的评判，也能从中获取更有用的知识。自己的同伴所做出的评价并不具有实际的价值，也不值得认真对待，自己的英语口语能力也不会因为同伴的评价而得到提高。学生自身以及教师、家长对于同伴互评的结果并不重视，原因主要在于学生的同伴因为不存在压力，也不接受管束，所以也较少去使用英语口语。对于同伴互评的操作流程，大部分教

师以及学生并不十分了解。目前同伴互评法在教学中的应用逐渐增多，随着时间的推移，教师和学生会逐渐接受它。

在与同伴互评是否有效的研究上，我们经常会用到一种方法，那就是将教师的评阅分数与同伴互评的分数进行比较。根据对比较结果的分析，发现这两种评分间有着很强的关联性。教师和同学给予一名学习者的评分往往十分相似，英语教师给予一名学生口语能力的评价与其同学给予的评价结果具有一定的相似度。但通过一些实验也会发现，同伴之间的互评效度并不令人十分满意，在口语互动过程中，学生往往会给予异性同学较高的评分，所以这种评分结果并不客观。另外，学生给与自己相同专业的同学的评分往往要低于与自己不同专业的同学的评分。可以看出，相同专业的同学所得到的关于口语能力的评分也并不公正。这种评价标准的差异性还表现在专业不同、性别不同、小组人数不同以及活动内容的不同上。

目前，同伴互评应用于口语教学的多姿多彩的形式，同伴互评对口语教学的重要意义，以及师生、学生家长等利益相关者对同伴互评信用较低成为人们最为关注的问题。同伴互评在英语口语教学中的应用，依然具有它的劣势。怎样让标准实现统一，怎样让同伴互评和课本知识融为一体，如何将同伴互评推广，可以考虑如何在未来利用新的理论和技术解决。现实中，关于同伴互评有以下三个方面的问题没有被解决。

首先，在进行同伴互评的过程中，教师的定位尚不清晰。教师虽然担任着同伴互评程序的设计者和指导者的角色，但是教师对同伴互评的过程还无法产生实质性的影响。

其次，对于评价的具体标准，不同的学生还存在着理解上的偏差，这使得外语教学过程中还难以广泛应用互评的模式。

最后，对于同伴互评还未形成清晰的概念，也没有明确界定这是课堂上的一种教学活动，还是测试学习效果的一种检测手段。现阶段还无法准确验证同伴互评定位、标准及效度，这些还有待于在今后的研究中进一步明确。

第五章 PI教学法评价体系构建

同伴教学法（PI）有利于大学英语听说教学摆脱传统的教学方法和教学模式的影响和限制，能够满足"培养学生的英语综合应用能力，特别是听说能力，使他们在今后的工作、学习以及社会交往中能够用英语有效进行交际"的教学目标和要求，同时能够满足个人和社会发展的需要。本章主要探讨PI教学法策略与评价方式概述、大学英语听力与口语教学评价原则、大学英语教学评价类型与评价模式、大学英语听说教学评价体系的构建、PI教学法在大学英语听说教学中的应用效果。

第一节 PI教学法策略与评价方式概述

同伴交往教学是指在课堂教学中运用同伴交往的心理和物理规律，促进学生身心发展并培养学生走向主体社会化的教学活动。

一、同伴交往的概念

所有人都不可能孤立而单一地存在于社会中，每个人必然都会与所处的环境，与周围的人，发生各种各样的关系，社会本身就是因为人与人发生相互的关系才产生的。尤其在进入现代社会后，海量的信息不断产生，社会变得更加多元化，各种关系变得愈加开放，若想正常地生存，快速地发展，每个人都要进行人际间的交往。当人处于儿童阶段时，也必须要与周围的人与事发生频繁的交互，才能得到成长，周围接触到的人与事，会对儿童成长产生重要影响。

经过了对群体社会的研究发现，同伴交往对于儿童所建立起的人际关系网，具有非常重要的影响，决定着他们的社会发展。对于儿童来说，其主体性的发展大多是在同伴群体中完成的，周围的同伴以及由此建立起的同伴关系，对儿童主体性的发展至关重要。儿童所具有的主体性的发展，在很大程度上是由人际交往决定的，儿童要实现社会化，进行人际交往必不可少，在这个过程中，儿童与自己的同龄人进行交往已被视为儿童主体性发展的精神家园。有的儿童虽然没有机会与父母、与成人进行交往，但是他们在成长的过程中可以相互进行交往，到后来他们的社会性也发展得较为正常。但是通过观察一些从小未能与同伴进行交往的儿童，他们的主体性则发展得不正常。

因此，同伴间的交往是同一些与自己的年龄相仿，心理发展水平相当，社会地位近似的同伴的交往，这种交往与亲子间的交往以及师生间的交往不同，它更具平等性。因为儿童在与家长、与教师间的交往中，常常处于较低的地位，而父母及教师是处于高位的，这种交往地位的不平等，也决定了所传递的信息是从上而下的单向运行，这种状态下的交往，通常不具有平等性。而在同伴交往过程中，儿童间的身体及心理状况基本相同，相互间是以一种平等的状态来进行交往，而且这种交往都是双向的，彼此的心理及行为会受到对方的影响。他们相互间会加以认同，进行内化，将其纳入各自的心理结构中去，令彼此的心理得到相应的发展。因而，儿童更容易和乐于接受其影响。

在进行交往的过程中，首先要进行的是信息的相互沟通。如果不先进行信息方面的交流与沟通，彼此间就无法进行知觉，也无法达到理解，更谈不上相互间产生作用。进行信息沟通的双方，首先要有着互通的经验领域，这样才能顺利进行信息的传递与交往。也就是说，发出信息的一方与接收信息的一方必须要有着共同的经验空间。所以在与同伴进行交往时，儿童会本能地将语言作为工具，把自身所产生的意念、形成的思想、发生的情感、具体的要求，全部传达给对方。在参与交往的过程中，儿童会努力去了解对方所持的观念，表明的态度，传递的情感以及内在的行为动机。儿童了解了对方，才能更加主动地发展与对方的关系，才能对彼此共同参与的活动进行预测。另外，儿童也会较为在意对方对自己的看法，对自己在双方交往过程中的地位较为注重。这两个侧面都需要儿童在与同伴的交往中，持续传递各种信息，并且将自对方那里收集到的信息加以内化和自我认同，逐渐促进自身的主体性发展。儿童与自己的同伴，在行为和思想上会具有相似性，因为儿童更容易认可来自同伴的经验。从同伴那里获得的知识，会体现在儿童的一些外显行为上，比如待人处事的方式及态度等，久而久之，这种作用会影响到儿童深层次的心理结构，儿童的个性发展以及价值观，会受到同伴的观点以及意见的影响。

所有儿童都需要集体的归属感，也需要得到同伴的认可和接纳。如果这种归属需求及认同需求长期得不到满足，那么他们就会产生焦虑情绪，有的甚至会产生心理方面的疾病。在与同伴的交往过程中，儿童的成就感更加容易得到满足，特别是一些儿童，在通过其他的交往方式得不到他人的认可时，更加需要在与同伴的交往过程中，得到他人的尊重和重视，确定自己在团体中的地位，以期得到心理上的平衡和满足感觉。在与同伴进行交往的过程中，儿童会逐渐学会体察他人的情感，理解他人的情绪，寻找到自己的朋友和真正的友谊，得到情感上的安全感、满足感和信任感。

在与同伴进行交往时，儿童经常需要去处理自己与同伴的关系。一旦出现矛盾，若双方无法相互理解，彼此宽容以待，那么彼此交往的关系就会就此中断，所有儿童都不愿意面对这种情形。所以儿童间彼此交往程度不断加深后，他们能够学会遵守相应的规则，也会为了照顾对方的情绪，从而改变自己原有的行为习惯和待人接物的方式，不断对自己的行为做出调整。如果一名儿童习惯于以自我为中心，不懂得站在他人的立场上考虑问题，不善于与他人进行合作，那么他就会逐渐失去同伴的信任。实际上，人从一出生就已经在与他人产生交往，比如同父母的交往，只是这个时期的交往还未被主体所意识到。到了小学阶段，儿童不仅会与自己的家庭成员产生交往的关系，而且还会建立起与同学、与邻居同伴之间的交往关系。成长到少年时期，他们会产生更加强烈的内在交往需要。在这个阶段，青少年的自我意识会更强，也更加渴望独立自主发展，仅仅与家庭成员间进行交往，已经不能满足他们交往的需求，他们更加希望建立起与年龄相仿的伙伴间的关系。原因是在与同龄人的交往会让他们体会到更多的稳定性，得到更明确的认同感，他们的能动性会通过与同龄人的交往而得到更好的发挥。

因此，在儿童主体性的发展过程中，同伴交往会产生非常重要的作用。儿童通过与同伴间的交往，会从他人的身上发现自我的不足和问题，学会处理人与人之间、人与团体之间的各种关系，突破自身狭隘的自我意识，学会融入团体中去，融入社会中去，在集体中寻求自我的发展，让自己的主体性变得更加丰富，不断得到升华，借助自己的主体性去改造所处群体，去改造客观世界。

二、同伴交往教学（PI）策略

基于对同伴交往教学中制约学生互动因素的情况分析，研究者在实践中提出以下一些同伴交往教学的策略。

（一）利用座位排列策略

首先，实施同伴交往学习策略，旨在树立课堂教学交往观：①重视师生交往，更重视生生交往；②充分信任每一个学生，帮助他们在交往中寻找各自恰当的位置；③面向全体，促进生生直接交往；④交往要为实现一定的教学目的服务。❶

其次，座位排列。可以实行 4 ~ 6 人一小组的座位排列方式，每过一个月调整一次，让学生之间充分交流。

再次，对学生进行组间同质和组内异质分组。

最后，教学基本形式：①基本式，教师主讲，小组互助，形成性测验，小组奖励；②拼盘式，层层讨论，深入交流；③游戏竞争式，教师主讲，小组合作，游戏竞争。

（二）小队学习策略

同伴交往学习亦即学习者的联合，是学生个体之间的合作学习。建构主义理论认为，教师和学生都是带着自己已有的知识与经验来到教室的，教师和学生通过互相指导和学习，共同分享对方的这些知识和经验。因此，在同伴交往学习中，教师既是知识的传授者也是知识的学习者，学生和教师一样，他们也兼具知识的传授者和知识的学习者双重身份。小队学习的基本方式是以小组为单位，在一定时段内开展小组成员间的同伴交往学习。通过开展小

---

❶ 吴玉国．基于同伴交往的教学 [M]．南京：南京大学出版社，2013.

队学习，建构一种在教学与学习以及工作与娱乐中合作学习的新途径，形成一种同伴交往的综合性的、合作性的教学文化。

（三）同伴相互指导

第一，求助于伙伴。学生在同伴交往中，可以求助于同伴作用，解决以下一些问题：完成简单作业；解释刚学过的概念；重新陈述教师交给的作业；提出一到两个供班级讨论的问题；共同概括本堂课的主要内容等。

第二，伙伴间的训练。①伙伴间相互测试，教师适时鼓励；②同伴间开展合作学习。

第三，同伴相互阅读。学生伙伴之间可以相互阅读或相互概括他们近期阅读过的材料，或者相互之间提问一些清晰问题，或者为对方解释一些不太熟悉的词汇、概念或思考等。

第四，家庭作业查对。家庭作业查对就是学生同伴间相互比较和检查他们的家庭作业。通过家庭作业查对，讨论并得到一个公认的答案，也可对家庭作业中的答案进行描述，并解释如何得到新答案。

第五，习题查对。习题查对的基本环节是阅读→记录→解答。其关键步骤在于记录答案，并在记下之前，两名伙伴必须确认一种合理的答案，即讨论出最优答案。

第六，概括伙伴。学生同伴间交替合作，对所学的知识运用不同的方式进行概括。其概况的方式一般以口头概括为主，必要时辅以书面概况。

第七，复习伙伴。一名同学读同伴的作业，用不同符号标出认为对的地方，用"？"标明不懂或是不同的地方，并进行讨论，以提高同伴的复习效果。

（四）竞争策略与合作策略

所谓合作，指的是在人与人进行交往时，两个以上的单位或个人有着利益上的共同点，为了实现共同的目标，相互间进行配合并为之而奋斗。令原有的生产率得到提高，劳动范围得到扩大是合作的生命力所在。高校应当为学生提供更多的机会，让他们进行思考模式、学习、游戏等方面的合作，体会合作成功后的成就感。引导学生共同营造团结友善、宽松愉悦的合作氛围，建立新型的学习合作集体。学生在这样的集体中学习、生活，对于今后走上社会更好地适应自己的角色更加有利。

所谓竞争，指的是不同的个体在相同的范围内为了使自身的需要得到满足而进行的稀缺资源的争夺。自然界中的生物之所以能够发生进化，就是因为有了竞争的存在。

如果不能以一种勇于竞争的精神融入社会生活中去，一个人就无法真正获得幸福的生活。学校应当积极引导学生学会与周围人友好合作，同时要教育学生在学习中积极思考，勇于探索，利用一切资源去提高自身的能力，以便于在未来激烈的竞争中更加从容。竞争需要合作，合作蕴含竞争；竞争促进合作，合作优化着竞争。

（五）合作学习策略

首先，教师教学活动时间占每一课时的 1/2 ~ 1/3，按编制方案进行。

其次，在每节课中可以安排 30% ~ 50% 的时间用于进行小组学习。学生小组根据教师的安排开展讨论，以小组为单位开展学习。需要向学生讲明以下要求：一是小组成员在学习中遇到问题，需要先向小组成员请教；二是小组成员间要相互检查任务完成的情况，查找存在着的问题，并对不足之处及时进行改正；三是所有小组成员都完成了学习任务，整个小组的任务才算完成。

最后，单元测查，以小组为单位评定。包括两方面：小组成绩，以小组成员的进步分数的平均作为小组成绩；个体进步分数，即此次与前一次相比较，按小组成绩奖励。小组分数最高的两个组标为最佳组，可获得奖励。

（六）优秀者策略

教师在交往教学中，要注意做好学生同伴中的优秀者培养工作，发挥他们在学生同伴交往中的积极作用。第一，注重培养学生良好的学习品质。在校内，教师可以引导学生把字写好，把话讲流利，让学生得到鼓励，促进学生自信。鼓励学生听取别人意见，还要调整好心态。催人奋进的书要读，令人知足的书也要读。读书要多，要培养兴趣，有时也要让其承受挫折。如：学生向教师借书，教师向学生提要求，在阅读中培养学生思维广度、深度、独立性、敏捷性和逻辑性。第二，教师需要提倡学生利用可以利用的条件进行博学多思，提高学生的校外学习实效。得法于课内，得力于课外，校外学习的空间大可利用。博学多思有助于提高学习者的自我效能，提高学生社会化水平，使其形成科学的世界观和价值观，并促进学生建立创新的思维模式。另外，应注意培养学生的兴趣，兴趣广泛的学生往往会成为学生同伴交往中的优秀者。兴趣会促使学生形成一种无意识行为，并促进其行为的自动化、高效化。第三，教师要做开放型的"园丁"，重视对学生自我生涯设计的引导和指导。作为"园丁"的教师，其职责不仅仅是修理学生的"蔓枝"，还要引导学生进行自我设计和选择有意义的、有教育价值的人生方向发展。教师要从让学生获得一时的"成就"中走出来，放眼于学生一辈子的"成人"事业，这样的教育才会更有成效，这样的教育才会更加高效。

三、同伴交往教学（PI）的评价方式解析

同伴交往教学中的教学模式，侧重于建立主体—主体的关系结构，这种关系结构区别于传统的主体—客体的关系结构，主体—主体关系结构也正体现出了人与人在进行交往的过程中所体现出的本质关系。在现行的教育体制中，主体的创造力以及个性逐渐成为教学重点。同伴交往教学中的教学方法，可以有效保留主体个性的发挥和弘扬，同时有效的同伴交往教学，还能显著提升学习质量以及教学质量，并且交往教学已经成为现代教学领域发展的重点方向。下面是针对学生同伴交往教学研究过程，对一些评价指标进行总结。

（一）主体交往的评价方式

互主性特征体现在同伴交往教学过程中教师和学生之间的关系，在同伴交往教学中，教师和学生作为教学的主体组成部分，只有共同互为主体之间合作，才能完成高质量的教学任务。

1. 互主性

学生作为同伴交往教学的主体组成部分，学生的注意力直接影响了教学质量以及知识的吸收，针对学生注意力的提升，教师应当积极营造自主的学习氛围，如建立学习兴趣小组以及学习活动等，借助这些自主性的学习活动来提高学生的动手、动脑能力，从而提高学生的学习质量。在同伴交往教学中，

教师主要起到指导作用，特别是对学生心理方面的指导和关注。❶

同伴交往课堂教学时，教师的主要任务是让学生们集中注意力，学生们要有足够的时间和空间，进行小组活动或者自行安排，激发学生们主动学习的热情。教师在课堂的主要作用是引路者，以不同学生的不同特点为基础，抓准时机和选择合适的方法让学生们参与交往。充分启动、引导、维持、辅导和评价学习活动，使学生能够感受到沟通交流所带来的快乐与成功，减少学生们的学习压力，让学生们怀着轻松的心情上课，各抒己见，不懂就问，积极主动地参与到课堂交往中。

第一，树立"三个自信"的教育观，教师相信并引导学生们相信不同的个体具有不同的特点，每个个体都有自己的兴趣爱好，人与人之间要相互尊重、关心和信任。相信每位学生都会学习，不同学生的学习质量、学习效率和学习成绩有差异，但是从学生本质上讲，不区分好和差，教师要关心每一位同学，并且对他们要耐心地教导。相信每位同学都需要成长，所以要向学生们提供思索、表现和成功的机会，促进学生们的自我成长。

第二，课堂教学的目的，就是实现既定的教学目标，课堂上，教师通过教学，学生们通过学习，达到需要的要求，教师和学生以教学目标为原则，进行沟通交流。教学目标对课堂教学有引导、激励、评价和调节的作用。所以，要根据学生的整体情况，分层次地制定教学目标。

第三，设计问题激发学生的参与热情，引导学生积极参与。教师设计的问题既要有趣、吸引人，还要切中核心知识，并引导学生进入问题的情境之中，让学生保持饱满的精神状态，全神贯注地分析问题，教师根据课堂的情况对学生进行指导和评价，促进学生间的交流和讨论，对问题进行深入分析，在课堂上将知识点消化。将生活引入课堂，激发学生参与的热情。将课堂的知识与生活相结合，用学生生活中所见所闻来揭开知识的奥秘，这种方式既让学生感到亲切和自然，还能够快速地掌握知识。利用合适的方法激发学生的勇气，教师需要利用启发式的教学思维，采用一种方法为主，多种方法相

❶ 孙旭春. 网络环境下大学英语听说教学研究——理论、模式与评价 [M]. 昆明：云南大学出版社，2015.

结合，按照提出问题、分析问题、质疑权威和解决问题的思路来学习新知识，教师要教导学生抓住关键信息、核心问题，鼓励学生提出问题，不怕错，要勇于提问。让学生感受提出问题的成就感，鼓励学生积极参与，在课堂教学时，教师面对的学生不同，学生层次也不同，所以教师要一视同仁，帮助学生解决问题，促进学生信心的建立。

第四，课堂教学通过交流来激发学生的学习热情，营造平等、和谐和民主的课堂气氛。一改传统课堂的紧张气氛，让学生们在欢乐中学习。教师要融入学生群体中，与学生进行平等的沟通交流，引导学生间的沟通交流。教师还要把握学生们的不同特点，根据学生的实际情况来提问或者解答，尤其是对学习成绩不理想、学习能力较差的同学，教师要挖掘他们身上的优点，选择合适的时机多进行表扬，让他们树立信心。

第五，课堂教学要充分利用投影、录音、录像、幻灯片及 CAI 课件等教学媒体，将复杂的中国文化化繁为简，生动形象地表达出来，动静结合、远近结合。使单向的"教师、学生"交往的课堂教学模式发展为"教师、电教媒体、学生及其同伴"的立体交往教学形态，充分调动学生多种感观参与学习。将问题化抽象为具体，化繁为简，由静态转化为动态，增加趣味性，揭示知识的奥秘，提高课堂教学的质量和效率。

2. 平等性

平等性主要体现了课堂教学中，教师和学生的关系应该是一对一的关系结构。只有始终坚持这种平等性的教学结构，才能最大程度上保证学生的主体性发挥，才能更加有效地完成交往教学。

第一，教师要特别注意对学生的尊重，这表现在教师不仅要尊重学生的主体地位，尊重学生的自主学习行为，而且还要保证学生的自尊心不受到伤害，不仅如此，对待学生的个性学习习惯要给予鼓励和支持。其次，教师在日常的教学行为中，要针对不良的学习习惯做到及时修正和改进。

第二，教师要学会和学生进行角色互换，用一种全新的方式给学生带来新鲜感，帮助学生提升学习兴趣。

第三，要做到民主教学，民主教学主要表现在观点民主以及教学民主两方面。教师在一些教学观点上要学会与时俱进，并且善于倾听学生的想法和心得，通过对学生学习想法的理解，采取不同的教学方法和教学策略，从而提高学生的学习效率，同时，在教学中要做到民主，重点要做到不以教师的身份去打压学生，要学会尊重和理解学生的行为和习惯，帮助学生进行学习能力的挖掘和吸收。

3. 合作性

教师和学生作为教学参与的主体，需要培养多维互动的意识，在整个传授过程中依靠的是学生和教师之间的信任、学生与学生之间的互助。分组合作学习，是教学过程中采用的一种模式，以小组为单位可以激活学生的学习热情，积极参与到小组讨论中，小组内按照责任分工有序进行，既不会缺位也不会越位，形成了有组织的团队氛围，也有利于增强学生的竞争意识。教学理念的核心就是让学生不懂就问，不会就听，学会把知识融会贯通，提高学生的综合学习能力。教师在教学交往中，把"不求人人成功，但求人人进步"作为教学所追求的一种境界，同时也将之作为教学评价的最终目标和尺度，形成"组内成员合作，组间成员竞争"的新格局。

4. 自我控性

在教学过程中，教师应当通过促进相互间的交往，帮助学生提高自主学习的能力，学会自我评价和自我反省，不仅学会了知识，而且还能建立起自主意识，根据新的形势来对自己的情绪和认识结构做出调整，采纳有益于自我发展的意见，建立起与他人交往的有效渠道。教师要做好教学内容的设计，突出学习重点，选择有效的教学手段，规划好学习的步骤。要科学利用好时间，结合学科的特点有效地开展学习，引导学生学会科学用脑。还要认真主动地查找自身学习中存在的问题，并采取有效的措施积极加以解决。帮助学生在学习中遇到困难和问题时有效地调节自我心理。

（二）同伴交往的评价方式

交往活动对于学生学习来说是具有特殊性的，是在教学中培养学生综合素质的一种手段，也是学生主要实践活动的一部分。同伴互动教学从根本上说是一个教学互动的过程，这一互动过程的实质，是教学主体通过持续的教学信息获得双向的相互反馈。

1. 交流

通过师生之间的合作和交流，学生能够在平等、独立、和谐的学习氛围中实现个人和群体的协调发展。

首先，让学生参与课堂教学的全过程。学生在课堂上的参与，不应局限于独立思考和实践，而应体现在教学的各个方面。

其次，让每个学生都有机会参与教学，在原有基础上发展，并体验成功参与带来的满足感。

再次，引导学生充分参与，不仅是智力因素，还包括非智力因素，不仅是思维，还有其他感官。

最后，引导学生参与学习和教学，不仅使学生具备学习的主动性，也使学生具备教学的主动性。教师和学生在教室里做到互相教、互相学习、互相启发。

2. 互促

在整个教与学的过程中，教师与学生之间保持着一种和谐与平等的关系，相互交往活动中需要有有效的促进者，也需要有活动的指导者，这个角色应由教师来承担，同时在交往的过程中也需要有合作者，这个角色需要由学生来扮演。教师要通过自己的组织和管理，让学生感受到自己拥有权利，享有尊严，自己的灵感和热情有用武之地。在教学交往的过程中，教师和学生都会不断遇到新的问题，也是扩展自身知识和能力的一个过程，教师应当与学生一起学习知识、一起创新发展、一起提高能力，教师应当与学生保持平等的关系，与他们一起探讨问题，一起查阅资料，共同发现问题，共同解决问题。教师只有切实提高自身的自主学习能力，才能切实提高学生的自主学习能力，从而实现师生的共同提高和共同进步。

3. 互馈

在课堂教学交往中应主张由评教师教转变到评学生学，由评学生知识掌握度到评学生的全面发展等，在课堂评价上试着用"创设了哪些活动方式进行交流、课堂教学交往的分布与掌握、学生的学习交流状况、教材的运用情况、学生喜欢该课的程度、教师的教学思想和观念是否转变"六条指标来引导教师的课堂教学行为，甚至可以让学生评课，促进教学活动的顺利开展。

4. 互惠

在教学过程中，应当满足学生交往的愿望，鼓励他们尽可能地说与众不同的话，使用与众不同的方法，向他人提出不同的问题，鼓励他们不要害怕错误，大胆思考和创新。在教学和交往中，应该在教师和学生之间，建立良好的相互接受和尊重的人际关系，以及学生的合作能力，互相学习和理解，从而在小组交往中实现个人自我发展的目标，实现对每个人的教与学的目标，促进学习者全面深入地掌握和理解知识。

（三）同伴交往的评价指标

同伴交往教学，体现在课堂教学上，主要通过沟通的方式来体现，并且同伴交往教学有助于提高学生的沟通能力。

1. 层次性评价指标

层次性指标旨在按照不同学生来制定教学计划，针对不同基础的学生采用相对应的教学方案，有助于提高学生的学习积极性，同时还能显著提高教学质量，下面这五点是课堂教学层次划分的标准。

（1）知识分层。充分了解学生的不同潜力以及学习基础，对学生的学习习惯以及学习能力进行分层。

（2）目标分类。按照不同学生的学习基础，制定不同的教学目标，要求有突破有达标。

（3）分层施教。在日常教学中，教师要全面了解学生的学习情况，对待个别落后的学生要给予积极的帮助和引导，对待学习能力较强的学生要适当给予鼓励和激励。

（4）分层训练。分层训练的核心是保证不同学生都能接受到适合的学习内容。

（5）重点对待学习有困难的学生。对待学习有困难的学生，不仅要给予帮助和引导，同时还要给予其一些特殊的关照，比如针对这些学生提出的问题和困惑优先辅导，并且有侧重地给予鼓励和支持，激发他们的学习积极性，从而在他们内心里激发起学习潜能。

2. 全面性评价指标

全面性指标旨在改变传统的教学模式，打破传统的课堂教学束缚，相应地增加同伴交往教学的占比，利用同伴交往教学来提高学生的综合能力，同时注重学生非智力因素的挖掘和塑造，在日常教学中鼓励学生之间进行交流和提问，进而提高学生的动脑能力，帮助学生变得自信和阳光。全面性指标包含课堂教学的一些具体目标，比如实际的训练方法、学习方式、学习能力以及情感表达等，这些指标有助于帮助教师了解学生的现阶段学习状况以及所具备的能力情况。

3. 发展性评价指标

发展性评价指标，能够反映出学生的学习效果以及教师的教学成果，教师和学生交互发展的教学模式，突出反映了在现代教学理念中，关于人文精神学习的品质。这种教学模式不再像传统教学模式一样，只关注于知识的传递与吸收，交互式的教学模式更加侧重于对学生德智体美劳的全面能力提升，同时传统教学模式的突出特点，是对教材的复制和模拟，而现代教学模式则打破了这种束缚，并且逐渐演变成了教学生如何去理解和使用教材，利用学生的兴趣爱好来挖掘教材中的新知识和内涵，更加侧重于对学生学习能力与方法的提升，交互式的教学模式在很大程度上教会了学生如何进行学习、观察以及思考，教师在教学工作中，不再作为主体出现，而演变成了对学生进行辅导和帮助，这种教学理念的转变提高了学生的学习兴趣，而且又给予了学生一定的学习启发，从而帮助他们更好地理解知识和学习知识。

教育的任务是毫无意外地使所有人的创造才能和创造潜力都能结出丰硕的果实。只有这样才能合理地运用同伴交往教学。常规地进行知识传授，不如想方设法去开发学生的智慧，开发学生智慧最好的方法是调动学生的学习积极性，而想要更好地挖掘学生的学习潜能，只有进行不断的鼓励和激励。教育的最终目的，是教会学生如何提升自身素养，锻炼自己的心智，使自己对社会充满好奇，并且对待知识有渴求心，这样才能真正实现学生主体性的发展。

第二节　大学英语听力与口语教学评价原则

　　教学评价是检验学生学习情况以及教师教学质量的衡量标准，该标准需要具备一定的可操作性以及目标性，并且教师可以依据该标准，对教学信息做出及时反馈，及时调整和改进教学，确保教学目标的实现；教育管理者则可以利用它为教学决策服务。网络环境下的大学英语教学，由于教学环境、教师和学生的角色都发生了变化，因而，评价的主体和评价形式也随之有所改变。

　　教学评价的原则是在评价的过程中必须遵循的基本准则，是评价的有效性和可靠性的根本保证。网络环境下的大学英语听说教学，较之于传统课堂教学，有其特殊性，对学生自主学习要求也相应较高。因此，教学评价应遵循以下原则。

一、评价内容的全面性原则

　　首先，评价内容的全面性是指评价的各项指标的全面性。在评价之前，对评价目标所包含的各种因素进行分解，形成层次分明、内容全面、条目清晰的评价指标体系。确定评价目标时，既要注意到看得见的因素，如学生知识的掌握，又要注意到那些看不见的潜在因素，如能力的形成和态度的养成。制定出的指标体系应该全面、系统地涵盖评价对象各个方面的情况。

　　其次，教学评价要面向全体学生的发展水平，不能只关注少数优秀的学生。再次，要注意评价教学中各要素的整体功能发挥得怎样，教学过程是一个受到多种因素影响的动态过程，教学评价要重视影响教学质量的各个因素之间的关系，使之能发挥整体优化功能。

　　最后，要重视教学效率。教学所取得的成果只是衡量教学质量的一个方面，教学所投入的时间和精力同样应该得到重视，质量和效率同等重要。

二、评价主体的多元性原则

　　评价主体，即参与教育评价活动的组织和实施、按照一定的标准对评价对象进行价值判断的个人或团体。评价主体的多元性，是指评价的主体不再是教师或者上级教育机构，而是包括教师、家长、学生、同伴和教育部门在内的多方参与评价。以往对学生学习的评价多由教师单独承担，以分数作为评判学习者优劣的唯一依据，忽视了学生的知识、能力发展过程和情感体验。

三、评价形式的动态性原则

动态性原则，即围绕教学目标和要求，随时对学生的学习情况进行评价，针对学习中存在的问题，提出改进措施，使学生不断改进和完善自己的学习活动。网络环境下的大学英语听说教学，对促进学生自主学习具有较大的优势，在学习中开展动态评价，学生就能够利用反馈信息，及时调整学习策略，使网络学习层层推进。

四、评价目的的教育性原则

教育性原则是发挥评价的正面导向作用，发挥评价的改进和激励的教育功能。以往对学生的评价，往往只注重其学习结果，忽视其学习过程。造成教师和学生应试倾向严重，盲目追求考试高分，无视学习的真正意义。教育管理部门也是通过学生的分数来衡量教师的教学效果。教育评价发展到今天，评价的目的在于通过评价，创造适合学生发展的教育。正确处理评价结果，通过评价改进教学，而不是把评价结果作为奖惩的依据。

第三节 大学英语教学评价类型与评价模式

在教学评价领域，根据评价发挥的作用不同，有形成性评价、终结性评价和诊断性评价等不同类型。对于大学英语教学评价，一般采取形成性评价和终结性评价相结合的形式。

一、大学英语教学的评价类型

（1）形成性评价。形成性评价所评价的是学生的学习成果，旨在促进教学的发展，使教学的过程变得更加完善。形成性评价关注的是对学生学习过程的测试，测试的结果会及时而准确地反馈给学生以及教师，而且这种测试以及评价是经常进行的。结合这些反馈中发现的问题，教师可以不断改进自己的教学内容与手段，学生可以调整自己的学习方法，在反复进行的测评中，及时做出的反馈中，在不断进行的修正中，教与学趋于完善，从而实现预期的教学成效。因此，形成性评价并不仅仅是为了对学生的学习等级做出评定，其目的是对学生达成学习目标的主观条件和客观条件做出改进。而且教学的过程中，应经常进行形成性评价，使之能及时为师生提供必要的反馈信息。

对于形成性评价，反馈必须伴随有各项改正程序，这样才能促使教师不断调整教学方案和管理策略，同时，学生通过反馈信息，认识到自己的问题，调整学习态度和学习策略，为今后的学习任务做好充分准备。

（2）终结性评价。终结性评价最重要的是评定学生的学习成绩，为学生提供学习成果的证明，还能证明某一教学方案对学生的学习是否有效。终结性评价着眼于学生对某门课程整个内容的掌握，主要在于检测学生达到该课程教学目标的程度。终结性评价一般用于期末考试或毕业会考，其使用的频率不高。终结性评价的概括性水平一般较高，考试检测内容涉及范围较广，主要用于检测基本知识和技能等。

（3）诊断性评价。诊断性评价可以在学年或课程开始之前，用来确定学生的入学准备程度并对学生进行安置；在教学进行中，用来确定妨碍学生学习的原因。学校和教师如能通过诊断性评价识别出造成学生学习困难的原因，就有可能设计有针对性的解决方案，采取有效措施，排除干扰学生学习的因素，尽可能降低其消极影响。

（4）形成性评价与终结性评价相结合的评价。由于终结性评价只给学生学习结果单一的综合评分，并且只能对已经完成的学习做出总结性确定，学生有可能因为某些原因，在考试中没有正常发挥，导致分数较低，这样极易在学生中引起极度的焦虑和抵触。因此，大学英语教学评价引入形成性评价，采用形成性评价和终结性评价各占一定比例的方式，对学生做出综合评价。如有的学校采用形成性评价占总成绩的40%，终结性评价占60%的综合评价；有的学校则形成性评价占总成绩的30%，终结性评价占总成绩的70%。形成性评价一般包括学生的出勤率、课堂表现、作业完成情况和期中考试成绩等方面，终结性评价即学生期末考试的分数。这样，将学生平时的学习过程纳入了考核的范围，避免了"一考定终身"的弊端。但是，这样的评价仍然存在评价主体单一的问题，完全由教师充当评价角色，缺乏学生的主动参与。

二、大学英语教学的评价模式

英语教学模式的改变，评价模式必然做出相应改变。网络环境下的大学英语听说教学，必须有一套与之适应的评价模式。然而，到目前为止，各个高校都还处于尝试阶段，没有形成统一的评价方案。网络环境下的大学英语听说教学评价，主要通过电子学习档案袋、计算机量化评价和学习效果评价等形式进行。

（1）建立电子学习档案袋。电子学习档案袋主要用来收集与记录学生学习过程的信息。❶教师为每个学生建立一个文件夹，将每个学生的作业、作品、网络学习情况评价表、学习反思、学习计划等收集起来并予以保存，客观记录学生在学习过程中的真实表现和发展过程。

网络学习情况评价表一般包括课前表现、课堂表现和课后表现三个方面。课前表现涉及对学习内容的预习，如是否记忆与运用单词，是否主动地预习听说内容，是否认真、充分地准备讨论话题等；课堂表现包括听课态度，参与课堂活动的积极性以及对学习内容的理解与把握等；课后表现主要有完成作业情况，自主学习情况和参与课外活动情况。网络学习评价表可以由学生本人定期填写，完成后提交给教师。

另外，网络学习评价表也可以是同伴相互评价并填写，提交后由教师审核，教师将学生自评和同伴互评后的表格保存在学生的电子学习档案袋中。

学习反思，即学生定期回顾并总结前段时间学习的成败得失，指出学习中存在的问题，找出产生问题的原因，由此调整学习策略，进而达到改进学习的目的。学习反思是一种重要的自我评价手段，可以帮助学生发现自己学习中的优点，提高学习信心；同时，也可以使他们意识到自己的不足之处，然后尝试改正。学习反思也可以使教师了解学生的学习情况，采取有针对性

---

❶ 赵娟.大学英语教学研究 [M]. 成都：西南财经大学出版社，2017.

的教学措施。学习反思可以是通过文本的形式记录，如教师要求学生定期书写一篇学习反思，然后上传到指定地址；也可以采用表格记录的形式，如教师在学习网站贴出反思记录表，学生下载填写后上传。该表从知识技能、情感态度、学习策略和文化意识四个方面，精确引导学生进行反思。学生根据实际情况，真实地填写表格。教师则能通过学生填写的表格内容，了解学生内心的想法与学习需求，调整教学内容和教学策略。

（2）计算机量化与学生学习结果评价。计算机量化评价主要是利用计算机网络平台的记录、统计和处理功能，对学生的学习时数、回答问题的正确率以及量化评价表等数据进行处理，分析结果并反馈给学生。学生可以通过网络平台呈现的评价结果，了解自己的优势或不足，有效监控和管理自己的学习。学习结果评价主要通过考试实现，即终结性评价。包括学生的期末英语听力理解成绩和口语成绩。

第四节 大学英语听说教学评价体系的构建

因为人们的身体和心理条件存在差异性，所处的发展环境也各不相同，所以每个人的身体以及心理的发展都会呈现出的特点：①非线性的特点；②动态性的特点；③具有不确定性的特点。因而，为了促进学生身体以及心理的有益发展，从而展开教学，这种教学的过程应当是动态的。在对网络英语学习进行评价时，也应当采取动态的、灵活的方式。在构建英语听说教学评价体系时，应当遵循四点原则：①坚持动态的评价形式；②坚持多元化的评价主体；③坚持全面性的评价内容；④坚持以教育性作为主体的评价目的。评价的过程要保持充分的客观性、严谨的科学性，对学生的英语听说能力做出真实而准确的评价。

形成性评价包括网上记录的学习时数、学生上传的作业次数、单元测试的成绩以及课堂教学观察等，终结性评价以学生的英语期末听说考试成绩为主，但也结合了平时的成绩。将终结性评价与形成性评价结合在一起，对学生进行的网络英语学习做出综合评价。可以看出，这种学习评价方式还有待改进。第一，网络记录的学习时数并不能真实地反映学生实际的学习时间。第二，学生上传的作业也不一定都是学生自己所为。

因此，还必须有一套全面的评价系统来对学生的学习过程和结果做出科学准确的评价。终结性评价可以沿用传统考试的方法，采用网考，试题与教学材料的三个层次难度对应，从易到难分 A、B、C 卷，允许学生选择不同的试卷类型，每个学生都有（A、B、C 卷）三次考试机会，以他所考模块得分的最高分为最后成绩；而形成性评价则大致可以从教师、计算机和学生三个方面来实施。

一、教师对学生的评价

教师对学生的评价包括学生到课率、学习的注意集中程度、小组合作情况和总的学习评价。

首先，学生在课堂上的出勤情况就是到课率，到课率有专门的计算公式：到课率＝课堂到课课时数÷课程单元的总课时数。比如某一个课程单元总的课时数是 2，学生甲如果旷课 2 节，也就是 2 个课时，那这个学生在本单元的到课率就是 0。学生乙出勤 1 个课时，旷课 1 个课时，那么他在本单元的到课率就是 50%。教师还可以根据这个公式，计算出每名学生一个学期中的总到课率。另外，教师也可记录下学生的缺课课时数，到学期末时对学生总的到课率进行计算，计算的标准公式为：课堂到课课时数除以本学期总的课时数。教师根据总到课率酌情从加 1、3、5 分到扣 1、3、5 分。

其次，在自主学习的过程中，学生注意力的集中程度，实际上是一种主观因素较为突出的评价标准，教师可以根据学生在学习中注意力的集中程度，酌情扣除相应的分数。

再次，在对小组的合作情况进行考核时，主要看其中的成员是否积极参与活动，完成任务的情况如何。分数以小组为单位来计算，小组成员的分数是相同的。

最后，教师需要根据学生在学习中的表现，做出相应的评价。评价可以分为三档，分别是良好、一般和差，分数分别对应为 5 分、3 分和 1 分。

二、计算机系统对学生的评价

教师还可以利用网络及计算机系统，来对学生的学习情况做出评价。评价的主要内容包括五方面：①学生对各学习单元的相应内容做出的回答；②完成所有课程所用的总学时；③学生学习单元课程所花费的时间；④学生回答测试题的正确率；⑤每学期期末总的测试成绩。

计算机系统能够针对上述的五种因素，对学生的学习情况做出评价，并且将这些评价的结果及时反馈给学生和教师，教师查询这些评价结果也十分方便快捷。

三、学生自评与互评

学生的评价包括两个层面：一个层面是学生对自我做出的评价；另一个层面是学生同伴之间相互做出的评价。自评和互评都是对学习成果进行评价的活动。这两种评价方式都鼓励学生参与到评价的实际过程中来。学生评价的分值取自评与互评的平均分。

学生自评和同学互评包括的内容：①既定的学习计划完成情况；②课外学习以及互动交流的情况；③口语练习作业的完成情况；④听与说的能力的提升情况。具体来说有如下四点：

首先，要对学习计划完成情况进行测试，首先要由学生根据自己的具体情况制定学习计划，然后自行检查在预定的时间内是否完成。如果按时按要求完成了学习计划，那么就加 3 分，如果未能按计划完成学习任务，那么就减 3 分。

其次，课外学习以及互动交流，指的是学生在课堂学习之后或下线之后的自主学习的情况，主要内容包括：自主进行的听力方面的训练，围绕相关的主题开展的讨论，与同学进行的口语方式的对话。这一项可以采用五级量表来进行考量，"从不"用 1 来表示，"总是"用 5 来表示。当学生所获得的分数中 1 或 2 居多，那么这名学生需要加强听力和口语方面的训练。

再次，口语作业指的是由教师为学生布置的，课后所要进行的口语方面的训练内容，这些内容需要学生按教师的要求进行上传。首先由教师将学生按一定的规律进行分组，将数量相同的练习内容以及评价标准分发给学生。学生先进行初步的评价，然后以小组为单位进行相互间的评价，由各组推选出本组完成度最好的作业，在全班范围内进行讨论。口语作业的评价标准也可分为良好、一般和差三档，对应的分数分别是 5 分、3 分和 1 分。

最后，听说能力评价。学生相互间按照听说能力的相关标准，为对方做出评价，这种评价也应采用五级量表来反映。如果完全未达到，用"1"来表示，如果完全达到则用"5"来表示。如果某个学生得到的分数中 1 和 2 占比较大，说明这名学生英语听力和口语基础都较差，需要花费更多的精力和时间加以练习，同时要注意调整英语学习策略。

综合教师、计算机和学生三个方面的评价，形成对学生平时学习的评价等级，如差、一般、良好、优秀四个等级，结合学生的期末考试成绩，按照一定比例折算成学生个人综合成绩。这样，对学生课内、课外，网上、网下整个的学习过程和学习结果有一个全面综合的评价，也是判断和衡量学生"学习参与"的尺度。

第五节　PI 教学法在大学英语听说教学中的应用效果

同伴教学法提倡以学生为中心，学生是学习的主动者；提倡从教中学，学生在同伴教学中进行意义建构；提倡同伴之间的合作和交流，符合新课程改革"自主""探究""合作"的要求。

把同伴教学法应用到大学英语的教学中，可以让听说教学更有效果、更有效率、更有效益，使传统的教学模式中听说教学效率低的现象得到改变。要想达到良好的课堂教学效果，不仅需要教师的教学行为良好，还需要学生的学习效果有效。所以，讨论同伴教学法在大学英语教学中运用的效果，需要从教师教学行为和学生学习行为两方面进行分析。

一、从学生的学习行为方面进行分析

（一）课堂情况的观察

实践性是大学英语课程的本质特征，其中听与说部分的实践性更为突出，学生在课堂上的积极性和主观能动性,是教学效果好坏的重要决定因素。在课堂上学生为了学业,需要从课堂上获取知识,这个过程中涉及学生身心各方面的协调能力,这种生理与心理的协调能力的运用,体现在教学过程的方方面面。学生是课堂活动的主体,课堂要以学生为主导,以培养学生的学习能力为教学核心,以提高学生积极主动进行学习为教学目标,同时还可以体现出他们的学习效果、态度、策略等。目前对于课堂参与度的评价没有统一的测量工具与标准,根据相关教学理论和多年大学英语听说的教学实践,可以将传统形式的课堂教学与新型的同伴课堂教学进行比较,区分两者的不同点,分别是行为参与、认知参与和情感参与。

(1)行为参与。通过对运用同伴教学法的实验班和运用传统教学方法的对照班,进行一个学期的观察,并进行比较,发现实验班不但在课堂上与同学讨论的积极性和听课的专心程度都优于对照班,而且课外的学习时间也明显长于对照班。课前温习是实验班开展新型教学的一个基本过程,该过程有利于培养学生的自主学习能力。首先,在教学的课堂上,教师将讲解和测试结合起来,促使学生带着教师提出的问题进行思考,准确把握测试题的关键,进而做出完美回答。其次,同伴之间也是一种互相施教的过程,可以把学生的积极性带动起来,让学生更加有信心,进而发现学习的乐趣所在,最终提高学生的参与度,教学互相促进的目的得以实现。

(2)认知参与。在实验班开展同伴学习的方法,目的是观察学生之间的互动情况,观察的重点是学生的能动性,能动性要求克服旧的呆板的学习方法,更新学生对于文字内容背诵方式的理解,掌握灵活的学习方式,主动参与到课堂中来,吸收知识,进而构建整个知识体系。不仅如此,通过同伴间互相施教、讨论合作,可以帮助学生克服害怕的心理,使学习动机和学习意愿得到加强,让学生求知欲增加,学习目的也更加清晰,使学生积极地参与到课堂互动中来,行为参与更加积极。

(3)情感参与。语言教学是比较复杂的,所以在语言教学过程中教师不仅要注重语言的外部行为,更需要注重学生的心理活动,以便把学生的学习动机充分激发,不仅开发智力资源还要开发情感资源。经过对教学过程的仔细分析得出,开展互动模式学习时,口语能力强的学生在这一过程中能把优势充分发挥出来，语言能力比较差的学生，通过比较可以发现自身的差距和不足之处，从而把那些有优势并且刻苦努力的学生当作榜样，向他们学习，无论是学习的信心还是兴趣都得到提升。除此之外，传统课堂中教师高高在上的模式也在同伴教学方式下发生了变化，师生关系更加平等、和谐和民主，这样一来，学生在课堂活动中就会更加积极参与。总之，相比于对照班，实验班学生不仅学习兴趣提高了，而且还更有成就感，对于从前学习过程中遇到的难题也会迎刃而解。

实验班是学习成绩较好的学生集聚的班级，通过在这样的班级中开展同伴教学，会使学生有更多的机会进行讨论，在听说教学中的参与度也得到提升，课堂的氛围非常活跃，无论是学生和学生之间，还是教师和学生之间的互动都明显增多，相比于对照班，实验班的出勤率也明显要高。对照班的情况就是师生之间还有学生之间的交流都不多，课堂上也没有活跃的氛围，学生学习兴趣不足，出勤率比实验班低很多。

（二）调查问卷的分析

（1）数据收集。在大学英语听说教学中，针对学生在一个学期后对同伴教学法的接受度如何，也为了今后在课堂中能够更加顺利地应用同伴教学法，在应用同伴教学法开展课程 2 到 3 周的时候与课程结束的学期末使用问卷调查法分别进行调查。

（2）数据分析。构成数据调查表的三个部分中，最重要的部分就是实验班的调查情况，重点是观察学生对同伴教学的适应情况，学生之间运用同伴教学的操作情况以及同伴教学在学生中发挥作用的情况，同时也对同伴教学中存在的相关问题进行调查，这一部分是最主要的。提取数据之后，分析数据。

（3）调查结果。

首先，基本情况调查。实施同伴学习的班级在学期结束之后会有一个明显改变，学生更加喜欢英语了，而且对于英语听说水平更有自信。

其次，同伴教学法满意度调查。对于同伴教学法满意程度的调查，采取的是矩阵式的问题。在 15 个问题中，每个问题都有五个可选，学生依照自己对于同伴教学法的满意程度，从"非常同意"到"非常反对"五个选项中进行选择。为了使所问问题的价值取向能够既客观又中立，问题的陈述方式分

为两种，分别是消极影响和积极影响。❶

对于同伴教学法，学生的态度由最开始的不接受，最后变成喜欢。统计数据后发现，极大部分的同学觉得同伴学习要远远胜过旧的单独学习的模式，借助这一教学方法可以提高自己的注意力，而且还让他们的学习兴趣得到了激发，这一学习方法逐渐被学生所接受。大部分学生都很喜欢同伴学习，鉴于此，在其他的课程中也可以安排实施同伴教学法。

同伴教学法中最大的特色就是同伴之间的讨论和互相说服，大多数学生在一个学期之后都能够适应同伴教学法这种模式，更有半数以上的同学能够经常参与到其中来，口语练习的机会大大提升，这对于他们的学习是非常有利的。但是通过对调查数据的分析，整个学期结束后，英语口语比较好的学生确实容易控制整个同伴间的讨论，而且学生的参与度还受问题的难易程度影响。

在一个学期结束后，教师的讲解在同伴教学法中的重要作用，多数同学都能认识到，教师讲解需要和同伴讨论紧密结合。很多同学也改变了原有对课外预习的态度，最开始大多数同学觉得课外预习是一种负担，现在半数以上的学生认为，不仅不是负担反而对他们的课堂学习很有帮助。调查结果显示，对于答案展示这一环节基本没变，极少数学生觉得不需要这一环节，可以省去。

最后，开放式问题调查结果。按照一定原则进行分组是教师的任务，分组的结果关乎课堂教学的效果，因此学生之间的差异性是需要考虑的，要尽量均衡。并且在整个学期的课堂学习过程中，小组成员要经常进行轮换，每个学生都能接触到不同的同伴，与不同的小组成员进行讨论。由此一来，既能让学生之间增加相互学习的机会，又可以增加同学之间的感情，达到共同进步的目的。此外，对于课堂教学的参与机会来说，大多数学生认为确实增加了，使以往只听不说的英语课堂形式得到了转变，可以更多地进行口语交流，提升口语能力。但是，有同学觉得同伴教学法在课堂教学中还是有不足

---

❶ 朱红霞 . 同伴教学法在大学英语听说教学中的应用研究 [D]. 东北石油大学 ,2017.

之处。[1]例如，对于同伴讨论缺乏监督，有些测试题目不够科学，检查课前预习不及时等问题。

综上所述，同伴教学法确实改变了以往的教学模式，这个观点得到了大多数同学的认可，同伴教学法让学生更多地参与到课堂中来，对于学习效果的提升很有帮助。

（三）阶段测试成绩的分析

在大学英语听说教学中，教学和测试两者是统一的整体。科学合理的测试不但能对教学效果进行评估，也能测定学生学习的知识点，和对所学知识的有效应用，教师可以通过科学有效的测试，得到公正和客观的教学信息反馈。同一年级分为实验班和对照班，一个学期进行两次阶段测试，将这些数据收集和整理，能够得到不同教学法在大学英语听说教学中的效果，并对其进行分析。

以教学原则为中心，阶段考察（成就考核）与教学内容相结合，是一种评估或者诊断测试。进行阶段测试是为了检验教学计划实施的适应性，和学生对教学计划的接受程度，以实现最终的教学任务。客观题是测试内容的一部分，由单项选择题以及默写题为主，综合考察学生的诸多项阅读理解能力：①单词掌握程度与运用能力；②单词用法的融会贯通能力和灵活操作程度；③具体语境中的单词理解以及对整个句子的掌握；④文章相关内容的了解程度；⑤真实的语言运用的能力。这种测试最重要的是讲究可实践性，以真实内容为基础，这一原则由选择题和场景题具体体现，即选择题所考察内容真实可靠，场景题涉及范围多与学生的日常活动有关，整篇文章生动具体地描述的背景知识等。题型中最能表现语言是一种交际工具的是听写填空题，这种题型还能一并考察学生的读写能力和对语言的实际应用能力。

分析结果：通过对比这两次的测试成绩可以发现，使用同伴教学法进行教学后，第一次测试中实验班和对照班在总成绩和分段成绩上并没有太大区别。但是教学继续进行，实验班的总体成绩和及格率在第二次测验中有了明显的提高。不止如此，分段成绩显示，实验班 32 ~ 35 分段和 28 ~ 31 分段

---

[1] 吴玉国 . 基于同伴交往的教学 [M]. 南京：南京大学出版社，2013.

的学生人数明显多于对照班。由此可见，中等和中等偏下的学生，在使用同伴教学法的环境下成绩提升得更快。

（四）期末测试成绩的分析

期末测试分为听力测试和口语测试，总分为100分，其中听力占60%，口语占40%。为了检验教学计划对学生口语表达的影响，对单词词组的应用能力的影响，对文章的把握程度的影响，要求改写短文中的听写短语，将其改为难度较大的句子。这类测试是为了展现学生对自己的听、说、读、写综合能力的运用，特别是口语的测试，更是强调灵活性和协调性。

第一，口语测试的类型。学校在组织学期结束的综合测试时，多以口语形式来考察，多数是"二对二"的直接型口试，这样做的目的是保证口语测试的客观性，将学生真正的语言交际能力准确地反映出来。所谓"二对二"就是一定数量的考官对应相同数量的考生，并且以口语形式进行考察。考官之间协调配合，一位评定各项分数，另一位考官在主持口语考试的同时评定总体分。这种测试类型被证实效果良好，它的突出特点表现在：①便于考务工作的开展，考官在测试中能够将注意力放在评分上；②同时测试两位考生可以节约很多人力和物力；③对于考生来说，参加这种形式的考试，有益于考官与考生间的互动交流，融洽了考试气氛，营造出对学生考试有好处的氛围，考生能够将自己最好的交际能力展现出来。

第二，口语测试内容。期末口语测试的内容和试题难度依据《大学英语教学大纲》中对于基础阶段学生口语能力的总体要求而设定，即要求学生能够就日常话题用英语进行交谈，能够在学习过程中用英语进行交流，并就某一主题展开讨论，而且可以经过准备后就所熟悉的话题做简短发言，并且表达比较清楚，语音、语调能够基本正确。同时要求学生能够在交谈中使用基本的会话技巧和策略。

第三，评分标准。口语测试的两个主要指标，包括信度和效度。在设计题目时，应尽量扩大题目的覆盖面，设计科学性和代表性兼备的试题。同时也要保证判分标准有效并且可靠。评分越客观，越能将学生的实际语言交流能力反映出来，因此要将期末的口语测试分两部分进行：①考官在现场评定学生的分数，也就是现场评分；②考官听口语测试现场的录音，二次评定学生的口语，也就是测试后评分。这样做的目的是保证成绩公正、公平。评分时分项评分法和综合评分法这两种方法相结合。综合评分是整体的评价得分，依靠的是整体印象，并且由主考官打分；而分项评分大多由其他考官打分，分项要求内容细致，按照平均分的形式给出，平均分的计算方法是项的总和除以项数，是具体体现学生能力的测试结果。综合评分和分项评分相加，所得分数就是最终的口语测试总分。两种评分法相结合的打分方法，能够将主观因素的影响降到最低。

第四，期末测试成绩分析。分析实验班和对照班的期末总成绩和口语及听力的分项成绩，能够发现成绩中分数段有明显差别，高分段和低分段有合理、平均的分布，所有成绩呈正态分布。对比两个班级的成绩后可知，实验班中等偏下学生的口语和听力学习在应用同伴教学法后提升十分显著。通过分析学生的听力成绩和口语成绩，研究实验班中的数据表明，这类班级学生的口语能力的综合考察结果要比普通班级学生的综合能力高很多，尤其是口语能力方面，实验班的同学的各项具体成绩均比普通班级学生高出许多。由此可知，学生语言听说能力尤其是英语口语表达能力的提高需要学生自己参与进讨论中，这也说明同伴教学法的应用是十分见效的。

二、从教师的教学行为方面分析

（一）教育价值观

开展教学组织活动都要解决价值观的问题。实际上，学生不但是生命体，同时也是参与活动的生物体。教育作为服务于经济、政治、社会生活的工具，这种片面的认识在传统的教育理念中已经根深蒂固。受这种教育观的影响，多数教师在进行学科教学时，都会将重点放在传授知识上，对于学生是否可以将知识与实际具体联系起来，以及是否可以将实践内容反映到知识学习中却了解甚少。教学与培育人才被新的教学理念分为同一件事的两个方面，教育是为了实现独特性的人格展现和综合性的社会角色的整合，推动人与社会协调进步的强大动力，这一教学方法使得综合的教学理念较好地呈现出来。

（二）学生观

在同伴教学法中，教师需要摆脱之前传统的学生观，形成不一样的新的对待学生的观念。第一，同伴教学的宗旨是释放学生的天性，学生变成教学的主体和中心，而不是之前被"塑造"的对象。教师不会像传统教学法中，用许多提前预备的程序来限制学生的想象，而是将学生放在自主运用的阶段，并推动讲课内容更加多姿多彩。第二，同伴教学过程中，教师所起到的作用是重视学生德智体美劳的全面发展。教师受这一思想指导，会对学生多元反映的独特体验予以重视，传授知识的时候会注重激发学生的潜能，使其充分成长，并使教学资源被充分利用。第三，同伴教学法中，教师体现出民主、平等、宽容、信任和合作的态度，学生看到的教师不再是权威的代表。教师关注每一位学生，设计有效的课堂形式，创设良好的学习氛围，学生在这种氛围中接受教师的指导、激励、帮助、辅导、建议和服务。这样的课堂教学真正实现了教师和学生追寻主体性、获得解放与自由的目的。

（三）教学评价观

第一，在同伴教学理念下的评价观，不仅可以分析出学生个人的情感追求和感性需要，而且可以将教学计划充分地展现出来，以便于学生遵循教学程序，提升学生意志水平，优化学生情感，使学生均衡发展。第二，学生的思维、实践、创新能力在同伴教学法的教学评价中被予以重视，这对教师来讲，意义在于有效掌握教学方向，使课程顺利进行。对于学生来讲，一方面从内在鼓励他们积极学习，培养学习乐趣，另一方面从外在提升综合竞争能力与自我检测能力。第三，教师不再是教学评价的唯一执行者。学生在同伴教学法中享有检测自己掌握知识程度的权利，他们可以在教师的指导下深入分析自己对于各个板块知识的熟练性和欠缺性。学生自我检测与同伴测试相结合，是同伴教学理念所倡导的，当然重点还是在于学生个人学习的负责。第四，同伴教学在实践中特别重视教师的作用，教师要充分考虑学生的实际情况，既要看重学生的知识掌握程度，又要关注教学目标的实现程度，不能顾此失彼。

三、从教师的教学行为方面分析

（一）新观念

首先，这是一种新的与教育有关的价值观。价值观的确立是所有教学活动必须要面对并解决的问题。学生首先作为一种生命而存在于社会中，同时他们还作为一种实践而存在，属于生活中的一种活动。在传统的教育模式下，人们对于价值观的认识并不全面，将教育的价值简单地视为一种为政治和经济提供服务的手段。正是因为秉持着这种价值观，使得很多教师只将注意力集中在知识的传递上，而并不重视对学生个人智力、学习技巧以及综合能力的培养上。但是在持有新的型价值观的人看来，教书同育人是相统一的，它们只是同一件事两个不同的侧面，将学生的个性与社会的共性有机统一起来，促成个人和社会的发展一致性是教育的真正价值所在，同伴教学法能够将这两种价值观有机相统一。同伴教学法有一个最为核心的理念，那就是不仅要将课本上的知识更有效地传授给学生，同时还要培养学生勇于实践的精神，积极乐观的心态，主动参与的热情，成为符合社会需要的复合型人才。同伴教学法能够改变教师的教学观念，意识到简单地将知识传递给学生并不是教育的最终目的，更重要的是锻炼学生的意志，培养学生的情感，让他们掌握批判的思维方式，所以在教学的过程中，教师要注意给予学生足够的人性关怀，使他们生命的广度和深度同时得到提升。在大学英语的听说教学中引入同伴教学法能够改变教学中旧的价值取向，使英语教学的目标更加科学，模式更加合理，让学生得到更加全面的教育，不仅掌握更丰富的外语知识，而且更好地提升他们的精神境界，提升他们的创造能力，更好地感知外部的世界，令他们的成长更加健康、有序。

其次，这是一种新的学生观。高校教育有着自己的理论基础，那就是学生观以及教育观。学生观指的是教师对于自己学生的看法，也就是对学生这种角色基本性质的认定。教师所确定的教学目的、教学方式以及教学效果会受到其学生观的重要影响，所以教师的教学行为在很大程度上是由其学生观所决定的。将同伴教学法引入到高校的英语教学中来，可以促使教师转变旧的学生观，建立起与形势相符的新的学生观。第一，同伴教学法会将学生作为教学活动的中心，而不是简单地将他们作为自己的塑造对象，会对学生的天性给予充分的尊重。学生不会再受到预先设定的程序的束缚，学生的学习由过去的被动式转变为主动式，教学活动也开始变得丰富有趣。第二，使用同伴教学法能够督促教师更加重视学生的心理、生理及智力的发展，并遵循发展的规律。在知识传播的过程中，教师会关注到学生对于学习的独特体验和多元化反应，充分发挥学生在学习方面的潜能，利用好各种有益的教学资源。第三，师生间原本紧张的关系会因同伴教学法的引进而得到缓解。教师的身份不再具有过去那种权威性，他们与学生处于平等的位置上，给予学生精神上的鼓励，学识上的指导，求知上的服务，并且为学生提供更加有益的学习环境和氛围，在课堂教学充分体现出学生的主体性，给予学生充分的自由。

最后，形成了新的更加科学合理的教学评价观。之所以要进行课堂教学评价，就是为了全面提高学生的综合素质，让学生的个性得到全面而自由的发展。在传统的教学评价更加突出的功能主要包括鉴定的功能、管理的功能以及选拔的功能，希望评价能够体现出其客观性，追求评价的数量化，但是并未对评价的激励功能、改进功能以及教育功能给予充分的重视。在传统的教学评价中，评价的主体通常都是单一性的，对于自我评价以及评价主体所具有的多元化的价值未给予充分的重视，所以并未就评价的结果进行顺畅的沟通与交流。传统的教学评价较为死板，也不具备很好的创造性，教师便如一个传声筒，只是简单地传播知识，而学生只是被动地接受教师传输过来的知识。而所采用的同伴教学法中的评价方法却能调动起学生以及教师的知识性，发挥他们各自的专长，课堂教学评价也变得更加灵活，更加愉悦，能够将课堂教学的真实情况反映出来。第一，同伴教学法模式下的教学评价观不仅能够还原教学内容的要求，还有利于学生掌握课堂内外的知识，并且还能反映出学生的情感以及个人意志方面的情况，让学生的情感朝着有益的方向发展，并不断提升自己的意志水平，提高学生的综合素质。第二，同伴教学法模式下的教学评价观十分重视培养学生的实践、思维以及创新能力，有效调动学生对于学习的兴趣，树立起学习的信心。第三，同伴教学法的教学评价的权利不仅掌握在教师手中，而且学生也能够对自己进行评价，让他们认识到自己在学习上的薄弱点，并在教师的帮助之下弥补学习上存在的问题和不足。同伴教学法还会组织学生进行相互评价，这对于提升学生的责任感十分有利。所以，同伴教学法的使用，不仅能够让教师更加重视对学生的学习目标是否达成，而且更加重视对学生学习态度的培养，学习方法的传授，学习潜力的激发。

（二）新模式

首先，"独白式"教学转向"互动交往式"教学。在传统的课堂教学中，教师通常都会采用独自讲授的方式，而同伴教学法则不再使用这种方法，而是使用以交流促进作为理念的教育方法。多维交流方式与旧式教学方式相比较，两者最大的不同那就是呈现教材的方式不同。传统的以讲授为主的教学方法，只是简单地将教材中的内容重复讲授出来，学生很少有机会参与到教学活动中来。教师就像是在学生面前表演一场独角戏。这种授课，除非教师的教学风格异常独特、出色，才能自始至终令学生集中注意力。但是同伴教学法则突破了传统的教学方法，教师不再是简单地重复教材，也不再是面对学生进行满堂灌。同伴教学法注重教师与学生、学生与学生之间的交流与互动，学生不再是坐在课堂上被动地接收信息者，而是变成了传播知识的人。在互动与沟通的过程中，学生会积极思考所学的内容，而且愿意去和同伴进行讨论和交流，对课堂上遇到的知识点进行分析与探讨，并且在讨论和交流的过程中，逐渐培养出优良的团队精神及交际技巧。

其次，"灌输式"教学转向"问题引领式"教学。同伴教学法不像传统的教学模式那样，只是向学生简单地灌输知识，在这种教学模式下，教师可以进行概念测试，用问题来引导教学过程的展开。将具体的问题作为调动学生思维、引导他们进行思考的有效手段。教师可以根据学生实际的知识基础来设计各种各样的问题，营造出与各种问题相适应的情境，然后引导学生参与到教学活动中来，培养他们进行创造性思维的能力和综合实践能力。用问题来引导教学活动的展开，学生可以获得更多的途径去寻找知识中的规律，从而得出更多正确的结论，不仅能更加有效地构建起知识体系，而且能够学会总结事物规律的方法。这种通过问题来引导课堂教学的方式，要求教师具备更高的业务能力。他们需要事先熟悉教材，并对教学内容进行认真的思考，还要查询大量相关资料，以便提炼出适当的问题用于课堂教学。这种问题引领式的教学方法与科学研究相类似。通过采取这种教学模式开展教学活动，教师的综合素质以及教学水平必将得到有效的提升，而且因为有了更多自主学习和与他人进行合作交流的机会，学生分析及解决问题的能力以及独立思考的能力也会得到明显提高。

最后，教学设计由"统一"转向"弹性和灵活"。教学设计是教师按照教学理论，结合自己的经验，根据学生的具体情况，以教学实践的基本规律为基础，系统地安排和规划教学活动的过程。同伴教学法中的教学设计与传统应试教育模式下的教学设计有所不同，同伴教学法的教学设计更加灵活，也更具弹性。第一，在进行教学设计时要充分考虑到每个学生都有着各自的差异性。采用同伴教学法的教学过程，要求教师重视学生的道德与身体的成长发展，依据个体的不同做出适合的教学计划，营造出有利的教学环境，吸引学生参与到教学活动中来，调动他们的学习主动性和积极性，引导他们主动去学习知识、愿意去利用学到的知识指导实践。第二，在进行教学设计时，教师要意识到实际取得的实施结果与预计出现的教学期望之间，会产生一定程度的差别。由此可知，对于教学计划的制定，要注意预留出弹性的余地，包括时间和空间上的。要意识到虽然提前经过精心的设计，但在教师与学生、学生与学生的互动过程中，依然会出现超出预期的情况。总而言之，同伴教学法中的教学设计，要坚持以教学服务于学习，通过教师与学生、学生与学生的双向交流，来培养学生主动探寻知识的意识，鼓励他们主动表达自己的见解，对各种问题提出质疑，通过学习提高独立思考问题的能力，建立勇于承担责任的意识。

（三）新角色

教师这个角色的本质，来源于其所处的特殊地位，它需要与社会对教师的期望相符。为了达到预期的教学目标，教师在教学活动中应当按照语言学习的特殊规律，来调整和规划自己的教学方法和理念，重新定位新的教学模式下自己所应扮演的角色，以确保获得预期的教学效果。外语教师在开展教学活动的过程中，不仅要做好整个课堂学习的组织工作，施展自己的教学艺术，而且还应当是一名积极的"演员"，要满怀热情地与学生一起，让课堂氛围变得更加活泼、更加生动。同伴教学法对于学生的主体性更为关注，学生是整个教学活动的中心。虽然如此，但教师在教学活动中的主导作用依然十分重要。采用同伴教学法时，对于教师综合素质的要求更高，教师从过去单纯地传授知识和灌输知识的人，变成了现在的教学方案的策划人以及设计者，他们不仅要在课堂上充当教学活动的组织者和协调者，而且还要担任教学活动的参与者，同时还要对学生的学习给予评估和指导。当大学的英语听说教学中引进了同伴教学法后，教师的身份更加多重化，发挥的作用也更加重要。主要表现在以下三点。

首先，策划者与设计者。教师是否能对课堂教学方案进行周密计划，是否能够出色完成教学任务的设计，关系着英语教学中听说训练和教学的成与败。教师必须在正式授课之前，对教学方案进行认真的设计和策划，这样才能保证课堂教学的顺利进行，也才能让学生获得相应的知识，提升他们各方面的能力。对于这种提前进行的课堂设计以及方案策划，同伴教学法要求教师根据教学的实际内容，结合教学的预期目标以及要求，针对学生当下所具有的基础来设计相应的测试题。认真查找学习内容中的难点以及重点，有针对性地调整教学方案。同时要把最生动、最新鲜的语言介绍给学生，帮助他们通过与他人的交际来学习语言，在学习语言过程中，提高交际的能力。要想设计和策划出一堂成功的听说课，并不是一件容易的事，采用同伴教学法可以帮助教师通过听力教学带动口语教学，用听力教学来促进口语教学成效的提升，将听与说结合在一起，培养学生运用语言的综合能力。在采用同伴教学法来进行语言的听说教学的过程中，教师要注意让全体学生都参与到教学活动中来，通过参与教学活动来提高自己的语言运用能力。

其次，组织者与帮助者。同伴教学法要求教师在课堂上做好教学的组织和调控工作，让学生平等地参与到教学活动中来，以保证教学活动沿着正确的教学目标顺利进行。在英语听说教学活动中，充分展现教师在教育教学过程的指导作用，重视对任务分配、教学流程、目标结果的充分调控，这样才可以通过课堂教学，真正提高学生运用目标语言进行交际的能力。教师在课堂上与学生可以进行密切的互动，这样学生所接受到的语言输入将更加优质，也更容易提高自身的语言技能，并且能够避免教学偏离既定的方向，令课堂上所进行的交际活动更能体现出其目的性以及针对性。教师在参与教学以及与学生展开互动的过程中，还能够及时而准确地掌握学生在学习的过程中遇到的问题和困惑，了解他们在学习中的困难所在，以便于给予学生有针对性的指导，令他们的语言表达更加规范。

最后，指导者与监督者。采用同伴教学法的教学活动中，教师需要对学生的学习给予指导。同伴教学法的核心是学生，这种教学法对于学生的整个学习过程给予了更多的重视，而不仅仅只对他们的成绩加以关注。学习不是一种能够沿着直线前进的活动，也不能一蹴而就，它通常会呈螺旋式的上升状态，教师要随时对学生的思维方式给予指导，帮助他们的思维方式变得更加富有逻辑性，也更具目的性。教师所给予学生的指导可以分成两个方面：一是宏观指导。这是对学生的总体学习技巧、学习策略以及总体方向给予的指导。二是微观指导。这是教师根据不同学生的差异性，分别指导他们在语言听说练习中遇到的问题。教师应当成为学生学习过程中的参谋，应当有意识地培养学生转化学习状态的能力，使其可以灵活地改变自己的学习目标和学习态度，寻找到更加适合自己的学习策略，为他们今后需要终身进行的学习打下良好的基础。教师在采用同伴教学法的教学活动中，还需要发挥评估者和监督者的作用。这种教学模式能够帮助教师对学生的学习情况进行详细的记录和有效的管理，并且针对收集到的各种反馈信息，来对教学内容及方式做出调整，做好对学生的督促和监督。这是教学任务的要求，也是学生的实际需要。同伴教学法的主要特点就是能够实现对学生学习活动的评估和监控，及时肯定和激励学生所取得的成绩，对教学中发现的问题及时进行改进和修正。

第六章 PI 理论视域下的大学英语
自主学习与合作学习探究

英语作为以训练学生交际能力为主要目标的一门学科，在教学中开展小组合作学习就显得更加重要。与此同时，英语课的教学方法也应尽可能灵活多样，满足不同学生的需要，使他们形成具有个性的学习方法和风格。本章探讨 PI 教学视域下的学生自主发展、大学英语多维度互动教学模式、大学英语自主学习模式与能力培养路径以及大学英语课堂合作学习模式。

第一节 PI 理论视域下的学生自主发展概述

主体教育论强调学生在活动与交往中的主体地位，强调他在与环境的相互作用中以及自我建构与自我表现中的能动性。课堂教学中交往作为重要的教学活动，是学生主动与教师、同学相互沟通和相互作用的必要途径，有助于改变传统教育思想束缚下统一化、静态化和孤立化的课堂生活现状，改善学生的生命存在状态和生活质量，使课堂教学生活焕发出生命活力，成为学生主体性健康成长和发展的课堂。

一、学生主体性发展现状

对课堂教学交往下的学生主体性现状进行调查研究，调查目的是了解同伴交往教学下学生主体性发展的现状及问题，分析阻碍学生主体性发展的原因，进而根据问题和原因提出促进学生主体性发展的有效教学交往策略。

（一）同伴交往教学发展现状

同伴交往教学下学生主体性发展现状根据问卷设计和调查的数据，主要从同伴交往课堂教学下学生的能动性、自主性和创造性三个方面对学生主体性发展的现状进行分析。

1. 学生交往自主性的弱化

学生交往自主性的弱化，指学生在教学交往中处于消极被动、被支配、被控制的地位，缺乏选择交往的对象、内容、时间、空间、形式和方法的自主性，完全是根据教育体制及其制度的安排，被动地、形式化地卷入交往。现如今大多数的教学交往，往往不具备自主性。在我国课堂上的教学交往过程中控制性表现明显，课堂教学过程的本质是教师运用一定的方法，向学生传播书本上的知识。在我国的课堂教学中，教师决定着教学的目标、课程的内容以及传授的方法，并且在时间和空间上都处于支配地位。这样往往容易忽视学生个体的自主性、能动性以及创造性，忽视不同学生的个体差异性。

通过调查发现，一堂课时间的 80%～90% 都是由教师进行讲解，学生只有不到 4% 的讨论发言时间。问卷调查结果也证实了这一现象。显然，在教学活动中，学生的自主意识较强烈，但是在实际的教学活动中，他们往往是缺乏自主性的。对于教学交往活动，是否开展以及活动方式与开展的时间，他们没有决定的权利。因此，在教学过程中，仍然坚持使用教师全面掌控，不利于形成一种双向互动的交流模式，长期的单向输入，使得学生在教学过程中产生一种孤独感，处于孤立无援的状态。

学生自主性的弱化还体现在学生对自己如何在师生良性互动中获得自身更好的发展缺乏思考。在学生的思想意识中，认为完全配合教师的讲课过程并积极思考回答问题，就是最基本的教学交往过程。由此可以看出，教师在学生的潜意识中是教学控制者，学生则认为自己的角色就是配合教师工作。长此以往，学生从内心就形成了依赖的心理，没有教师的引导就失去了学习的方向，也就无法在学习中各抒己见，收获知识。

2. 主体参与度较低

课堂教学交往活动的核心，在于使学生积极主动地参与教学活动。主动学习要求学生积极加入教学过程中，在交流中发展自己，提升自我。将传统过程中表现教师作用的"要求参加"，转变成"我要参与"的主动自觉行为。

研究表明，在教学交往中，如何进行主体参与，存在两方面的问题。首先，对于主体参与的认知不准确，片面地认为主体参与是简单的教师与学生之间的问答。并且，在面对学习中遇到的困难时，一半以上的学生选择了自己解决。可见，权威型课堂模式在人们的课堂交往类型中还是占主要地位的。在学习交往活动中，大部分的学生由于主体地位认同度不高，因此主体参与度较低。这种被动且无效的交往活动充斥于课堂交往中，不能有效激发学生的积极性和学习的兴趣，使得课堂交往参与流于形式和表面。而实际参与课堂的主体集中在优秀的尖子生当中，大多数学生成为看客。

倾向性普遍存在于教学交往的参与活动中，例如：性别、位置、成绩及平时表现不同，倾向性不同。纵观教室位置可以发现，坐在教室前面、中排以及过道两边的学生，对于课堂活动有较高的参与度。从学习成绩方面来说，参与度最高的为中等成绩的学生，参与度第二的是好成绩的学生，参与度最低的就是成绩较差的学生。性格积极开朗的学生与人交流能力较强，在交往活动中善于表达自己，相较而言，不善于言辞就成为内向腼腆学生的缺点。但是促进学生主体的发展是指，促进全体学生发展，而不仅仅是一部分学生发展。在初中生的课堂中人们可以发现，语文教师倾向于提问积极举手发言、有较强表达能力的学生或者是爱开小差的学生，而大多数学生参与课堂的机会就很少，这也大大降低了学生参与交往的积极性，影响了学生的学习兴趣。

3. 创新意识有待提高

一个民族和社会不断前进的动力是创新。现代教育的主要任务就是培养和提高学生的创新能力和意识。然而，以往教学模式在课堂上的运用太过拘泥于标准的实施，缺乏灵活性，导致了对创新理念的忽视，阻碍了创新教育的发展。

虽然素质教育以及新课程改革提出要转变评价标准，但是在基础教育实践中目前仍然存在着这个普遍现象：教师以分数来评价学生，学校以分数来考核教师。教师的得分情况完全取决于学生的考试成绩，学生和教师的相互促进体现在两者的交往活动。同时，在调查中也可以看出，大多数学生认为教师经常提问的问题，和课本上叙述的知识点，是自己必须掌握的，其他课本以外的补充知识教师涉及较少，学生兴趣也不是很高。❶

由此可知，现如今以分数形式考核教师的履职情况，推动着教师与学生互动的频繁程度和和谐相处的程度。独项考核指标体系导致对于分数的过度重视和对创新意识与能力的潜在忽略，局限了学生思维的发展，大大加重了学生的精神压力。新课改的不断推行，使得更多的人意识到了传统的刻板的教育模式不利于学生的创新力的发展。而进行教学评价的根本意义，在于帮助学生找到自我的最佳发展区，正确认识自我，形成正确的人生观价值观。所以，对于教师来说，积极改变传统的专制课堂模式，构造和谐的课堂氛围，对于学生综合发展素质的提升和促进有积极作用，学生对评价系统的满意度才是教学目标要实现的最终结果。

（二）学生主体性缺失的原因

从同伴交往的视角出发，当下课堂教学中学生主体性缺失的原因主要在交往主体的缺失、教学交往的内容欠缺和教学组织形式的单一等三个方面。

1. 交往主体的缺失

（1）教育价值观存在偏颇，教师权威的绝对化。作为现代社会的一种价值取向，民主性、平等性是在当前社会中维持社会关系不可缺少的要求。教师和学生在教学交往关系中应该是平等的交往主体，教师除了传道授业解惑之外，还有一个更重要的任务就是与学生进行平等自由的交流。而对于学生来说，学生的任务并不只是被动地接收信息，而是要主动地融入课堂活动，提高教学交往效率。

但是，在人们传统的教育观念中，注重权威的力量轻视批判的力量，注重服从命令而轻视培养创造性，一直制约着教育活动的开展，教师绝对化指导的模式已经根深蒂固，严重影响教学交往的协调性和有益性，阻碍了学生自主学习能力的培养。基于对教师权威的绝对认可，学生的自主性意识容易

---

❶ 吴玉国．基于同伴交往的教学 [M]．南京：南京大学出版社，2013.

弱化，这种观念下培养出来的学生，在交往中缺乏主动性、丧失主体性，不能够充分发挥学生作为个体的个性和创造性。由此可见，绝对化的教师权威模式使得学习过程只是关注外在形式，而没有从根本上提高学生的学习能力。

（2）学生主人翁意识薄弱，缺乏交往能力。主动参与的过程，有利于培养学生的生存意识，是在教学活动中实现学生主体地位的一种情绪模式和状态。学生应在教学交流中具有主人翁意识，能够积极参与交际活动。这个过程展现了学生的自学能力，从侧面反映出学生对于自主安排学习任务的追求，极大地提高了学生的创造能力。

在一系列的调查中发现，在学生心中，教师是教育教学活动的组织者，自己应该按照教师设定的流程进行，学生表现出被动接受的心理状态，禁锢了自己的思想。他们在课堂上的归属感很弱，缺乏沟通的勇气和回答问题的信心，在课堂交往活动中，他们往往不愿意积极参与。很少有学生在回答教师的问题时有意识地举手，因此这种教学和互动方式往往会变成教师独自决定谁来回答问题。

2. 教学交往的内容欠缺

教材在课堂教学中的地位是不可忽视的，它是沟通内容的主要表现形式，教学的有效性主要通过教材来加以实施。但是，刻板僵化以及不合理的教材内容，大大抑制了学生发展自我、创新学习方法的能力。首先，全国提倡九年义务教育课本的一致性，使得教师只是单纯复述教材内容，造成教学内容死板，不吸引人。这种刻板的教学方式大大降低了学生学习的主动性和沟通交往的动机。其次，现如今课堂教学沟通安排上存在两方面的问题：①教师为了跟上教学进度，忽视课堂讨论沟通的活动；②教师在课堂教学中存在着"假沟通现象"，教师提问的问题对于学生的能力提高不大，问题较为简单且脱离教材的理解本身，虽然使得学生的参与度很高，但是教学效果不明显。浪费了教学的资源。因此对于学习过程中所用到的交往方式和涉及的交往内容，对学生未来的发展起着关键作用。

3. 教学组织形式的单一

班级授课制是我国当前的教育组织形式，这种形式虽然有诸多优点，但是其弊端也不可忽视。例如：单一性的教学模式只注重统一性而忽视个别性，教师不重视特殊个体的存在，使得学习滞留于表面的交往上，忽视了交往理念的重要性。不利于学生个体差异性和主体性的发展。主要表现在三个方面。

（1）学生个体差异性问题。每个学生的实际情况存在差别，统一的教学进度并不能满足每个学生的需求。安排学习任务时，教师依据平均的成绩分数分配学习任务，导致学习成绩高于平均水平的学生不能完全发挥自己的能力，而学习成绩低于平均水平的学生达不到教师的要求，越差越多。拉远了教师和学生的关系。并且，这种模式经常会演变成以教师为主导和中心的单方面活动。

（2）教学资源稀缺性问题。班级承载量有最大的限度，人数超载不利于学生的有效学习。国家采取学校撤并或改造的方式，提高教学资源的利用率。但是客观上的教学资源分配不均匀没有得到明显改善，好的学校在校生人数陡增。大班教学制以及秧田式座位安排方式，大大限制了学生的自由和活动空间，不利于学生相互间的交流和对话。并且班级学习小组只存在管理功能，缺乏讨论交流功能。因此形成现在教学组织形式限制的其中一点，就是教学资源的稀缺和小组功能的缺失。

（3）交往环境创设不合理的问题。现如今课堂的秧田式座位中，教室前排及前排到中间的学生较活跃，积极地与教师沟通，而后排的学生沟通较少，造成同一教室沟通机会的不均等。心理精神环境中，成绩、性别及心理等因素影响着学生的沟通情绪。由此可知，班级教学模式下，交往环境往往影响着学生主体和个体性的发展。

二、有效课堂教学同伴

交往可促进学生主体性发展，课堂交往能促进学生的主体性发展，但现实情况是：并不是所有的课堂交往都很好地促进学生的主体性发展。所以需要研究什么样的课堂学习方式对学生交往能力的提高有促进作用，哪一种交往类型可以充分发挥学生的能动性。对课堂交往有效性的论证，需要考虑参与度与发展度两个方面的指标。所谓参与度就是课堂交往活动中参与的学生数量和学生在课堂的表现，也就是整体参与还是部分参与，被动参与还是主动参与，是实质参与还是形式参与，程度上是深层的还是表面的。发展度指的是课堂学习任务布置后，学生对任务的解读和相应的任务实施的结果是否达到目标要求，学生运用互动交往模式的效果如何，是对于课堂交往有效性的结果性描述。参与度影响发展度，因此要使课堂交往具有更高的有效性，需要提高参与度，即引导学生全体主动、实质、深层地参与到课堂活动中来，这样有利于发展度的提高，使学生不论其自身基础如何，都能获得一定的发展和提高。学生主体性的发展，将促进学生的全面发展和其他各项素质的发展。

（一）有效课堂教学同伴交往评价标准

学生获得的知识量占据课堂总体知识输出量的比例，决定了课堂效率的高低。虽然这一标准无法全然量化，但是从中可以看出，教学形式的有效性是提高学生学习效率的关键，这种形式适合所有学生。在国外，对教学交往的研究已经相对成熟了，国际上对于教学交往有效性的衡量已经形成了固定的标准，包括以下五点。

第一，师生共同参与创造性的活动。活动中师生的共同参与，才可能使教学效果趋于最大化，为师生提供更多的相互交流的机会，有利于师生的互相帮助和共同进步、共同成长。在师生具有不同的生活环境背景的情况下，师生共同参与，对于教学交往的进行具有更为显著的重要性。

第二，语言与素养培养。由于语言教学是所有学科教学进行的基础，在所有学科的教学中，都能实现语言能力的培养，也就是说，在所有的学科教学中，都需要准确把握教学语言。对于学生听说读写等语言能力的训练，需要贯穿于所有的课程和教学活动之中。

第三，学习背景化。为了使学习更加具有意义，教师在课堂交往中，需要立足于学生自身的知识背景和日常生活背景，将教学活动与学生自身和其所处的社会、家庭，以及其所具有的生活经验联系起来，在一个贴合学生自身的起点上，进行抽象知识的传递，使学生发展出新的技能和知识。

第四，复杂思维。人们往往将教育的失败归因于学生自身能力的不足，而不去找教学本身的问题。这也是由于对于教学的评价缺乏完善的评价方式和评价工具，也缺少较高的标准模式，模式与评价在教育领域的作用十分巨大。以实现教育目标为出发点，不仅仅需要使用有意义且有趣味性的教学材料，还需要订立符合学生发展水平的，具有一定挑战性的教学标准。在传统的机械化记忆知识点之外，更应当注重对学生的思维和分析能力的培养。

第五，教学对话。教学交往主要是以对话的形式进行的，而对话意味着师生双方处于平等地位之上。学生需要学会清楚、明白地表达自己，而教师需要学会认真倾听，进行思考，以及合适的回答。在对话中，教师尤其需要关注具体学生的实际知识水平，将教学活动与其原有的知识背景相结合；也要关注学生特有的生活经验，将教学内容和学生的自身、社会以及家庭背景联系起来。在这一过程中，教师能够更好地了解学生，有利于有针对性地进行教学，也能获得自身教学能力的提高。

（二）有效课堂教学同伴交往的建构

1.深化师生间的交往认识

以学生主体性发展为导向的课堂交往是学生为了更有效地学习而主动进行的。如果教师不具备开放的课堂交往意识，不具备组织、引导多形式交往的智慧技能；如果学生习惯于听从、记录教师的讲授，没有进行交往的兴趣、习惯以及交往能力，那在此种情况下，要么学生根本没有机会参与交往，要么由于无效或低效的交往活动没有带来较好成绩而降低主动性。深化教师和学生的交往认识能使他们对各自角色的领悟更加明确和深刻，对开展有效的课堂交往起到了有力的促进与维持作用。

（1）教师做交往中的"倾听者"与"引领者"。

第一，课堂交往权力意识的转变：从"独裁"到"倾听"。教师对课堂交往的认识首先体现在对课堂交往的权力关系的理解上，教师的领导力度愈大，学生的自主程度愈低，反之亦然。教师不同的领导权力意识会导致不同的课堂交往实践。在以学生主体性发展为导向的课堂交往中，教师的交往权力意识发生转变，体现在课堂的话语权力和知识权力关系的转变上，教师不再是拥有至高无上、不可动摇的权力的"独裁者"，课堂不再是一切以教师为中心的舞台。教师将表演的权力让位给主体地位的学生，做一个优秀的"倾听者"。教师仔细倾听孩子们的声音，了解他们的兴趣和个性需求，也就是"保留了孩子的空间"，让孩子们在自己的空间里尽情舞动心灵。按照美国教学论者的说法就是教师应当"放手"（hands in the pocket），引导和倾听学生的概念描述和演说。教师的课堂交往权力意识发生转变，维护了学生的"原创性"和"真实性"，构筑了多样个性的公共领域，让每一个学生都能在这个民主的公共领域中主动建构自我。

第二，课堂交往智慧的倾注：从"控制"到"引领"。

教师的交往智慧包括认知层面的组织交往活动的基本技能、素养和交往过程中运用的机智和情感因素，比如教师的提问艺术、交往技巧及应急突发问题等。机智表现为尊重孩子的主体性，因为要来学校学习新知识，学生需要跨过一些障碍才能来到教师的身边。教师不能只按自己的方式来教，却不管学生是否已经跨过了这些障碍，而是要帮助他们寻找有效的方式，才能顺利走过来，将他们"引入"（to lead into）到这个增强意识、提高责任感和理解力并茁壮成长的世界中。因此，具有交往智慧的教师不是将智慧都用于怎样死死地控制住整个课堂，而是想方设法用巧妙的手段去引领学生主动地参与交往，引领学生更有效地主动学习。比如，对于最一般的 IRE 师生交往结构（即在课堂教学中教师提问、学生问答、教师评价这样的师生交往结构），具有交往智慧的教师通常能将这个死板、单一的"提问—应答—评价"的过程变得丰富、有趣、具有感染力。提问并不是教师的特权，有的教师会鼓励学生提出问题或者用能够促进学生自主思考的方式提出；多数教师提出的问题需要学生真正进行交流之后做出回答，以此来引导学生对问题进行深入的思考；有的教师在对学生的回答进行评价的时候，会使用语言之外的肯定方式，比如与学生握手，激发学生的积极性；也有的教师在一个学生发言之后，让其他学生来进行评价，使学生更多地参与到课堂中来。在课堂交往中，教师所起到的引领作用，也可以体现在学生交往能力的水平高低方面，促进低水平学生努力提高自己的能力，鼓励高水平学生继续保持。因为学生是发展中的个体，在经验、意志上等发展尚未成熟，在自主交往中会陷入无序状态或无意识交往，大多数的学生会发生偏离话题、脱离学习目标的交往行为。如果这时没有教师的引导，就是无效的交往。其次，学生要积极主动地回应教师的提问，并且勇于提出自己的疑问，与同学相互交流，教师要引导他们对观点做出适当的评价等，以培养他们与人交流的能力。

（2）学生做交往中的主人。在课堂交往中，学生应当不受他人的控制和牵制，而成为交往的主人、课堂的主人，发挥自身的主体作用。因此，要求学生乐于交往，主动交往，也要善于交往。为此，教师不仅需要培养学生的交往习惯和交往兴趣，也要培养他们的交往能力。

课堂上的交往活动，不仅仅是有趣的，更重要的是，能够提高学生的学习效率。学生在交往中，不仅能够得到交往的乐趣，还能够获得学习成功带来的喜悦。这样，学生就会对交往充满兴趣，主动参与交往，并逐渐养成交往的习惯。

学生在交往中需要养成好的交往习惯，包括尊重他人，具体表现为在他人发言的时候认真倾听，观察他人说话时的神情、动作，对他人的观点给予理解。遇到意见不合之处，要学会合作、协商，而不能轻易否定，大声喊叫，甚至采用言语或肢体的攻击行为。

兴趣和习惯之外，交往能力对于学生的成功发挥着重要作用。交往能力涵盖多方面内容，从认知到表达再到倾听，涉及面极为广泛。学生自我的认识能力是交往能力培养的重点，是对交往主体所具有的权力和承担的责任的认知。比如，学生需要意识到，小组中的每一个成员，都拥有自由地表达个人意见的权力，也承担着为小组取得的成绩和进步尽到自己力量的责任。交往表达能力包括对自身观点的清晰表达，对他人所传达的信息的理解和接纳，以及对交往中所获得的各类信息进行处理和重新组合，以使信息得到碰撞和融合。这些能力需要在交往过程中进行训练和提高。交往的调节能力既包括对交往的方法和目标进行调节的能力，也包括对交往主体的角色进行调节的能力。传统教学方法中，教师在课堂中先设定了交往的目标、方法和学生所承担的角色，但是为了充分发挥学生在课堂中的主体性，学生可以根据自身情况和学习任务，对教师所设定的交往方法和目标进行调整。学生有时能够提出比教师所设定的更为有效而新颖的交往方式。

2. 课堂交往生活的重建

学校所进行的教学活动，主要是通过课堂教学来进行的，学生大部分的生活和学习都以课堂为场所。因此，课上学习活动的开展、学习任务的分配、学习质量的保证、学习方式的选择，都可以促进学生自身的能动性的发展。重建课堂交往生活，有利于学生享受交往的过程，也能够使学生获得更为完整、丰富以及真实的生命体验。

（1）课堂回归学生生活世界。对"生活世界"可以理解为生活世界是一个非课题性的、奠基性的、直观的、人的生命存在的综合性世界，是人正经历着的世界，是由人构成的关系世界，也是一个人在其中的实体世界。发挥学生的主观能动性，必须将学生的主体性与实际学习生活联系起来，学生的主体性可以依靠学习生活展现出来，同时使得学习生活丰富多彩，而非死板僵硬的、阻碍学生自由发展的牢笼，使课堂交往活动成为学生用以体现和组建生活世界的体系，让学生能够从中获得生命体验。教学过程可以比作是错综复杂的人生"灌木丛"中用以开辟道路防止迷失方向的开山斧，以智慧和科学为其锋刃。但是如果教学完全脱离了现实生活，使复杂的现实简单化了，也就相当于剥夺了学生在"灌木丛"中寻找出路的体验，会损害学生的主体性，不利于人生价值的实现。一篇课文为学生提供了一种生活情景，但现实的生活情景是无比丰富的。如果教学活动仅围绕课文中所提供的单一的场景，就是将实际生活简单化。空洞、虚假的制度化交往，将丰富的多维度的现实世界简化成了单一的认知中的时间，变成了符号的世界，而脱离了学生的生活世界和生活经验，将学生困于其中如同笼中之鸟。当他们在面临真实的生活世界的时候，就往往会不知所措。

（2）课堂交往活动的多样与整合。将学生被动、教师作为"法官"或"裁判者"角色的师生交往转向学生主动、教师引导的师生交往与生生交往的统一以及师生交往和生生交往具体类型的多样化决定了课堂交往活动具有多样性。人对于其所读出的内容能有 10% 的记忆，对所听到的内容能有 20% 的记忆，对所看到的内容能有 30% 的记忆。如果人对同一内容既看到且听到，就能够掌握 50%。对于自己说出的内容，人们可以达到 70% 的记忆，而对于不仅说而且做过的，掌握度甚至能够达到 90%。因此，将不同的交往方式结合起来，对学生学习效率的提高具有显著的作用。另外，不同的交往环境反映到主体身上，就会展现出主体的独特性，主体的独特性就是指个体在交往模式中收获的感情体验与认知，形成的态度和价值观也会各有侧重。有的交往方式主要作用于人的认知能力，有的交往方式则偏重于交流和表达的技巧。学生需要通过不同的交往活动，才能够得到完满的生命体验。传统课堂的交往由教师的问题、学生的答案和对教师的评价等方面组成一个有机的整体。但是多样化的课堂交往活动要求重视各种形式的交往，包括对话、汇报、讨论、评价、合作探究、学生的表演以及分角色阅读等，而不仅采用单一的交往活动。结合实际需要和学习目标，将多种交往活动整合起来，才能使交往活动发挥出最大的效果，使交往生活更为完整。比如，可以有学生讨论后汇报、汇报与评价相结合，以及师生共同评价、师生合作表演等形式。

（3）丰富交往学习内容。当前的课堂上，交往学习内容基本上仅限于教材中的内容，而交往之所以不同于简单的互动行为还在于交往主体中存在一层"心灵沟通"的精神交往含义，交往学习是指学习者以他人为对象并以与他人的对话和互动为主要形式的学习类型。因此学习者不仅可以从教材中学习到交往的内容，还可以从其他学生个体的知识背景、学生群体的文化背景以及教师的知识背景中获得好处。教师在交往中所展现出来的举止神态、语言使用、肢体语言、表达模式和思维方式等，都会成为交往信息，传递给学生，并对学生产生影响。这些信息、知识背景以及文化背景，是课堂交往中的隐性课程，从而影响着课堂交往的进行。当这些内容相互冲突，无法协调时，课堂交往就不能够顺利地进行下去；当这些内容产生了碰撞，却可以相互磨合，走向统一时，则对课堂有效交往的建构有相当大的积极作用。因此，教师在教学中应当发挥协调的作用，使隐性的课程能够对教学内容起到补充和辅助的正面作用。此外，为了塑造学生的完整人格，发展学生的主体性，还需将情感的社会性内容与认知性的内容统一起来，使学生在课堂上不仅仅可以交流知识，还可以沟通情感，获得社会性的发展。所以，设置情境性的交往学习内容，可以起到理想的丰富交往学习内容的效果，比如设置操作情境、故事情境、问题情境等。学生在情境中角色各自分担又相互联系，将学生的认知性内容、情感和社会性内容统一于一体，同时又有利于交往过程中生成新的资源。

（4）丰富教学交往的组织形式。教学交往多样化的形式，有利于教学质量的提高。在任何一种教学模式中，为了学生发展主体性，教师应当在各种教学模式中都重视教学交往中的交流意识和合作意识。

在课堂授课的教学组织形式中，教师面对的是学生全体，这样，学生能够较为轻易地理解教师，但是教师却对每一个学生缺乏理解。这样的交往方式是单一化的，低质量的。而且，在这样的课堂上也缺乏学生之间的交流，因此学生之间的人际认同就难以形成，这对于学生的自身发展会有不利的影响。由此可以看出，传统的班级授课的教学组织形式缺乏师生之间的对话，对于教师把握学生的心理和生活世界是不利的，也对于学生交往能力的提高产生限制。因此，需要采取更加灵活多样的交往方式。

在小组教学或者小组交往教学中，对于大班教学的劣势可以起到一定的弥补作用。大班教学中，只有教师单方面的表达，或者师生之间的问答，而小组教学中，多了学生之间的沟通对话，交流方式由单向变为多向。小组合作学习的方式增加了学生与教师和学生与学生之间进行交流的机会，有助于学生创造力的发挥和思维能力的培养。这种方式还给了学生在学习中更多的主动权，在小组中，他们有更多的自我展现的机会，而学生进行自我评价或者接受别人的评价，能够提高学生的学习能力，有利于培养学生的自我反思能力。并且，在小组合作中，学生还能够培养合作、互助的精神。

而对话教学的方式，在课堂上营造了师生之间地位平等、相互信任、相互尊重的良好氛围，可以经过双向的交流，来实现师生的共享、共识和共进。师生"点对点"的相互交流中，不仅可以实现知识层面上的交流，而且能够完成思想上的交流。这一方式体现了对学生人性的尊重，有助于帮助学生树立起良好的人生观和价值观，使其成长为具有社会性和用理性思维的人。

3. "学习与生活共同体"的构建

所谓的"学习与生活共同体"，是由教师和全体学生共同组成的团体，团体致力于团体中每一个成员的发展，而仅凭教师一人之力，是难以实现这一目标的。这一共同体，以教师和学生之间的交往、学生和学生之间的交往，两者共同构成其内部机制，在交往中，共同体得以形成。这一共同体的形成，使得共同体内部成员具有更强的凝聚力，因此成员之间进行的交往活动也就可以更加有效，而每个成员的主体性也能充分地发挥。

真正意义上的"学习与生活共同体"是"生存共同体"（Existential Gemeinschaft），即一种真正的自由人的联合体，是保证个体自我实现的共同体，是符合每个人自由与内在的共同体，真正体现了成员与成员、成员与共同体之间的统一性。"学习与生活共同体"是个体实现其自由，发展其主体性的场所，而不会成为压制个人自由的牢笼。在共同体中的每一个成员将从集体的力量中获益，从而变得更加自信，也将对共同学习这一方式更加关注。

基于对"学习与生活共同体"本质的认识，在组建此综合体系的过程中，要时刻关注以下两个原则：①重视每个学生的主体性和能动性；②重视培养学生的社会责任感。这两个原则的贯彻，有利于共同体整体的发展，也有利于共同体中成员独立个性的发展和自主学习能力的培养。

（1）个体间相互依赖、相互促进原则。这一原则指的是在共同体中，个人与个人之间的相互密切程度，我与人人，人人与我的理念，很好地诠释了这种关系。所以，以达到教学目标为中心，教师致力于建立与学生之间和谐融洽的共同体大环境，在课堂教学活动中，培养学生的合作技能，使学生发展出合作精神。具体有以下四点的要求。

①目标相互依赖。教师为学习小组设定一个或若干个共同目标，小组的全体成员共同努力去实现目标。

②资料相互依赖。完成某项任务所需要的资料分散于各个小组成员手中，完成任务需要每个小组成员都分享自己拥有的资料。

③角色相互依赖。为完成任务，各小组成员需要扮演不同的角色，承担不同的责任。不同角色之间存在着联系，可以轮换。

④奖赏相互依赖。奖赏相互依赖指的是在学习小组中，小组成绩为全体组员所共享。一个或几个小组成员表现优异，整个小组都能获得奖赏。

（2）增强个人权利和责任感原则。主体性是个体的本质特征，这一性质也是共同体的共性，通过日常的交往与学习，共同体享有同样的权利，也负有同样的责任，需要共同参与共同体的所有事务和活动。共同体的主体之间进行对话、交流与合作，能够相互促进，充分体现和发展自身的主体性。这些权利和责任主要有以下五点。

①自由表达。自由表达是鼓励每个学生根据自己的意向和愿望，选择符

合个人兴趣和能力的活动，表达自己的想法；而不是让学生的话语权受到限制或盲目跟从他人的言行。

②自主探索。通过组织各种活动，激发学生的学习兴趣，在获得团体力量协助的同时主动探求知识，培养他们自主学习和独立学习的能力。

③机会和权利均等。每个学生在课堂教学中应有提出设想、表达愿望、参与交往和共同研讨的均等机会，有发表独立见解及敢于向权威挑战的同等权利。

④尊重独特性和创造性。教师应充分尊重并鼓励大家尊重个体生命的独特性存在，允许学生根据自己的文化背景对"文本"进行不同的解读。

⑤共同生活。把课堂教学建立在教育主体之间平等交流、对话和合作的基础上，使学生能够正确认识自我和他人及个体和集体之间的关系，学会共同生活。

4. 课堂交往环境的优化

需要优化的课堂交往环境，不仅包括精神环境，还包括物理环境，通过对这两方面环境的优化，旨在创建一个利于学员个体成长的课堂环境，使每位学习者享受到平等待遇，赋予他们正常交往的权利，排除一些霸权或条约的限制，进而扩宽各位学生的社交范围，扩展其"学习语脉"。

（1）精神环境方面。

首先，建立主体间平等的交往关系。教师与学生的关系是心灵与心灵约会的关系，"心灵约会"的前提是理解与平等。教师与学生的地位虽然存在差异，但是这些差异都是在经验的丰富性与成熟性以及信息的宽广性等方面，所以这种"非对称性"或"补偿性"的交往并不等于不平等交往，当教师以平等的身份去聆听学生的提问和需求时，才能激励学生发挥参与交往的主观能动性。学生之间由于年纪相仿、思维方式及认知能力存在相似，因此很容易达成共识，各方面交流也不存在什么大的障碍，彼此之间的沟通较为平等与和谐，但就某些方面而言，也需对其进行一定的指导和限制。若在交流过程中，存在部分学生的"交流霸权"现象，就会影响整体的交流公平性。例如在课堂的小组讨论时，会存在个别成员不愿参与的情况，他们往往表现为思想游离、刻意搅局抑或是行为呆滞，全程拒绝参与讨论，而此类学员往往也是一些成绩较为不理想，平时较为调皮的学生，在学生群体中是受欢迎程度较低的存在，因此在小组课堂讨论时，也常常被动地被排斥在外。

如果这类学生既没有机会进入师生交往也不能参与生生交往，那他就没有学习主动性及各方面的进步与发展。

因此交往主体间要建立一种互主体性关系，即主体间性。互主体性关系说明双方共同享有某种和谐、某种一致，双方共同达到理解和沟通，双方之间不是主体—客体关系，也不是人—物关系，而是人与人之间的互相承认与理解的社会性关系。人与外部世界处于两种性质截然不同的关系中：①客观的、工具性的"我—它"关系；②伦理性的"我—你"关系。"我—你"关系是一种超越"我—它"世界中的对象性关系中的"相遇"。因此，要能充分发挥学生主体性并让学生自主地参与师生交往和生生交往的首要规定就是交往主体间要构建一种平等的"我—你"关系，实现人际关系上的学习语脉拓展。通过交往者的相互理解与对话，进行心灵的相互作用与沟通，并以此来共同学习、共同进步，为充分发挥学生的主体能动性创造精神家园。

其次，营造民主、和谐的教学气氛。教学气氛指的是全体成员在课堂的授课过程中，会产生的一种情绪状态。该气氛是在授课情况的烘托下，学员们根据课堂气氛走势，随之产生的一系列情绪变化，包括但不限于情绪波动、情感状况还有师生心绪，它映衬出了课堂教学时师生之间产生的真实的气氛，包括民主型和防卫型两种教学气氛，民主型整体非常积极向上，散发出和谐融洽、轻松愉悦的感觉。而后者充溢着权威、抗拒、紧张和沉闷。民主型课堂氛围对于调和师生之间、学员之间的感情交流和知识沟通都有着重要的意义，也能够增进双方的信任度和尊重度，使得双方都能更为独立、更为自由地交流和学习，彼此进步。

传统课堂教学生活就是在防卫型的教学气氛中使学生丧失了主体性，成为权威的顺从者。教师的授课风格不同，教学气氛的营造效果也就不一样。这二者之间，是存在着一种难以磨灭的联系的。若教师在和学生交流时一直和颜悦色，不给予他们过分的压力，也不对他们的做法指指点点，为他们营造出一个愉悦的课堂气氛，那么显而易见教学效果绝对会大幅提升。

再次，创建相互合作、支持的课堂文化。课堂文化是一种文化氛围，是师生在长时间相处的过程中，产生并表现出来的心理上的一种趋向一致性。该文化会对学员的三观、学习态度及其课堂表现等产生影响。课堂文化既是互相理解、互相争论还是互相沟通、互相扶持的一个过程，决定了学员在课堂上是孤立无援、各干各的，还是一起交流、共同进步。一起交流、共同进步的课堂文化，也能够在某种程度上扩展学员的学习语脉，营造一种互相影响、互相进步的学习氛围。

课堂交往有效的首要前提之一就是这个课堂群体是否有相互合作、支持的课堂文化与学习气氛，而这样的课堂文化与学习气氛不是一下就能形成，而是在学生们的长期生活学习中养成，所以教师要在最开始就想方设法在各种情境中对学生进行熏陶和锻炼，鼓动起每一个学生的积极性，让他们坚信自己是这个集体的主人，任何时候都要以主人的身份参与到这个集体的生活学习中，彼此相互信任、相互支持，才能使整个集体都获得进步。

最后，营建多元化的评价文化。第一，要综合各方面的因素进行评估，当全新教学理念得到全方位普及，只用测验分数作为评价指标的传统的教学模式，显然要被时代所淘汰。所以，如果要让内容和方式等评价要素相互作用，就要时刻关注两者的动态平衡。检测学员是否达到测试要求时，要整体进行评价，既注重对学员分数的考量，又要关注评价内容设置的合理性。还要注重学生的创新素质、动手能力、情绪稳定性和学习方法等。第二，要对参与要素的多样性有充分的了解。学校设定教学目标的同时，教师予以实施，呈现单方面的决定形式，这就是传统的教学模式，这种模式下，学生作为被评价者，不管是在自身的成长中，还是在教师的引导下吸收知识，都是缺乏主动性的，只是教师实施教学计划的对象，没有个人实质性的发展。然而主体多元化的形成，要求学生和教师之间培养一种互动式的情感交流，这在很大程度上提升了双方的主动性。在实施过程中，务必要保障学生参与评价的权利得到落实，这也是双向评价能够实现的关键步骤，也是提升课堂活跃性的主要方式，学生对教学评价的内容涉及个人和教师主体双方。第一点就是培养学生的反思能力，不仅能第一时间找到自身的问题，及时纠正学习目标，还能适时地调整自身由于他评和自评的差距而导致的不合理的心理状态，以防不恰当的情绪产生和蔓延。第二点，学生对教师做出评价，可以让教师更加重视学生，在课堂教学时能够更为积极主动地和学生交流，和学生沟通，提升课堂教学的质量，也能更进一步地提升学生的成绩。不断完善学生评价教师这一体系，不光能体现对于学生主体的尊重，还能够提升课堂教学的质量，促进课堂教学的创新。改善教师和学生的思维方式，是革新评价体系的关键一步，重点是将被动的个人评价转变成主动的个人评价，借此提高师生的参与度和主体性。而对于教师来说，这一改革不光能提升课堂教学质量，促进课堂教学创新，还能更深层次地激发学生的参与度和积极性，使得师生的主体性都得到更好的发挥。

（2）物理环境方面。对课堂交往物理环境的优化包括有利于课堂交往开展的自然条件、各种教学设施以及提供的时间和空间等因素。针对现实教学问题而言，首先就是要保证学生课堂交往的足够时间，让他们有自我决定、自我发挥的机会。其次就是课堂交往的空间限制，这主要由现有的教学组织形式决定。我国课堂教学目前主要还是"秧田型"组织，"分组型"或其他有利于多向交往的空间组织还很少，"秧田型"组织在一定程度上阻碍了整体课堂交往。按照小团体交往组织理论，可以将交往组织分为：链型、Y型、轮型、环型和全渠道型。在环型和全渠道型交往组织中，教师与学生之间、学生与学生之间的交往较多，一般适合于小组形式，在"秧田型"空间组织中很难较好地实现这种多向交往。因此，需要进一步开发有利于多向度交往的空间组织形式来使学生获得更多交往机会。

早在20世纪30年代，座位选择与学习者之间的关系就已经十分明确，在教室里座位靠前的学生，往往在学习上会过度依赖教师，当然也不乏一些比较热爱学习的学生被涵盖在里面，而座位靠后的学生，则往往比较调皮，也不太爱学习。"调皮"还有"不爱学习"的学生，在课堂上通常会被教师忽视，也没什么机会参与课堂交流，因此，要想在整体层面上提升学生的课堂参与度和主动性，教师就必须打破旧有的隔阂还有制度范例，使得学生之间还有师生之间，都能有更深层次的沟通和交流。

提供给个体主动交往的时间和空间，就是提供了充足的交往机会，使学生能够获得更为宽泛的学习语脉。

第二节　大学英语多维度互动教学模式探究

大学英语多维互动教学模式的实践过程是学习者、教师、教学任务、教学环境以及教学政策等多因素的动态协调和良性互动过程。教学因素之间的互动交融是大学英语多维互动教学模式的核心特征。

一、大学英语多维互动教学模式解析

大学英语多维互动教学模式基于严谨的教学实际，深层剖析了二语习得理论和教育学相关理论，联系教学模式的优效性、开放性、多样性、整体性等原则，概括出了一种新的大学英语教学模式，该模式是以中观层次为基础。大学英语多维互动教学模式的创立有多个目的，包括全面提升学生的英语创新能力和综合运用能力、彻底解决中国目前大学英语教学成效不突出的问题，培育能与中国对外开放和经济飞速发展相协调的配套人才等方面。在大学英语课程中，引入互动教学形式的现实意义，主要是由于目前存在的一系列问题，比如中国大学英语革新呼声依旧强烈，在教学方式的选取上，很多学者也各持己见，很多教师对于以"互动"教学模式为代表的教学模式认识不深、研究不透，因此使用混乱、没有针对性。

1. 大学英语多维互动教学模式有关概念

（1）教学的根本目标。大学英语多维互动教学是一套比较全面的新式英语教学模式，该模式与时下中国大学英语革新的趋势相适应，顺应英语教学的实际，把握科学的教学理论，旨在全面提升大学生英语综合运用能力，培养适合 21 世纪的综合型人才。该教学一方面需正视并解决大学英语学习中一直遗留的欠缺口语表达能力的问题。另一方面要求教师要时刻关注学生的综合能力的培养，不能让听力学习影响其他方面的英语学习，使学生的英语能力尤其是口语能力得到全方位的提升。大学英语教学的一个关键目标，在于全面提升学生的文化素养，提升其团队合作还有自主学习的能力，培养他们成为适应中国经济发展和国际社会交流的人才。该教学模式的教学目标和教

育部所提倡的大学英语教学改革目标完全一致。❶

（2）教学的根本思想。多方主体参与到英语学习中的崭新的教学模式，是因为模式以宽泛的教育学理论作为铺垫，把外文教学里的折中教学作为教学方法，将二语习得理论作为指导性的科学思想，并且与中国学生的学习特征和学习条件相结合。该模式的重心是学生，主导是教师，教学过程中全面调动双方方的积极性，对学生的个性还有学习语言的习惯予以充分的尊重，培育学生的集体协作能力、创新精神还有个性化素养。该模式的教学理念体现在培育学生的自主学习能力，扩展学生语言知识的输入渠道，使其在非课堂环境下能够自主预习，教师会在课堂上通过口语活动的形式来予以监督；让学生敢于开口，需要因材施教，不断激励，让他们战胜不敢说的恐惧，逐渐敢于并爱上开口说英语；逐步完善终结性和形成性评估相互配合的学习能力评价模式，提升多方主体的参与强度，鼓励教师和学生将英语运用好，并提升其热情度；让学生能够获取一种可持续的、跨越时空的语言能力，需要为其创设母语以外的语言学习氛围，拓宽语言学习的层面，真正地学到新语言。

（3）操作方法。在大学英语多维互动教学模式的应用过程中，需要按照一种既定的操作方式，结合实际问题、解决问题，通过教育学的理论引导和第二语言培养计划的实施，分析理论与行为的依存关系，进而做出一系列的研究方案还有实施计划，逐步把研究落实下去。该模式是把日常教学里发现的、切实需要解决的一些问题，作为研究的出发点，而非理论。教师需要全方位地投身于此研究，待研究结束后，还要针对该研究不断剖析、不断反思，不断完善和修正研究计划还有行动策略，针对操作发现的问题，结合教育制度和社会制度予以探究，不断改善教学现状，得以实现教学目标。

2.大学英语多维互动教学模式的特征

（1）整体性。大学英语课程在中国各大高校普遍开设，教学形式也随着教育水平的提高得到改善，尤其是多维互动的教学模式更是新颖别致。这种模式包含许多教学要素，各要素之间也是密切相关。这种模式进行具体操作

❶ 张蕾.大学英语教学多维互动教学模式研究[J].科教导刊（中旬刊）,2017(05):85-86.

时，为了达到设定的教学目标，并且兼顾实施手段的明确性，同时也为了使辅助措施与保障措施彼此协调，进而实现最终要达到的模式有序性和整体和谐性的效果，需要深入研究教师、学生以及课程三种基本要素在教学过程中所处的地位和所发挥的功能，当然也不能忽视其他要素在教学过程中的作用，譬如考虑安排教学的时间和空间，明确教学现有的物质资源，开展教学活动时的组织形式等。❶

（2）可操作性。英语学习重在实践性和可操作性，而这种多维互动教学正好满足要求。大学英语课程是将外国语言在中国进行传授，讲求的是理论与实践相结合。同样，构建多维互动教学模式时，既要有理论支撑又要与过程结合，充分了解了国内学生对外语的学习体验，和对国内外语言教学环境的综合评价，将资源与要素的结合进行全方位的考察。可操作性也在多种互动方式中有所体现：①教学原则方面的体现；②涉及口语交流和在线听力自学方面的体现；③学生学习能力的提高过程和完成过程的综合评价；④检验学生学习成果的考试制度。

（3）优效性。实施大学英语多方主体互动模式，该模式最重要的是其蕴含的内容，能够有助于学生进行有意义的体系建构。模式中所要求的互动，也即相互交流沟通，绝不是无理喧闹，而是使教学发挥应有的功效，并将这一功效作用于学习主体。首先，以教学讲究实效的原则为基础，大学英语多维互动学习，完美地体现了哲学中所讲的实践见真知的理论，在过程中把传统的语言学习规律与我国实际的语言教学水平相结合，形成了两者动态的平衡，学生既掌握了娴熟的语言知识，也使得互动模式的时效性充分体现出来。其次，各教学要素的互动过程，也是体现模式实用性的过程，实现了要素与教学过程的相互促进、相互协调。

3. 大学英语多维互动教学模式有关理论

（1）合作学习（Cooperative Learning）。20世纪90年代的时候，我国就引入了合作学习的理论，并经过多次的实践研究和理论探索，制定出了适合中国教育的合作学习教学理论。合作学习理论认为：合作学习具有非常明

---

❶ 张光敏. 大学英语多维互动教学模式探究 [J]. 新课程研究（中旬刊),2009(12):77-78.

确的目标导向，注重的是分组进行的教学活动，需要同伴之间的相互合作和相互配合，奖励的依据是小组的总成绩，并由教师进行认为的分配和教学过程的控制。现在，各种学习策略中都少不了合作学习理论的存在。合作学习理论，不但可以调动课堂教学的活跃气氛，而且对学生大范围地提高成绩也是很有帮助的，对学生的非认知能力的提高也具有重要意义。随着社会的发展和人们知识水平的不断提高，特别是在建构主义理论和网络技术的影响下，合作学习越来越受到人们的重视。

合作学习理论的核心是群体，并要根据学习者的实际需求来展开教学活动，这个过程中，要通过学生之间的相互合作来达成对自己的控制，从而完成学习目标。不过，想要将学生的竞争意识，转换成互帮互助意识为主的过程，也将是一个长期的、艰辛的发展历程。想要顺利完成这种转变，首先就需要教师对以下各种关系进行改善：①合作学习中教师和学生之间的关系；②学生和学生之间的关系；③教学涉及的内容、目的和手段之间的关系、多种多样的评价关系等。教师在合作学习中要起到对合作小组的组建和协调、对课程进行开发研究、引导学生运用各种教学资源、对学生的学习过程进行调控和管理、对学生的学习效果进行评价和培养学生的合作技能等多种积极的作用。在采用合作学习的方法时，教师也不能忽略学习内容本身的重要性，防止一味地强调合作却对学习内容不予关注的现象出现。因为合作学习需要达成教学过程、教学结果和教学效率的共赢。❶

合作学习的概念是相较于竞争学习以及个人学习来说的，对学生的自我发展、自我指导的意识都比较重视。在这个过程中，小组成员之间的互帮互助是确保小组获得成功的重要保障。这种保障需要小组成员确切了解到全部的资源，并促进组成员之间的合作和练习，并反过来作用于个体。小组进行合作学习时，小组成员就变成了学习主体和语言接受者。而为了有效地达成学习目标和完成学习任务，他们之间的相互配合和解释某一问题、表达自己的观点等都变得极为重要，而这种相互配合的过程，又能作用于其认知意识的发展。合作学习理论强调以学习者为中心，使其在与人的配合中不断发展自己的个性和特征。因此要求学生们在合作学习中学会相信教师和同学。而

❶ 田杨.大学英语多维互动教学模式行动探讨[J].课程教育研究,2015(23):134.

且教师不但要相信学生，并需要取得学生的信任，这也是建立良好的课堂氛围的重要前提。当然，小组或者班级中的学生之间也需要互相信任。相信别的同学也同样在努力完成学习任务并具有这个能力。在合作学习中，每一个成员会被安排不同的学习任务。然后再经过合作，使得自己的学习取得个人努力所不能比拟的成绩。这种学习分工可以有效地提高学生的合作意识。当然，学习分工也并非要求一成不变，而是要求具有变动性和流动性，并最终达到合为一体的效果。合作学习理论中也不能忽视培养学生的竞争意识。这是因为，学生想要达成较复杂的学习任务，就必然要跟其他同学进行合作，但为了其个人的发展又必然需要一定的竞争意识。所以说合作学习理论并不是说要完全撇开竞争，而是要将竞争融入合作中，充分体现其作用。

合作学习理论最基础的特征就是师生以及生生之间的互动和合作，并以小组的形式来进行教学的一种方式，其评价的标准并不是某一个学生的成绩，而是整个团队的总成绩，充分结合教学中的各方面影响因素，从而促进学生的整体学习效果。而且学习过程中还要对学生的竞争意识进行培养，且利用师生之间的合作和沟通来拉近彼此之间的距离，增强师生之间的情感联系。

（2）行为主义（Behaviourism）。行为主义学习理论是从"条件反射"的概念中引申而来的。"条件反射"是在一定的条件刺激下，对动物进行某种反射动作的反复强化，使其形成一种习惯性动作。从该理念入手，从语言的本质上去了解儿童的学习过程。儿童进行语言学习是对环境所做的一种反射性活动，而这种反射性活动是一种刺激和反应（Stimulus-Reaction）的关系。同时，S-R公式也很好地表明了行为的发生原理，所以说，对S-R之间的内在联系的研究，是目前心理学家研究的主要课题，可以掌握刺激和反应的相互推动，从而达成对行为进行预测和控制的目的。

经典条件反射实验是为了对人的反应行为和操作行为进行研究和探索，该实验主要是对环境事件，也就是刺激有机体行为，即反应之间的内在规律进行研究，所以实验的重点在于，不同的实验操作所引起行为有什么不同。人们的学习和行为其实都是一种操作性条件刺激下所产生的反应，从人们的外部行为推知出看不到的人们的内部行为活动。同时，人们的行为大都是由行为前事件（antecedent/preceding events）和行为后事件（consequent/following events）控制，形成操作条件反射（Respondent Conditioning），前后事件形成操作的环境。行为前事件促使行为的发生，行为后事件强化行为或弱化行为。

语言也是一种行为，人类的语言活动和动物的行为研究所得的原理是一样的。婴儿学习语言也体现出了动物条件反射的原理，即接收刺激产生反应，并对反应进行强化的一个过程。

语言是一种人类的行为而非思维现象，这种行为的强化，跟人类其他行为是一样的，是一个逐步形成的习惯。所以，人们的第一语言受外部环境的影响是最大的。在语言学上来说就是行为主义学习理论了，也就是说语言的学习过程其实就是一系列的操作过程，即做出一个操作，能获得一个结果，若得出的结果符合要求，便会重复该操作，这也就是强化的过程。语言的学习其实就是这种正向操作的积累，语言行为也正是这样循序渐进而形成的。行为主义学习理论在20世纪中期的时候，得到了广大学者的认可，并广泛运用于实践教学中，教学模式也逐步开始以句型操练为主，以此来促进学习者对目的语的掌握，并运用于实际交流和沟通中。

行为主义学习理论教学中，比较侧重句型操练实践。这是为了更好地督促学生，可以在刺激和反应中更加快速便捷地掌握好除母语以外的第二语言，并可以在适当的场合进行灵活运用。虽然很多的学者对此不屑一顾，认为过于注重句型操练反而使其真实性大打折扣，并认为语言教学中，进行的句型操练并无多少实际交流作用，但是这并不妨碍行为主义学习理论在外语教学界中所产生积极作用，并且将语言操练作为了一项重要的、高效的语言学习方法。这是因为在外语教学的过程中，特别是在起步阶段，学生们大多是采用这种反复操练的方法，来达成学习外语的目的。

（3）建构主义（Constructivism）。20世纪60年代发表了认知发展理论，这是在批判和发展传统教学以及反思行为主义和认知信息加工理论之上所提出来的，该理论表明：人在不同的阶段会有不同的认知，同时还首次提出了水平滞差的概念，这是指在一个特定的发展时期，儿童在不同的领域或活动中会存在水平的差别。这种理论以及意义学习理论、历史文化心理学理论和发现学习理论等，都是形成建构主义理论的重要理论前提。

构建主义理论的第一规则在1984年的时候提出，这一理论的出现直接导致西方国家出现了构建主义思想浪潮。人们学习知识的过程是学习者的一种主观构建，并非是一种被动活动。同时学习也体现了新旧知识的一个互动过程，而非只是由刺激引发反应的一种简单行为。学习者和外界的平衡关系，主要是通过顺应和同化两个手段来达成，体现了从平衡到不平衡再到新的平衡的良性循环，并在此过程中得到了丰富和发展。同化指的是学习者将新的知识进行吸取，并结合自己已有的知识体系，从而形成新的知识，也就是认知主体将外界刺激信息融合到自己已有的知识结构中的过程。顺应指的是学习者根据外部环境的变化，对已有的知识结构进行完善和重组，也就是说，认知主体受到外部刺激时，对已有的知识结构进行重组和改变的过程。也可以这样来理解，同化形成认知结构的量变，等量变达到一定程度，就会产生顺应，即质变的过程。平衡则是指认知主体本身的认知结构，和外部环境的一种均衡关系，不过这种平衡是一种理想化的状态。这是因为大多数的情况下，学习者和外界环境的关系是不平衡的。而这种不平衡的存在，才是促使学习者进步发展的重要因素。所以可以将学习过程看成是一个不断地同化、顺应、再同化、再顺应的循环过程。顺应要建立在同化的基础之上，知识体系的构建，需要同化和顺应的共同作用。所以，学习既要对新知识进行接收和记忆，同时还要进行合理的分析和判断，对知识进行有选择的接受，以此来构建自己的认知体系；这样不仅能获取到新的知识，还能对已有的知识进行完善和重组。构建主义对人类学习进行研究的重要起源，是它开始以人脑的构造来创建学习模式。

构建主义教学理论是要督促学生对知识形成一个主动的构建。其教学目标是建立在对理解的认知和进行有意义的构建。构建主义教学理论的运用，最主要的是改变了教师的角色。教师从以往的传授者，变为了现在学生进行主动构建的引导者和帮助者。知识是不可进行传递的，因此学生的积极主动性是完成知识构建的重要前提。这个过程中，教师的作用也不可忽视，主要表现在：①引导学生对学习产生浓厚的兴趣，督促学生形成自己的学习目标和动机；②在结合学生的新旧知识的联系上，设计合适的教学内容，让学生对新知识的理解更加容易和清晰。为了使得学生的构建更有意义，教师需要在已有条件的基础上，安排学生进行协作，并对学生的学习过程进行科学合理的指导。这使得教学过程不是同步完成的，而是体现了更加发散式的思维。学生可以通过多种多样的渠道来构建出同样的知识系统。

现在发展较完善的构建主义教学模式，主要包括了三类：第一是支架式教学，也可以称之为概念框架，这要求将学习任务进行细分，让学习者有一个图式的认知结构，并获得认知结构的不断壮大，最后完成质的提升；第二是抛锚式教学，是指以真实的问题和事件为前提进行教学，让学生融合一定的社会环境，并与他人协作及在他人的帮助下完成认知建构；第三是随机进入教学，是指学生对同一个教学内容的学习方法，并非要求一模一样，学生可以根据自己的实际情况，采取不同的学习方法和不同的学习手段来完成，并对同一知识拥有自己独特的见解和认知。该模式教学的运用，主要是根据场景的不同和时间、方式的不同，对同一知识进行随机的教学。

评价行为可以产生于行为主义和构建主义两种主义类型中。以目的不同来划分，构建主义多是发展层面的评价，行为主义的本质特征是选拔性；以内容的不同来划分，行为主义的评价主要侧重的是认知性，构建主义侧重的是类型化；以方式的不同来划分，行为主义侧重于量化，构建主义则以定性为主；以主体的不同来划分，行为主义的主体目标是教师，而构建主义评价对象却包括了教师、学生以及学习伙伴。

在构建体系中，学生是主体，学生参与到教学活动才是关键所在。学生吸收新知识，是搭建在传统知识体系和基础之上的。也就是说，人们对新事物的认知，在很大程度上受原有知识体系的影响。学习者获得新知识的主要途径，并不是经过教师的传授，而是要通过自身对知识经验进行解释，转换成自己的知识结构。从这个层面来说，学习过程也可以看成是学习者对外部环境刺激形成恰当反应的过程。任务型学习、模式化学习以及交流式学习是最基本的形式。

二、大学英语多维互动教学的模式研究

（一）问题及假设的内容

1. 研究问题的确定

一些具有可操作性的教学模式陆续被推出，英语寝室活动可以帮助很多大学生提高语言的运用能力；但是因为这项活动的成员，需要经过筛选才能参加，所以更多的学生因为不是大学寝室的成员而无法参加，也未能从中获得更多的帮助。随着英语寝室活动的参与成员越来越多，如果仅凭本课题组的研究教师，去对学生进行课外辅导，显然已经力不从心，无法完成如此大的工作量。并且通过前期的实践和摸索可以发现，英语寝室活动由于交际的情境大多局限于寝室内的生活，没有课程内容作为依托，有些学生已经对在寝室中进行英语口语训练失去了热情。[1]所以仅仅依靠学生的自觉性或是教师的督促，已不足以支撑英语寝室活动进行下去。所以，目前亟须解决的问题是，怎样寻找到一种能够将寝室英语活动长期坚持下去的有效办法，并在此基础上提高大学生对英语的综合运用能力，掌握使用英语进行交际的技巧。

经过对教育学理论的深入研究，对"二语习得理论"的借鉴和分析，并且总结了前期的一些经验，认为必须要在大学课堂上建立起多维的互动式的教学模式，将教师和学生的积极性充分调动起来，针对学生的实际情况，采用适当的教学手段，才能真正提高学生语言运用的实际能力。在已经进行的高校教育改革中，英语教学领域也积累了一些经验，取得了一些成效。

2. 假设的内容

深入分析、研究教育学的相关理论与二语习得理论，在此基础上做出了如下的假设。

（1）对传统的英语教学模式做出改变，将英语寝室活动与课堂的教学有机结合起来，在大学英语课堂上建立起一种交际化的，拥有更多互动性的英语教学模式，这样才能有效促进英语寝室活动的健康发展，令更多的大学生

---

[1] 郝可欣. 多维互动教学模式在大学英语教学中的应用研究 [J]. 重庆电力高等专科学校学报 ,2014,19(02):11–13.

从中受益，使之成为大学英语中互动教学模式的重要内容。

中国的语言环境主要以汉语为主，学生的英语学习主要在课堂上进行，所以教师在课堂上采用什么样的教学方法，营造出什么样的教学环境，对于提高学生学习英语的兴趣，是否能够收到预期的教学成效起着至关重要的作用。如何搞好课堂教学改革，构建充满生机和活力的大学英语课堂，是课程改革中的一个重要课题。

过去在大学英语教学中，主要采用的是传统的课堂教学模式，这种模式下，教师是教学活动的中心，发挥着最核心的作用。学生在课堂上只能处于被动的知识接受者的角色之中，发言的机会很少，整个课堂的气氛十分沉闷。授课过程中尽管教师有时也会向学生提出问题，但是因为学生的思维并不能时时跟上教师的节奏，回答问题的效果也差强人意。之所以会出现这种状况，原因在于大多数学生没有提前预习课程，课堂上面对教师讲授的内容，特别是一些新的词汇和知识点会感觉到非常陌生，教师不得不利用大量课堂时间，去详细讲解单词和课文。学生因为对课堂讲解的内容不熟悉，也不了解自己的知识盲点在何处，只能按照教师的讲解节奏忙于记笔记，整个学习的过程完全受到教师的控制，没有机会去将知识内化和进行实践。久而久之，学生愈发难以开口讲英语，因为他们怕口语不佳而受到他人的嘲笑。在这种情况下，教师再次被迫采用传统的教学模式，继续在课堂上进行"满堂灌"。但是传统的英语教学法又不受学生的欢迎，会更加令学生失去英语学习的兴趣，对提高自身的英语口语能力失去信心，也越发失去与教师进行互动的动力。这样就会使得大学英语教学处于一种恶性循环中，教学的成效难以显现。

鉴于以上情况，要想真正令高校英语教学改革取得成效，首先要想办法改变这种恶性循环的状态，人们可以借鉴企业管理的经验，利用流程再造理论，在大学英语课堂上，构建起多维互动的新型教学模式，重新构建起各个教学环节，营造出教师与学生积极互动的有利课堂氛围，在课堂上强调师生、生生间的交际，调动起课堂上的活跃气氛，引导学生主动参与教学活动，认真听取教师的讲授，独立进行思考，大胆地表达自己的观点，培养学生对英语学习的兴趣，提高他们自主学习的能力。

（2）构建起对学生的科学评价体系，这种体系中，应当将终结性的评估方法与形成性的评估方法结合在一起。教师应当进一步加强对教学过程的掌控，尽可能挖掘每个学生课外学习的潜力。只有将课堂上的学习与课外的口语训练有效结合，才能促进交际化教学模式的有效推进。

直接教学结果会直接影响到教学中的反馈作用，以形成性和诊断性的评估方式，对直接教学结果进行反馈，会对教师的教学活动以及学生的学习行为产生至关重要的影响。教学、学习、教学结果评估再到教学，会成为一个循环的过程，但是因为受到的影响不同，这种循环可能是良性的，也有可能是恶性的。自20世纪起，这种反思教学的观点开始出现，教育评估可以被分为三类：一是诊断性的评估；二是形成性的评估；三是终结性的评估。在教育活动中，诊断性评估针对的是教育活动正式展开之前；形成性评估对应的是教育活动的过程之中；终结性评估对应的是教育活动完成之后。其中形成性评估阶段是学生的知识、技能以及学习态度的形成过程，目的是评价并监控学生的学习情况，将评估的结果反馈给教师以及学生，然后根据收集到的各种评价信息，来对教学的内容以及手段做出调整。通过进行这种评价，教师能够在不同的学习环境中，对学生的学习情况进行监控，了解学生的学习表现，有针对性地对自己的教学计划做出调整，并且能引导学生对自己的学习进程做好记录和监控。如果能够有效使用形成性评估，教师就能获得明显的教学成效，而且学生也会从中受益。

在大学英语课堂未引进多维互动教学法之前，因为受到各种各样因素的影响，只能使用终结性的评估方式，来对在校学生使用英语的能力进行评估，也就是根据最终的考试成绩来对学生的学习能力做出评定。虽然终结性评估方式有着其自身的优势，主要表现在评估教学成果时会从整体的角度出发，而不会局限在单独的个体，能够帮助评估人员以及授课教师明确了解下一步的问题。但是这种教学方式也存在着明显的缺陷，例如，其评价主体太过单一，评估时更加关注结果，但对学生对知识的掌握程度并未给予应有的关注，评估的各种结果无法及时向各方进行反馈。从而在很大程度上忽视了体现学生学习过程的形成性评价，导致了教学活动完全围绕考试内容进行。使用这种评价方式，很难令学生的语言使用能力得到真正的提升，也无法培养他们独立思考和独立解决问题的能力，教师在教学的过程中，也很难发挥对学生学习过程的控制作用，难以真正营造出有效的交际型的课堂氛围，对于建立师生间的互动极为不利，从而影响到高校英语教学改革的整体进程。

（3）要想有效解决教学改革中遇到的各种问题，首先要建立起健全的交流制度，组织成员定时召开交流会议，这样才能有效统一教师的思想，转变教师队伍中存在的传统的教学思想。

实际上，教学模式的改革不仅仅是教学内容以及手段的简单转变，更重要的是教学理念的发展和转变。所以，要想取得大学英语教学改革的成功，必须要转变教师的传统教学观念，切实提高教师队伍的整体素质，这也关系着英语学科是否能够获得长远发展。

（二）研究计划的制定与实施

1. 研究计划的制定

第一，对过去三年大学英语教学，尤其是寝室英语活动的创新之处进行汇总，仔细研究二语习得和教育学的相关知识，将理论体系构建完善，完善主要包含两方面：①学生形成性和终结性评估相结合的学能评估系统、大学英语课堂教学环节；②将学生的部分工作完成，包括：确定课题组成员、遴选出英语寝室成员、设立教学实验组和对照组等。

第二，颁布相关规章和制度；将教师统一组织起来，对新的大学英语课堂教学规范进行认真学习和领悟，提升认知、规范思想、主动投身于大学英语创新。

第三，除了对照组班级之外的课堂，将其他班级的课堂教学流程，还有学生形成性和终结性相结合的学能评估系统，都统一替换成最新版。

第四，针对这一次的教学革新做出反思、总结和分析。

2. 研究计划的实施

贯彻课堂教学的七大规范，创新流程。以交际教学法理论和教育流程再造做指导，变革传统的、单调的"单词—课文—练习"的课堂教学模式，实施"口语展示/检查—课文导入—精讲多练—问题讨论—布置课外口语作业"的动态化、交际化课堂教学流程，同时将英文寝室活动和课堂教学相结合。拟定课堂教学的"七大规范"，制定新的教学流程责令教师严格遵守。

（1）"课堂教学与英语寝室互动"课堂教学流程。

第一，口语展示／检查。每堂课前 20～30 分钟，教师会随机选取 20 多位学生到讲台上，陈述上堂课教师留下的英语寝室口语任务，每一位学生展示的时间不超过 2 分钟。按照学生的发挥，教师需根据课堂教学"七大规范"现场评分。

给学生口语打分时，教师应将五方面列为参照标准：①音调高低；②表述是否合乎英文表达习惯；③内容是否饱满，逻辑是否清晰；④口齿清晰程度，语音、语调是否准确；⑤流利程度；语法是否准确，用词是否准确。学生在展示口语作业时，教师应专心"听"，既要记下学生比较好的表述点，也要记下在此过程中学生在用语、语法等方面的失误，并在学生展示完毕后予以归纳、分析。

第二，创设情境，导入课文。教师可以通过一系列方法来进行情境创设，以此来引入课堂内容，包括：①对有关的文化背景进行讲解，以提升学习的趣味性，刺激并扩展学生脑海里相关的图式，为课堂内容还有下一步沟通做好铺垫；②根据课文中的相关功能句式，借由口语练习引入知识；③通过相关问题的提出，刺激学生的学习自主性；④通过对学生的口语演示评价来引入知识。在知识引入的过程中，教师可以将其与口语训练相融合，让这一阶段更为引人入胜。

第三，课文讲解，精讲多练。教师在课堂上分析课文时，往往不需要一字一句地逐个翻译，也不需要诵读单词、领读课文或对照答案，因为在课下，很多学生已经耗费了时间和精力去预习了课文，而且还自学课文周边的主题，了解了课文内容，所以教师只需要着重剖析重难点，且通过不断的组织练习，来帮助学生巩固和掌握。

第四，问题讨论。对于课文中存在的重难点问题，教师可以有针对性地举一反三，借机举办相关活动让学生参与其中，使学生的知识能在教师、学生还有学习内容的彼此互动间得到巩固，使学生的思考辨析能力得到提升。

第五，布置课外口语作业。临近下课，教师须给同学们留下一部分口语练习作业。该作业内容应与课堂内容紧密相关，作业的形式可以循规蹈矩，也可变化多端，比如背诵、造句、对话、句型操练、讨论、辩论、复述课文等，某些作业还需要学生课下在寝室与舍友合作完成。

（2）落实课堂教学的"七大原则"。鉴于部分教师一时难以改变传统的教学方式，接受新鲜的教学方式，所以课堂教学"七大原则"应运而生，这一原则对课堂教学的环节和流程都做出了比较细致的规定，也为教学的实施提供了方便。其大致内容如下。

第一，每次上课，教师必须根据所教班级情况预留 20～30 分钟的时间检查学生口语。

第二，每次上课，教师必须依据各班级学生人数请 20～30 位同学上台做讲演（其中英语寝室成员占一半左右）。讲演形式可以多样化。

第三，在每位学生 1～2 分钟的口语展示完毕后，教师必须立即给出相应的分数。

第四，教师打分可采用 2 种计分制：10 分或 5 分制，和 A、B、C、D、F 等级制（每等包括 3 个级别，例如，A+、A、A-）。

第五，每次上课，教师必须随机抽取上台学生，但是上次成绩不佳者，本次优先再给予机会继续上台演讲。

第六，每次打分以声音是否洪亮为首要标准（提倡疯狂英语），然后再以语言的流利程度、准确程度、语音语调等为标准。

第七，每次上课，同时请英语寝室和非英语寝室的同学上台讲演，但优先考虑英语寝室的同学上台，有意识地引导学生，在他们中间形成非英语寝室对英语寝室的"羡慕效应"。

七大教学原则对教师课堂上全新教学流程的实行予以保障。教师把学生口语能力的提升作为终极目标，鼓励学生尽可能地在一切空闲时间多进行口语练习，调动学生对于口语练习的积极性和主动性，通过不断的练习，最终实现英语综合能力的真实性提升。同时，教师对于学生练习口语的要求必须严格一点，要求其态度端正，方法正确。教师在实际操作时，需随机在课堂上抽取大约二分之一的学生，到讲台上进行英语口语演讲，当场打分，且打分标准要严格，打分主要依据流利程度、准确度和音调大小。教师要态度鲜明，对于一贯表现优异的学生要不吝表扬，当场高分并予以鼓励，对于表现稍差的学生也要予以批评，低分刺激，使其能在课下更认真地练习，不断提高。

若遇到表现不好但还知错不改的学生，教师可以暂时忽略，因为一段时间过后，假若二分之一以上的学生都可以把口语说得很流畅，那部分知错不改的学生可能会因此动摇、焦虑，进而"知错就改"。

（三）研究反思与评价

1.研究主要目的

大学英语多维互动教学模式推行初期所实行的互动方式是关键，需要对其按时反思，例如，"七大原则""寝室和课堂的英语教学互动"的教学模式、"按时组织课题组交流会议制度"等。对下列问题也需同步审查。

（1）大学英语教师对课堂教学七大原则的实施情况。

（2）大学英语多维互动教学模式对提高学生英语听说能力和读写水平的作用。

（3）学生在大学英语多维互动教学模式中的英语口语自主学习时间。

（4）"英语寝室"与"非英语寝室"成员在对以上问题的描述上是否具有显著性差异。

2.研究主要方法

（1）课堂观察与访谈。在全新课堂教学模式推行的初始阶段，授课教师能够在第一时间见证全新模式对学生、英语教学带来的种种影响。几十名学生和教师，可以组织一些课间闲聊和小组交流会等，对全新的课堂模式的推行状况展开沟通和交流，通过一些切实的感受对新模式初期推行的状况提出问题、发表见解。

研究人员要切实深入大学英语课堂，对全新教学模式的推行状况展开观察，展开记录，对教师课堂上"七大原则"的贯彻情况进行记录，还要注意了解英语课堂气氛的其他影响要素。上述操作都可作为一手资料，更好地对新模式进行评估和反思。

教师评价和反思全新教学模式时，可以采用课题组会议交流的方式。交流频率可定为：碰头会每周一次、座谈会每月一次，教师互相沟通，知无不言、言无不尽、互相学习，进而更好地提升教学质量。

（2）问卷调查。教师针对大学英语多维互动教学模式初期的实施效果等问题进行了问卷调查。该次调查的样本分为英语寝室成员和非英语寝室成员两组，调查内容分为五项：①对全新教学模式下学生的英语读写能力进行考察；②对教师课堂教学的满意度进行考察；③针对大学英语教师对"寝室和课堂的英语互动"教学模式还有教学的"七大原则"的落实状况进行考察；④对新模式下学生对英语口语学习的自主性进行调查；⑤对新模式下学生的英语听说能力的提升状况进行调查。

通过运用合计选择率的统计方法，先要对两组样本在一至五的调查内容上予以分类统计，运用两组样本对上述调查内容进行剖析。之后，按照各选项的程度分别赋值（A=5、B=4、C=3、D=2、E=1），使用SPSS进行卡方检验，考察"英语寝室"与"非英语寝室"成员在对上述问题的描述上是否存在显著性差异。

3.研究结果分析

（1）教师在课堂教学新模式推行初期就对"七大原则"切实落实。根据调查，在实施大学英语多维互动教学模式的初始阶段，"英语寝室和课堂教学互动模式"这一措施的落实状况良好。

（2）对于新模式下学生的英语口语水平提升状况调查。在对新的课堂教学模式的效果调查中，研究结果表示新课堂授课模式对于学生口语提升有帮助作用的占半数以上。同时，认为新模式对于学生口语的提升没有作用的只有少数。

（3）对于新模式下学生的读写能力提升状况的调查。根据学生的反映，英语寝室和课堂教学互动的课堂模式对于口语能力的提升明显要高于对于读写能力的提升。

（4）"英语寝室"和"非英语寝室"成员对以上问题描述上的比较分析。"英语寝室"和"非英语寝室"成员在上述问题的表述上各有差异。关于确定性回复的占比，"英语寝室"成员从平均来说是高于"非英语寝室"成员的。但关于二者之间的显著性差异存在与否，还需做更深层次的数理分析才能知晓。将上述数据运用SPSS进行卡方检验，检验可知，只有在一个问题上（英语听说能力是否会因英语寝室活动的开展而有所提升）两组数据存在显著性差异，其余四项问题，经检验均不存在显著性差异。

4.研究实施效果讨论

（1）调查关于新模式下"英语寝室和课堂教学互动"的推行效果。建立"英语寝室和课堂教学互动"的课堂教学模式，目的在改良旧有课堂教学模式，提高课下学生自学的主动性，将以往学生被动地接收知识改为通过课下多彩的信息资源和方式，通过真实或模拟的沟通交互，更好地学习语言知识。将口语的课堂教学和课下练习相结合，旨在运用课堂教学激发学生课下练习口语、运用口语的热情。该举措作为大学英语多维互动教学模式的关键部分，对该研究的推行和革新具有不可或缺的作用。其成就主要体现在以下三点。

首先，提升了学生的课堂参与感，塑造了一种轻松愉悦的口语学习氛围，调动了课堂气氛。课堂教学模式更新以后，教师每堂课都要请二分之一以上的学生上台做口语演讲，将单向的学生听、教师讲、学生记、教师板书的沟通方式转变为双向的师生交流或学生之间的多向沟通交流活动。在该互动交流的过程中，学生要作为主体和中心，不再单一地被动接收信息，还要传递信息。教师也不再是单一的讲授者、传递者，还要是课堂活动的设计者、参与者和组织者，同时也是学生的指导者和推动者。新的教学模式带来的师生角色的转换，不但能调动并维持学生对于口语学习的热情和参与度，还能让课堂学习氛围更加舒适愉悦。

其次，新的教学模式，能够在学生语言学习的很多方面提供输入输出的条件，对学生口语能力的提升有着关键作用。在该模式中，教师并不仅仅只讲解课文本身，反而会举一反三，针对课堂学习时遇到的一切问题，引经据典，如此一来，学生对于语言输入的兴趣势必会提升。充分提升学生的课堂参与度，抓住一切机会让其进行口语展示，不但能最大限度地扩展其课上语言输出渠道，还能加宽其课下语言练习次数。最终能让学生的口语沟通能力大幅度提升。

最后，新模式能够帮助学生培养英语口语沟通的自信，让他们克服恐惧心理。由于不得不上台表演英文演讲，次数多了，恐惧心理也就一点点地被克服了，在讲英文时候的自信也就逐步树立起来了。很多教师都有下列直观的感受：课程开始时，很多学生由于缺乏或者没有英语口语演讲的经验，所以很紧张。但随着演讲次数的增多，随着时间的推移，很多学生在演讲时都能游刃有余，表达时也可以很流畅。

（2）学生形成性与终结性评估相结合的评价体系的实施成效。

学生形成性和终结性相结合的评估体系是通过一系列随堂测验方式，例如考试、自主听力测试还有双单元测试等，对学生的成绩、口语学习任务的完成情况还有日常学习态度进行评价，切实贯彻了以学生为中心的学生评价体系和教学理念。推行的收效大致归纳出如下三点。

首先，能帮助学生提升学习自主性。大学英语多维互动教学模式里，借由一些评价指标，比如学生的口语练习主动性、学生日常学习的动机等，帮助学生提升日常学习的积极性和主动性。学生在课下练习时，可以将自己对知识的思考和认识用日记和周记的方式记录下来，一步步把握适合自己的学习策略，进而从整体上掌握学习完成度，逐步实现终身学习，成为学习的主人。同时，通过运用多种评价方式，涵盖学生间的互相评价、教师对学生的评价等，让学生认识到他们当前关于理论知识，还有实际的技能水平和他们需要达到的目标之间的差距，借此让他们能第一时间转变学习方向和策略，缩小学习差距，用主动学习来取代原来的被动学习。

其次，能帮助学生提升学习自觉性，正视短板。如果不用考试，那大部分学生在学习时可能都不会认真去预习和复习。经常性的出一些小测试，并且第一时间给予必要的成绩反馈，能在一定程度上提升学生的学习积极性。大学英语多维互动教学模式中，通过一系列的随堂测验，比如自主听力测验、随机单词听写以及双单元测验等，让教师能第一时间发现并告知学生存在的问题，让学生能清楚地意识到自己在学习中的长处，还有自己的短板，认识到自己的优点，也发现自己的缺点，并在日后的学习过程中不断调整学习策略，不断提升学习效果。

最后，能够提高学生的学习自信心，提升学生的学习原动力。大学英语多维互动教学模式中，将学生的形成性评估重心放在了一些具体问题上，像是寒暑假作业测试、自主听力测试、双单元测试、入学考试等作业或测试成绩，借此让学生更深刻地认识到自身劣势并予以提升。因为通过上述评价，学生会更努力地去学习，去提高成绩，去提升原动力。通过日常测试，既能让学生发现自身进步，也能提升自身成就感，提升自信心，提升其对英语学习的热爱度，使其坚信：努力就能进步，不断努力就能成功。

（3）定期召开交流会议制度的实施效果。

首先，召开交流会议可以帮助教师统一思想、转变观念，进而巩固主动投身教育革新的决心。不同的教育观点，就会导致不同的教育行为。倘若教师对新模式的教学观念没有准确的认识，那他们就不会全身心地、主动地落实新的教育方式，其积极性和主动性也就无法充分发挥，新的教学模式也就不能很好创新并落实。换言之，倘若教师不主动转变教学观念，对于新模式只是被动推行，那么推行的效果肯定不尽如人意，也难以保证其推行的完成度。在推行大学英语多维互动教学模式的初始阶段，尤其是强行让教师按照"七大原则"授课时，鉴于部分老教师已经适应了旧有的教学方式，对全新课堂模式可能带来的问题和压力难免有所恐惧。此外，作为一种新的教学模式，大学英语多维互动教学模式的效果目前并未全部显现。一些教师也因为怕耽误正常的课堂进度，怕会干扰学生读写能力的提升，而对课堂上"口语检查"环节颇有微词。这也导致了部分教师对新模式的参与度比较低，所以要通过一系列措施来提升认识，更好地推行新模式，包括：定时组织课题组交流会议，深化了解教育学理论；全面剖析中国大学英语教学的现状，进而实现思想统一；意识到教育改革的急迫性。

其次，可以帮助教师及时认识到教学中遇到的问题，并第一时间予以沟通和解决。新的教学模式强调互动性，既要师生互动，也要生生互动，这对于课堂气氛的调动有着很重要的作用，能让课堂气氛更为轻松和活跃。新的教学模式也是一种探究性的授课模式，最大的特色在于将寝室英语和课堂英语相结合，彼此良性互动，提升学生口语学习的热情，提升其语言运用的能力。但是在新教学模式的推行过程中，也面对着许许多多的问题，比如：如何兼顾学生的听说能力和读写能力，提升"英语寝室成员"的"羡慕效应"，同时提升"非英语寝室成员"上课参与口语活动的热情，处理学生的口语"准确度"和"流畅性"之间的关系，用正确的方式来更正学生在口语活动时的失误等。还要按时组织小组碰头会和课题组会议，通过一些正式或非正式的沟通和交流，教师们知无不言、言无不尽、分享经验、分享一些有效的解决办法。通过一些栩栩如生的教学经验的分享，不但能让一些裹足不前的教师发现新模式的优势，还能让教师们更勇敢地实施新模式并在教学过程中进一步反思和完善。

最后，可以为教学革新提供第一手的真实且珍贵的资料：①通过组织课题组交流大会，动员全体教师讨论这一全新模式，认真聆听并记录，第一时间掌握最新动向，及时调整教学方案，做出符合时宜的对策；②作为项目主体的教研部，要对教师授课的反馈信息进行深度研究分析，进而更透彻地了解教师的授课情况，第一时间反思总结，调整策略，深层次推进项目进度，丰富各项目内容；③认真做好会议记录，将该教学模式推行的全部过程都详尽地记录下来，为教学革新保留第一手的准确的资料。

第三节 大学英语自主学习模式与能力培养路径

大学英语的改革，把自主学习当成是一种全新的教学理念，俨然已成为大学英语教学改革的主导思想。各大专院校为了贯彻改革精神，采用大学英语网络教学模式，鼓励学生外语学习要以自主性、个性化为主要方向。

一、自主学习模式与教学模式解析

（一）自主学习模式解析

1.麦考姆斯的自主学习模式

麦考姆斯（Mccombs）对挖掘如何有意识形成自主学习的意识、如何发展方面做出很大贡献，在麦考姆斯的论著中，非常详尽地解析了自身能力、自主概念、自我形象等。麦考姆斯认为人的自身能力、自我概念、自我形象这三种非常重要的成分对人的基础认知、情感反射、目的动机和最终的行为落脚点都有着一定的作用。在这过程中，明确地为自己设置目标出发点，及时体现把控能力，自我敏锐的判断力，评价反思自我的能力，显得尤为重要。

这是显而易见的，因为学生在具体的学习实践中，他的判断能力、结果反响、目标出发点、自我强化等过程都受到个体的自我评价的影响。自我主动意识的全过程可分为以下三个阶段。

（1）出发点设置阶段。在此阶段，就会涉及自己对自己的判断的加强，对学习终端等的预测的掌握情况要有所了解。

（2）实施阶段。学生在具体的学习实施阶段，需要依据自己设置的出发点阶段的预测，制定这一步的计划，筛选合适自己的策略，加强原有认知。

（3）行为落脚点阶段。这个行为落脚阶段的实施，要求学生拥有较强的自己控制自己的能力，自己了解自己，给予自己正确客观评价的能力。因此学生在这个阶段需要注意自己的言行，把握自己的情绪，监控自己学习的进展情况，从而来评价学习结果。

从麦考姆斯自我意识主动学习的论著上看，教师要想在学生自我主动学习方面有突破，教师要帮助学生建立起对自身的正确认识，而且要根据自己的具体情况来进行成套的、成体系的训练，从而达到所想效果。

2. 齐莫曼的自主学习模式

美国最著名的自我主动学习的创建者、自我主动学习派的引领者，齐莫曼早在 1989 年，就在吸收班杜拉的论点基础上提出了自主学习模式。齐莫曼的自主学习模式说的就是自己、实践、身边因素和自身调整。利用两年的实践，他对自我主动模式做了进一步的补充解释说明，提出了自我主动学习模式。

齐莫曼认为，自我主动学习，涉及到自己能力、实践能力、身边环境等要素的反映，它与平时的学习一样。换言之，自我主动学习的学生不仅要调节按照预测所做的学习过程，而且要根据身边要素的反馈和改变，重新调整顺序，形成主动监控、调节的目的。也就是说，采取一切能够运用的手段，对整个过程进行观察、调整。这个观察和调整的过程，可以形成更优良的学习环境。还应该在自我主动的过程中，不断地对思维变化、状态的改变进行准确把握，随时调整。

实施阶段主要涉及任务的比较分析和自我主动目的两个过程，任务的比较分析过程包含目标定位与具体措施两个内容。

另外，实践或意志控制阶段，这个部分主要包含两个过程：①自我注意过程；②自我精细改变。齐莫曼所说的自我注意是指对学习实践的某些具体方面、条件和进展进行跟踪。那么自主学习者常用的自我注意手段是记录，这种记录的特点是准确、及时、全面。但如果当注意这种手段并不能明确说明学习者偏离了方向时，加之个体还要自己对自己做实验，这个过程，就是通过系统变换学习的学习过程、攻略方法、外界因素等，来达到最终的学的目的。从而使自我把控的能力能够帮助到学习者，把更多的精力放到学习上，然而在这个过程要通过自己把控、集中思维、运用内心表象、运用任务策略等过程逐一来完成，达到所制定的目标。

齐莫曼所说的自我沉淀阶段主要包括自我判断和自我反省两种过程。其中，自我判断又包含两个阶段，其一是自我定义，是指学习者要对自己的学习预期与最后所得的结果是否一致进行分析，对学习的必要性做出判断；其二归结原因并分析，指对原因进行分析。那么自我反省也包括两种形式，其一是自我认可，其二是适应性、总结性反应。适应性是指学习者对自己学习结果的积极评价而做出的反应。学生在自我主动学习的过程，把获得自我认可感看得尤为重要；然而恰恰相反的是，一些学生在学习失败后对原有的学习能马上进行调整，目的是在以后的学习中能取得更大的成功，又如总结性反应，就是为了避免今后学习失败而产生懒惰心理来应付以后的学习任务。

3.巴特勒和温内的自主学习模式

巴特勒（Butler）和温内（Winne）提出了一个相对比较全面的、系统的学习体系。他所提出的自我主动学习体系，就是把信息多方面还原、加工在一起来解释学习的模式内所提出的是自主学习模式。学者们认为，一套成体系的自我主动学习的过程，应该包括四个步骤：任务定位阶段、预测目标阶段、方案制定实施阶段以及改良阶段。

（1）任务定位阶段。从任务定位这个阶段来看，学生利用自己掌握的知识、学习任务的特征和要求，来确定学习任务，以及完成这一任务所具备的条件，包括适合的和不适合的。

（2）预测目标阶段。在预测目标阶段，个体在这一阶段的主要任务是根据自己的标准，来对学习任务界定，制定学习目的、学习计划、选择学习策略。

一般来说，目标定向对学生选择的目标类型起着决定性的作用。重视学习目标的选择的学生会更加注重学习方法的应用。学生目标主要有掌握性目标和体现性目标两类，掌握性目标以理解和掌握学习内容为目的，体现性目标以向他人显示自己的能力为目的。

（3）方案制定实施阶段。在以上两个阶段的学习完成后，学生的自我主动学习就进入了下一个阶段——方案制定实施阶段。在这一阶段，学生会根据已拟定好的方案，对学习任务进行判定。在方案的执行过程中，学生通常会拟定的因素主要有范围内知识、任务类知识、对应方案知识和目标性信念四方面。其中，对知识的原有认识主要是对学习的具体情况进行观察和跟踪，为初步认知控制提供依据，是初步认知控制的基础；初步认知控制主要是根据监视的结果适时调整学习计划，有时也会适当调整学习目标和教学手段。

（4）改良阶段。依据内在和外在所有的信息反馈，实践性的结果往往需要借助外在因素返回到原有知识的认知当中，并对学习方案进行再选择、再监控的过程。学生可能会对任务各要素进行重新解释，进而对原有的学习目标做出调整。基于以上种种情况，可能会形成新的学习体系，目的是达到最终的学习效果。

（二）大学英语自主学习教学模式解析

1.PBL 教学模式解析

PBL 全称是 Problem-Based Learning，即基于问题的学习。这一教学模式倡导以问题解决为中心。

（1）PBL 教学模式的流程。PBL 教学模式中每个环节的顺序都是灵活、多变的。学生可以根据自己的学习情况适当调整顺序。具体来说，PBL 模式主要涉及以下六个教学流程：第一，创设情境，呈示问题。第二，划分学习小组。第三，分析问题。第四，收集并共享资源。第五，选择并陈述问题解决方案。第六，反思。

综上所述，在 PBL 的教学流程中两条重要线索贯穿始终：①解决问题的过程；②围绕问题能够解决而进行的更丰富的学习攻坚活动，以及由此引发的信息收集、整理和加工，最终达成新知识的重组。

（2）PBL设计和实施的注意事项。在PBL的设计和实施过程中，需要注意以下四点：首先，PBL是学生和教师共同的责任。其次，问题的"真实"角色是学生。再次，把学生置于结构不良的问题情境中。最后，评估要贯穿整个学习过程。

2.T–S教学模式解析

自主学习中的T–S（Teacher–Student）教学模式，又被称为指导教学模式，也就是教师对学生的教学模式。T–S教学模式使得教师的角色得以转变，就是从课堂上的主导地位转变为指导地位。T–S教学模式的主要目的是培养与提高学生对语言的应用和创造能力以及解决问题的能力。

（1）T–S教学模式的出发点。T–S教学模式的出发点是提高学生自主学习意识。

（2）T–S教学模式的基本前提。T–S教学模式的基本前提是正确认识教师的地位。

（3）T–S教学模式的本质。有效采取启发式教学是T–S教学模式的本质。

（4）T–S教学模式的关键。培养学生的自主创新能力是T–S教学模式的关键所在。

（5）T–S教学模式的动力。定期进行自我总结是T–S教学模式的一个重要方面。

（6）T–S教学模式的保障。激发或端正其学习动机。

3.S–S教学模式解析

自主学习中S–S又被称为协作学习模式，也就是学生与学生之间的教学模式。

（1）灵活分配协作学习小组。教师在分配学习小组的时候，为了便于小组成员之间进行交流，分组可以采取就近学生优先的原则。不过，在分组时也要注意混合搭配学习能力较好和学习能力相对较低的学生，因为学习能力较好的学生可得到更多输出练习的机会，而学习能力相对较低的学生能从其他同学那里获得更好的语言输入。

（2）协作学习小组的学习任务的分配。在 S-S 教学模式中，教师在布置学习任务时，可以实施任务型教学法。教师则可以根据学习内容设计各种任务，让学生通过完成这些任务进行学习，学生学会用英语讲故事，交流，发展学生综合运用英语的能力。

值得注意的是，教师在进行任务分配时应考虑趣味性的话题，调动学生兴趣。

二、培养大学英语自主学习的能力

（一）学生自主学习的重要性

社会快速发展，我国与世界各国交往也逐渐频繁，对能够熟练掌握一门外语并具备专业知识和技能的高级专业人才需求越来越多。一般情况下大学生把大量时间用在对本专业的学习上，学习英语的时间就不那么充裕了，所以学生英语自主学习能力的强弱，对于提高他们的英语成绩来说就显得尤为重要。中学阶段英语教学的应试目的比较强，教师只是把英语当作一门知识来教，学生把英语当作一门知识来学。到了大学阶段，英语的教与学的目标发生了变化，从对基础知识的学习转变到了对英语的综合运用，尤其是听说能力。学生在毕业走出校门后，要能够熟练准确地运用英语进行口头和书面的表达和交流，学生自主学习能力的提高，对适应当代社会发展也是有利的。以往以应试为目的的目标得以实现，这就督促英语教师的教学理念和教学方式一定要转变，在教学课堂充分发挥学生为主体的原则来培养学生的自主学习意识，以平等交流的方式来培养学生创新的能力。在教学活动中，时刻关注学生的学习情绪，陪同和协助学生度过心理上的过渡阶段，争取在最短的时间内调整自己的学习方式和目标，完成从对教师的依赖到自主学习的过渡。

非英语专业的学生，普遍大学英语课时比较少，尽管课堂上传授给学生很多英语知识，但学生对学好英语的方法还是没有完全掌握，英语学科学习自主性不强，无法适应步入社会对英语知识的需求。所以说，英语课堂不是单纯的传授英语知识，而是应以培养学习者自主学习的能力为目标。所以让学习者了解并掌握了英语学习的有效方法，学会了自我调节和自我管理才是最理想的教育。总的来说，就是应该以培养学生独立完成思考为总目标，帮助学生获得独立学习所具备的能力和技巧，最终培养学生学习的自主性。

在培养"自主创新""终身教育"为理念的背景下，培养学生的独立自主的学习能力已成为发展趋势。母语的学习都要经历一个漫长的学习过程，随着时代的变迁，原有的语言知识逐渐地也在变化，新的语言也在不断产生。目前大学英语课堂教学时间相对较短，任务较重，因此这对教师在短时间内来培养学生自主学习英语的能力的要求也提高了。学生自主学习能力的提高，有利于学生能单独地完成学习任务，对于学生的语言学习也大有益处。

（二）自主学习的影响因素

1. 大学英语教学的困境

（1）教学思想观念守旧。过去受"语言工具论""语言结构"以及应试教育形式的影响，教师把英语教学过程简单地理解为向学生传授知识，把教学活动的焦点放在课堂的"教"上，而对"学"的关注和研究较弱一些。而且在教学内容上更多局限在语言知识的掌握，过分强调语法。大学英语课堂教学侧重于对语法的分析和词义的辨析。很多人都以为掌握了语法和词汇，就掌握了语言。如此的英语教学只是停留在对英语语言知识的简单的讲解和传授上，这样教出来的学生对英语交流能力的掌握是欠缺的，比如在实际英语的环境中会有没听懂又或者不敢开口交流的情况，体现出来语言使用能力不足以及对语言文化的认识不够充分。在传统的英语课堂上，教师常以为只要对课本知识掌握了，学生在实际应用中就可以套用所学知识，就能学好英语了，然而实际情况通常并不是这样的，学习一种语言，只学会了一两个概念或简单的句型就以为学会了，这样是无法完成英语学习任务的。

应试教育的模式一直以来统治了整个学校的英语教学，学生的学习内容和教师的教学内容都是为应试服务的，所有人关心的焦点都是成绩和名次，学校关心的是考试通过率，能力与分数不成正比，成为普遍性问题。以往教学方面的研究偏重于教学法的研究，忽略学习方法的研究。从现代教育理论角度看，既要重视"教"的质量，也要考量"学"的效果。用学生的学来指导教师怎样教。

（2）传统教学中的弊端。以往的英语教学过程中，教学模式基本上是"黑板、教材、教师"的简单的教学模式，媒体技术的使用也不多。这种以教师为中心的课堂教学模式，以传授知识来打下良好的语言基础，侧重听说练习，对学生自主学习能力的培养相对较弱，对学生交流能力的培养没有足够的重视，课堂上教师以自身的讲解为主，学生参与的比较少。另外由于课堂上学生众多，通常是教师主要讲讲语法、英汉对照翻译，再讲讲课文之后进行写作练习。时间有限的情况下要教授口语是比较困难的，学生在课堂上听说训练的机会较少。在这种教学模式下，学生的能力得不到锻炼，导致了课堂教学的诸多问题和矛盾。当问题和矛盾得不到及时的解决，带来的后果更加严重。传统教学模式主要存在以下三方面问题。

首先，是目前的英语教学模式对学生的个性化和心理特点的认识不足，通常表现在学生的语言认知能力以及自身所拥有的知识经验对学习的影响。一般所说的认知能力是指个体由观察、感受、协调、分析、回忆经验或信息时所表现出来的特殊能力，这些因素对外语学习有至关重要的影响。有调查结果显示，经过知识和经验的获得和积累，人们的认知方式和能力也会发生微妙的变化，人的认知能力和认知方式的变化会影响他对外语学习的整体把握，所以说认识和了解学生之间的个体差异是很重要的。正因为忽视了学生智力水平的参差不齐、学生学习动机的模糊、不注意学习方式及文化背景等方面因素的影响，因材施教的原则并没有付诸教学实践，从而变成一句空话。教师在照顾不同类型的学生的同时（这些学生有的来自农村，有的来自大城市，加之他们的英语基础程度不同），又要兼顾英语基础知识薄弱的学生，所以就出现了教师无法从根本上解决学习基础相对好一些的学生对知识需求的问题，最后拉低了整体教学质量水平，甚至导致某些学生的学习兴趣淡薄。因为对于学习成绩较好的学生来说，教师授课的速度和进程过慢，讲解的内容一般都是自己已经会的，他们感到课堂枯燥无味，甚至有的学生从此厌学。所以教师在授课时，要因材施教，采用阶梯式教学，要给学生分层次，这样既能满足那些学习需求较高的学生，同时，又顾及那些学习需求较低的学生，慢慢地，这样根据学生来设计不同的教案，让每一位学生都能有所学，大大提高学生的学习兴趣，成绩的提升才能得到学生的认可。

其次，是学生学习过程中过于被动。以往的英语教学模式过于依赖教师和教材的作用，强调知识的"传授"的同时，轻视了学生的接受能力。这种教学方式使学生的想象力、创造力和学习的主动性得不到发挥。长此下去，学生习惯了这种灌输性的学习，却渐渐丧失主动学习的能力。而英语又是一门能力性很强的学科，它对语言的掌握往往依赖于学生掌握情况，教学效果在很大程度上取决于学生的主动参与。总的来说，这种以教师的"讲授"为中心的传统教学模式，对学生的学习和今后的发展是不利的。

最后，是课堂教学的方式过于简单。传统大学英语教学，课堂还是以教师加教材为主，单一的教学形式对学生感官产生的刺激作用往往也是弱小的，也就难以调动和激发课堂气氛和学生学习兴趣。再者由于语言学科的学习区别于其他学科学习，一门语言承载了一个国家和民族的文化，具有更丰富的内涵，因此形式单一的教学方法对语言的特点和实用情境的展现存在欠缺。传统英语教学多采用模式化、概念化的程序，因此学生的学习活动基本上以背诵为主，缺少高水平的语言思维活动和对文化内涵的汲取。缺乏对跨国知识的掌握情况，大大影响语言思维方式的转换。

另外重视成绩而忽视教学过程也是传统课堂教学中存在的一个弊端。很多教师只在意结果，却忽略了知识传授过程的重要性，大大限制了学生的思维的发展，而让学生去重点背诵现成的答案。教师只注重结果，这样会使学生掌握知识的情况大打折扣，教学效果不清晰，教学的质量被拉低。

2. 学生主体作用的忽视

教学活动中，往往教师占据主导作用，大部分课堂时间以教师的讲解为主，"填鸭式"的教学模式仍然是课堂上的常见手段，教师处于至高无上的领袖地位，而参与教学活动的学生少之又少，学生处于被动接受地位，被动地接受教师灌输的全部知识。长此以往的英语教学模式既淡化了学生的积极参与，也忽视了学生的积极参与的重要性，对学生自主学习能力的培养认识不足，致使学习的主动性和积极性没有被充分调动起来。近年来新课程体系标准的出台做出明确的指示和规划，要求建立平等和谐的新型师生关系，教学活动中师生的地位是平等的。因此对课堂教学来说，师生之间的交流和互动是平等对话，意味着平等参与，意味着相互建构，同时也是架设师生之间的桥梁和纽带。对学生来说，交往锻炼自己的能力，是个性的彰显、创造性的解放。对教师来讲，交往意味着师生之间共同收获劳动成果并分享快乐。交往还可以互换师生角色，教师由教学中的主导者转变成合作者，从传统课堂的传授者变成了学生发展的促进者。所以和谐、平等的师生关系的建立对知识传授者来说也是一项光荣而艰巨的任务。

3. 教学评价标准的多样化

一直以来，衡量教师能力和教学水平的方法就是学生的学习成绩，考试用一把尺子，评价用一种标准，这种对教师工作评价的方式，往往只看重评价结果，而忽视了过程。造成学生的创造力得不到发挥，使学生创造力成为应试教育的牺牲品。现代评价要求不仅要关注学生知识发展，而且要通过创新手段，激发学生的潜能，诸如与人交往的能力、适应环境的能力等，使学生全面发展。

4. 大学英语教学模式改革的必要性

21世纪是世界发展的时代，我国要与世界其他国家合作，寻求共同发展。这样，英语作为国际交流所必需的语言，已成为时代的发展对现代人基本的素质要求。毕业后的大学生，无论是继续深造还是就业，英语应用能力的差别导致了就业求学的结果有所不同，甚至成为影响他们择业的重要因素。所以现在大学生对英语水平的提高有着迫切的需求，然而目前大学英语教学中脱节现象的存在，使英语教学距离预期目标相差甚远。所以，教育专家一致认为我国现行的大学英语教学必须进行改革，以适应当今社会的快速发展对人才的需求，迎接创新型人才培养的一大挑战。

（1）改革所具备的条件。当下的大学英语教学改革已势在必行，时机已经逐渐成熟，大学英语教学改革的条件已经具备。

①国家及教育部门高度重视大学教育的改革问题。教育行政主管部门要求各高校领导及教务主管部门要充分重视此次教学改革，下定决心大力推进大学英语教学改革。英语教学水平也作为衡量大学整体水平高低的重点参考。目前，许多高校都已认识到英语的重要性，正在积极地寻找办法和途径以推

进大学英语的教学改革。

②大学生自身发展的需要。21世纪是全球化的社会，国际合作往来频繁，英语作为国际交流通用的语言，熟练准确地使用英语已成为时代的发展对现代人基本的素质要求。日趋严峻的就业形势，人才与用人单位的供求矛盾也日益突出，对人才的引进的门槛和要求越来越高。一些招聘企业对已通过四、六级英语考试的毕业生加试了口语，以检测求职者的英语实际应用能力。由此可见，大学毕业后无论是选择继续深造或是就业，英语能力水平直接影响着他们今后的发展。所以说。现在大学生对提高自身英语应用能力的要求日益迫切。社会的发展对学好英语的要求越来越高。

③教师的立场和观点。无论是英语学科的研究者，还是从事英语教育的专家们都对这次大学英语教学改革抱有较高的期望，站在课堂上参与教学的一线大学教师们也大多持赞成的态度。所以说这次教学改革对国家、社会及学校的教师和学生来说都大有益处的。

④我国教育信息化的大力发展，为推进网络教育提供了技术层面的支持。信息技术和教育信息化的发展促进了教学改革。近年来，国家大力推进教育信息化产业的调整和发展。教育电视台也在网络技术不断发展更新的基础上，进行了数字化的调整和改造。目前各高校的计算机的配备和校园网建设都已经得到了普及。这些举措为大学生英语学科的学习提供了物质方便，教学环境得到优化。为个别化学习创造了便利条件，学习兴趣得到了一定程度的激发，提高了学生语言运用能力和学习效果。大学英语教学在信息技术环境下的所具有的优势可以较好地弥补传统大学英语教学所带来的不足，创造了现代外语教学的全新局面和环境。目前的计算机技术已经发展到能够在互联网、局域网或单机上为学生提供听、说、读、写、译、互动交流等全方位个别化教学的高级阶段。推进了基于计算机和网络技术的英语教学的改革，在大学课堂已经具备了一定的条件。

（2）改革的意义及影响。培养大学生英语自主学习能力能满足《大学英语课程教学要求（试行）》的需要，满足大学英语课堂教学改革的需要，更是满足社会和学生自身发展的需要。

首先，满足《大学英语课程教学要求（试行）》的需要。培养自主学习能力，是当前大学英语教学改革的需要。在当前形势下，发展自主学习已经成为中国大学英语教学的重点。教学的基本要求和目标为培养学生自主学习能力服务，也是每个学习者为面对快速发展的社会所带来挑战所必须具备的基本能力。学生的自主学习是一种学习观和学习习惯，其本质是促进变化的学习，培养能够适应变化和知道如何学习的人。对于所有的教育情景和各类学习者都是适用的。自主学习是一种语言学习的习惯和方法，而不属于教学方法。会学习和主动独立进行学习作为当今时代的学习与教学理念，正是通过自主学习能力的培养等途径来实现的。为了促进中国高等教育发展，深化教学改革，提高教学质量，满足国家和社会对新时期合格人才的需求，大学英语的教学目标是培养学生的英语综合应用能力，特别是听说能力，使他们在今后工作和社会交往中能用英语有效地进行口头和书面的信息交流，同时增强其自主学习能力，提高综合文化素养，以适应我国社会发展和国际交流的需要。综上所述，学生实现目标的发展离不开自主学习能力的培养，也是新一轮教育课程改革的基本目标之一。此外，新的《课程要求》也非常重视大学英语教学模式从"以教师为中心"向"以学生为中心"的转换，即课堂教学从以"教师教授语言文化知识为中心"向"以学生掌握语言使用技巧和学习技巧为中心"转变。由此可见，新的《课程要求》对英语自主学习能力十分重视，所以可以得出结论即培养大学生英语自主学习能力可以达到《课程要求》的规定和要求。

其次，满足实际教学情况的需要。目前，大学英语课堂教学中还有很多不尽如人意的地方。例如"一言堂"模式，主要表现为"教师讲、学生听，教师问、学生答"，以及做大量的练习题。许多教师自己滔滔不绝地讲，学生只有默默地听课。再如，在课堂教学中，有时候会出现这样的现象：就是教师注重发挥学生的作用，而往往那些学习成绩较好的学生，他们接受能力较快，并且能提出一些比较新的见解和主张，教师却以为自己引导的好，学生接受的好，然后就跟着这些课堂上发挥好的学生思路"走"，而相对比较差的学生则丧失了发挥的机会。一般说学习成绩较好的学生较大胆，相对较差的学生不太主动。就算有几个学习成绩较好的学生在积极表演，也只是教师和成绩较好的学生在简单的互动，往往大多数学生在讲台下做安静的观众，面面相觑。学生的积极参与，绝不仅仅指特定的几个学生，而应该让课堂中的全部学生都参与进来。大部分学生的被动思维处于抑制状态，这就是一堂失败的课。而自主学习却不仅可以充分调动学生积极性，而且更可以使学生根据自己不同的学习基础，确定不同的目标、采用不同的方法，从而使大学英语教学更具针对性与实效性。学生确定目标后，能够帮助学生识别教师的教学目的和教学内容，充分调动他们学习的积极性、学习的主动性，积极配合教师最大限度地吸收输入，主动探索学习方法，挖掘更多的学习机会，摆脱对教师的依赖性，使学生积极参与到语言实践活动中来，不断提高学生知识和技能水平。培养大学生英语自主学习能力，还可以改变目前大学英语课堂教学中的懒惰式学习。懒惰式学习实际上就是一种被动的"教师讲，学生听"的学习状态，学生依赖心很强，自觉性较差，学习比较被动，学习方式单一。有很多学生甚至"出工不出力"，学习效率低。大学英语单靠教师课堂上传授知识是不行的，只有调动学生主动的积极性，培养学生的自学能力，才能适应社会发展的需要。由此可见，培养大学生英语自主学习能力是现代教育目标的需要，是大学课堂教学改革的需要。

最后，满足社会和学生自身发展的需要。当今社会正在经历一系列的重大变革。随着科学技术的深入发展，当今社会进入了信息全球化趋势日益明显的新纪元。教育必须适应社会的变革，并为其进一步深入发展而服务。面对飞速发展的全新科技，教育教学的模式也发生了巨大的变化。诸如电子教育、家庭教育、社区教育、网络教育等各种教育模式正在或即将满足不同人群各自的需要。在这个正在向科技化转变的时代，教育被赋予了更多的责任。为就业而教育，为生活而教育，为世界而教育，为自身发展而教育，为兴趣而教育……即使上述教育目的在 20 世纪就已被提出，它们仍然毫无疑问地成为当今教育的主要目的，尤其是为生活而教育、为世界而教育和为兴趣而教育。

交流、获取知识，培养创造性思维，终身教育，以及为更好的生活而教育，都将成为现代教育的基本内容。换句话说，在新的时代，人们能迅速地发现新知识，投入地享受学习的过程已经变得更加必须和重要。现代教育的发展逐渐要求人的能力的提高和全面素质的增强。新的科学技术的发展日新月异的今天，信息更新速度飞速发展，随时都有新的知识和技术产生并要求人们了解和掌握。学生在学校课堂上获得的知识不会受用一辈子。当代的世界是一个充满继续学习和挑战的社会，要想有所作为必须要终身接受教育、不断地进行自我的提升才能更好地适应飞速发展的社会。社会对教育的要求不仅是学生对知识和技能的掌握，还应注重对能够进行自主学习、独立思考的人才的培养。

自主学习能力的强弱对于学好外语具有非常重要的影响，更是一项使学习者能够持续学习和发展以适应新的社会需要所必需的重要技能。很多学生已经意识到，走出校门并能说明学习的终结，而是一个全新的更深层次学习的开始。也就意味着个体必须要对未来的学习具有不依赖于课堂和教师的独立性和自主性。也就是说，学习者如果要满足自身的发展的就必须要养成自主学习的学习习惯和能力。学生自身未来的成长和发展离不开自主学习，要适应快速发展而又复杂多变的社会，学习者必须接受终身学习。

（三）大学英语自主学习能力培养路径

1. 自主学习的动机与监督意识

（1）大学生英语学习的动机。

① 学习兴趣的培养。相关的调查结果显示出，大学生的英语水平参差不齐，对英语学科的学习兴趣与其他学科相比较弱一些，学习的目的性较强。可以说，大部分学生学习英语的终极目标就是为了通过等级考试，是为了得到那一纸证书，出于对交流的需要和应用能力的培养则考虑很少，另外因为自身对英语的学科的爱好和学习兴趣的占比更少。因此，学习兴趣的培养迫切需要增强。在具体教学过程中，人们可以采取活跃课堂气氛、增加语言实践和布置挑战性任务等方法来培养学生英语学习兴趣。

② 目标的规划。学习目标是学生对学习行为及结果的预期和规划。在学生自主学习过程中，学生要针对自身情况规划出明确而具体的学习目标，同时注意将近期目标与长远目标相结合。根据因人而异因材施教的原则，针对不同学校、不同学生提出三种不同要求，即"一般要求""较高要求"和"更高要求"。

结合自身的能力水平整理出的学习目标，才能做到目标与自己的实际能力保持在同一高度。有难度的目标，会使学生的学习感到压力重重，无法起到激励作用，还容易让学习者产生无力感、挫折感；没有难度的目标，容易实现，没有挑战性，即便目标达成，也不会有强烈的成就感，起不到强化作用。只有在自己能力范围之内，且具有适当难度的目标才具有激发动机的作用。

③学习成果检测。学习结果的检测具有反馈信息的作用，只有经过检测，教师才能了解学生的学习情况，检测也能让学生直观清晰地看到学习的进展情况如何，距离目标还有多远，从而使学习动机得到激发。及时对学习效果进行检测、及时强化学习动机对整个教学活动意义非凡。检测的方式有很多种，包括书面的和口头的。常见的考试方法可以作为必备的检测手段，书面的方法通过对试卷的作答，对学生的学习情况也能大致有个了解。也可以通过平时的课堂发言以及日常的交流达到检测的目的；一方面可以由学生自己进行，另一方面也可以由班级、学校等统一进行。检测结果良好的同时，给予学生适当的奖励也达到了强化的作用。通过对学生学习效果的检测和检测后的奖惩措施，从另一方面刺激学生自主学习英语的动机。

④鼓励学生积极参加活动。必须要鼓励学生积极地参加一些活动或者比赛，比如一些全国性的英语竞赛以及学校或其他机构举办的各种英语竞赛。一般来说，竞争激烈的比赛可以一定程度上激发学生的学习动机。在竞争过程中，每个人都存在力求超过他人的好胜心理，从而能够积极地克服困难，使自身的抗挫折能力得到增强，学习成绩因此得到明显提高。另外，不同类型的比赛侧重的方向和内容是有区别的，所以学生的学习动机也得到了不同程度的激发。

（2）自我监督的重要性。自主学习的成功进行，依赖于学习活动过程的自我监控。在实施了合理有效的自我监控的基础上，英语的自主学习才能顺利开展。有效的自我监控主要表现在三个方面：学习计划的制定；学习进程的自我监控；学习效果的自我评价。

①学习计划的制定。学习计划的制定是学习过程的一个重要方面，是学习过程中进行自我管理的有效方法。学习计划一般有长期和短期两种。以学期为单位的一般情况下指的是长期计划，短期计划则以星期为单位。长期计

划一般是学生结合现有知识水平按照本学期的学习内容而制定的，所以最先要确立目标。学习计划的制定，应按照具体、详细、切实可行的原则进行制定。以下六点是需要注意的。

a. 计划本身的内容应详细具体，包括学习活动的内容和时间，细化到每个环节和步骤，还要指出活动的方法；另外还要制订如何定期检测学习成效。

b. 学习目标要科学合理。学生应该根据教学内容，制定符合自身学习和记忆特点的学习目标，远离那些以应付考试为目的的学习计划，意识到当下的首要任务是提高自己的听力和口语水平，把大的目标分解成若干的小目标，逐步实现具备英语综合应用能力的目标。同时，拓宽知识广度、多了解世界文化，对于提高自己的综合素质大有益处。

c. 学习内容的安排适量，过多的学习量是不可取的。很多学生在刚开始制订计划时信心满满，每天安排了过多的学习内容，最后学习计划和任务没有按时完成。例如，有的学生计划每天背 50 个单词。假如这样记忆单词的速度实现的话，那么在一个学期内就可以完成《大学英语课程教学要求（试行）》中规定的词汇量的任务。但是实际上，这一点是很难实现的。

d. 学习时间要科学合理，有的学生安排英语的学习时间每周二十多个小时，也就是说每天平均三个小时的英语学习时间，如此的计划安排时间过长，难以坚持。

e. 学习策略要使用得当。部分学生在数小时之内只背单词，可能造成疲劳，学习效率无法满意；还有的学生练习听力时，只关注答案的正确与否，而不在意关键词句、重要数据和主题线索等，在听过一遍之后就认为结束了，如此简单的练习对英语听力的提高作用是有限的。

f. 监督和管理。不少学生制定的计划从内容的多少到时间的分配以及方法的选择都比较合理，可是由于缺乏必要的监督，自我约束力不足，无法坚持太久。第一，学生本人的决心要坚定，做好自我监督，逐步提高自我约束控制能力。第二，学习计划可以让身边亲友知道了解，请他们监督或协助学习计划的实施，从而逐渐养成良好的学习习惯，自我约束能力也会渐渐形成。

总而言之，一份详细的、操作性强的学习计划可以使整个学习过程有条不紊。所有学习活动的目标都明确，结构合理，时间安排有张有弛，并认真遵照执行。那整个学习的自我管理是很轻松的,学习效率也会大大提高。因此,学习计划的制订、执行以及实践与反思过程中,学生的自主学习能力和学习效率都有所提高,为以后的长远发展及终身教育打下良好的基础。

② 学习进程的自我监控。自我监督是指学生为了达到预定的目标,对自身正在进行的学习活动不断地进行积极自觉的计划、观察、评价、反馈、控制和调节的过程。有效的自我监控对学生保持良好的注意力、情绪和动机水平具有积极作用。帮助学生选择恰当的学习方法,并监督学习进程。良好而有效的自我监控,避免或减少了学习中的盲目性和冲动性,有助于学习效率的提高。一般情况下,在整个学习活动过程中都离不开自我监控。特别表现在计划的执行过程中,学生必须根据自身的实际进展情况,对最初制定的计划进行对照和反思,找到影响进展的因素,有针对性地修改,做阶段性的调整,以减少无用功,确保学习目标顺利完成。实践的同时要不断地反省,不断调整对自我的认识,并在以后的学习过程中利用以往的经验和吸取的教训,为自主学习的意识和能力的培养做好铺垫。

③ 学习效果的自我评价。学习者的自主学习能力和学习者的自我评价能力之间有着密切的联系,因为客观真实的自我评价不仅能促使学习者对他们自己的学习进行负责,还能使学习者清晰地认识到现有的水平和他们期望达到的水平之间的差距,从而对自身综合能力有更准确的判断,使其获得更大的学习动力。对英语学习效果的评价能力对英语自主学习有深刻的影响。第一,语言学科的课程只概括了该种语言的一小部分,教学目标不应当仅仅只是对语言知识的传授,能力的培养也是至关重要的,特别是自主学习能力。所以这就体现了学习者的自我评价及自我监控能力的重要性。具有良好的自我评价能力使学习者对学习责任更加敏感,更容易形成自主学习的习惯。第二,学生的自我评价减轻教师对学生的评价压力,前提是学生客观积极的自我评价。学生良好的自我评价可使教师有更多的时间和精力去做更有意义的事情。但也有一些相关方面的研究者对自我评价的客观性和准确性提出质疑:学习者对自己的学习过程、学习结果是否能做出客观的评价;自我评价的过程是否真实;学生的自我评价有其局限性。

综上所述,教师的引导在学生的自我评价中所起到的不可忽视的作用。

最常见的自我评价的方式是利用试题来检测，检测的结果让学生对自己的学习有了进一步的了解，发现学习中的难点和弱点，也把自身的缺点和薄弱的地方暴露出来，这样为下一步制定学习目标和学习计划提供了依据和方向。另外，学生还可以采用自评和互评相结合的办法来进行自主学习的评价。《学生英语能力自评/互评表》就是很好的范例，此表分"听、说、读、写、译"五个部分，每部分都含有若干个陈述，学习者在"自评"一栏进行自我评价，能够做到的用Y（Yes）表示，能够轻易做到的用YY表示；在"同学评"一栏中，"请同学对你的英语能力用相同方式做出评价"，在"追求目标"栏中，"标出你认为重要但目前还不具备的英语能力，写O（Objective）代表努力方向，写P（Priority）代表优先考虑目标"。如果"自评"或"同学评"栏中90%以上项目填写了Y，说明学生已经具备了这一要求所推荐的英语能力。如果"追求目标"栏中的O或P较多，则应寻求指导并积极设法实现。

2. 教师角色的重建

学生的学习主动性在某种程度上依赖于教师的主动性，而教师角色转变的意识则是教师自主性的基础。也就是说，教师自身的观念和作用定位将影响着学生学习的自主性。所以传统的教师角色定位也在某种程度上左右了学生的大学英语学习。一直以来的观念就是教师是课堂上绝对的主导者。学生对学习目标的确定、选择学习材料、安排学习时间和学习进度等环节都是由教师全程指导决定的。经过长时间的重复，学生对教师日渐的依赖，从而逐渐产生了不劳而获的心理，导致学习缺乏应有的独立性和自我约束能力。

（1）为自主学习提供培训的机会。培养学生的自主能力，这就意味着对学习的管理责任由教师转向了学习者，即由学习者决定学习的内容、方法和时间，教师不再是课堂的唯一发言人，但是这不等同于教师责任的减轻和教师作用的降低，相反的是，教师面对的是更大的挑战和更高的要求。教师要树立相信学生有自学的能力而不仅仅靠教师的教来获取知识的信念，学生掌握了正确的学习方法才会受益一生，而所有的学习都离不开独立性和自主性。教师需要认识的是，要把学生掌握自主学习的方法作为教育的重点目标，要让学生对自己的学习负责和管理，包括自己挑选学习材料，制订学习计划和目标，完成学习活动，能够进行自我激励、自我管理以及自我评估等。但自主学习的过程并不是学生完全脱离了教师的帮助和参与，任其自由发展，事实上学生的这一切学习活动都需要在教师的指导下完成。教师的作用往往很关键，既要为学生创造良好的学习环境，提供更多交流实践的机会，也要指导学生对学习材料的合理挑选，对学习成果进行科学的评价并及时提供准确有效的反馈，让学生在掌握学习内容的同时逐渐掌握学习方法。这些措施之后，往往学生会逐渐摸索出一套具有自己特点的适合自己的学习方式，逐渐学会在面临困难的时候自己寻找解决问题的方法，渐渐摆脱对教师的依赖，自主学习的意识也在逐渐养成。当然，针对学生对自主学习技巧方面的不足，教师对学生进行学习技巧的传授和培训很有必要。方法有很多，可以通过讲座的方式传授学习的方法，在此过程中学生可以和教师一起对英语的学习方法和体会进行交流和探讨。另外，教师还可以通过培训的方式对学生的学习进行策略性指导，以便找到合理的学习动机以及适合学生自身特点的学习方法。

（2）指导学生挑选学习材料。学生在自主学习的过程中，使用教师的意见和建议对众多学习资料的选择起着紧要的作用。自主学习要求学生全程自己独立进行，包括选择学习材料、确定学习内容等。但这个过程中教师的作用就是监督和协助。教师可根据自身的知识经验，对选择过程参与并指导。由于教师的语言学习和认知水平远高于学生，能针对学生的个体差异，从大体上把握学习资料的难易度和适宜性，避免了许多无用功，减少了许多学习中遇到困难的挫败感，从而使学生学习英语的信心得到增强，激发自主学习意识和动力，学习效率也提高了。简单地说，教师对英语自主学习的指导分别是对教材的筛选、过滤和补充；对来自网络的学习内容的辨别和推荐；对语言实际交际运用渠道的开辟和推广等。教师在学生英语自主学习活动中的任务之一是对相关的学习内容进行发现、判断和推广，最终帮助学生实现学习能力的提高。

3. 环境因素的重视

良好的理想的学习氛围有利于学生的学习，尤其是自主学习。通过创造合理舒适的学习氛围以及建立英语学科的自主学习中心以及虚拟学习社区等方法，从而达到促进学生的英语自主学习能力培养的目的。

（1）学习氛围。自主学习重在学生的主动性和独立性的发挥，所以传统的教学模式必须接受改变，从教师的单一的课堂教学模式，逐渐向以学习者为中心转变，并且要兼顾语言知识与技能的传授和学生能力的培养。新的教学模式下教师需要做到：第一，师生关系要平等，这为培养学生的自主学习能力创造有利条件。第二，教学内容更丰富且教学手段多样化。课堂活动设计要便于自主学习的展开，学生应该主动地、全身心地投入到学习活动中以获得语言知识，因此在活动中自我反思和领悟，能够使问题得到及时解决。所以，在改革后的教学模式中应把学生的学放在核心地位，充分发挥学生在课堂学习中的主角作用，教学过程的大部分都由学生独立完成，教师仅仅是起到启发和组织、引导和反馈等作用。

（2）自主学习中心。自主学习中心应具备两个要素：第一，须有大量的可供不同学习者选择的学习材料，比如阅读内容、听力材料等，用来满足每个学习者的学习需求。第二，教室还需要通过鼓励学生发展个人学习计划、学习过程及承担责任等方法，培养他们独立学习的能力。学习材料大致有原版的杂志书刊及各种音像资料等。并且自主学习中心应该配备现代技术设备使学生的信息资源更加丰富，包括电脑、网络、PPT以及录音机等。这样不仅使学生的语言输入渠道更加广泛，还可以使学生进入真实的语境，进行体验式的学习，这不仅能激发学生的兴趣，还可以使学生的语言运用能力得到极大的提高。

（3）虚拟社区。虚拟社区是指具有不同兴趣爱好和要求的个人通过利用发达的虚拟交际空间来实现自己的需求和目的。构建和模拟大学英语的课堂教学环境，是虚拟社区功能的一个方面。具体地说，就是以学习语言获取语言知识的能力。这样虚拟的学习环境通过对资源的共享以及彼此的思想、观点和经历的交流，来提高英语的水平，包括听、说、读、写、译的能力，实现对英语的灵活运用。虚拟的教学环境是在传统教学模式中从未接触过的，有耳目一新的感觉，由从前的"教"为主，转变为以"学"为主。培养学生的自主学习能力、协作互助能力及英语语言学习的综合能力，使学生能更好更快地接受新生事物，达到自己学习知识的目的。

第四节　大学英语课堂合作学习模式探究

中国经济和社会发展迅速，各行各业面临着不同的机遇和挑战。随着社会的进步和发展，对高技术人才的需求急剧上升。教育无疑起着决定性的作用。大学英语课程是我国高等教育的必修课，培养适应新时代需要的高素质人才，就要学好大学英语课程。由此，大学英语课堂教学在这种形势下逐步深化、改革和完善。群体合作学习作为一种教学模式，在理论研究和实践探索中都能有效地指导学生的英语学习，提高学生的学习兴趣，是一种成功的教学模式。在合作学习与教学模式下，学生除了可以通过合作与讨论共同学习与进步，还能培养学生的合作意识、技能和精神。在这一过程中，不仅提高了大学生学习英语的兴趣和信心，而且教会他们如何在未来激烈的社会竞争中寻求合作，实现双赢和共享。

一、大学英语课堂合作学习的含义

大学时代对于每个人来说都是非常重要的一个人生阶段，大学生未来走向社会也是以此作为起点。这一阶段是培养各方面综合能力，铸就人生轨迹的重要时期。大学英语是高等教育阶段的一门重要课程，学好英语课程，不仅仅是大学生修满学分，获得好的在校表现的关键，同时英语也是今后走向社会必须具备的一种基本的沟通语言。

大学是培养和发展学生各种能力的最佳时期。所以，合作学习的方式成为大学英语课堂教学模式改革的良好成果之一，旨在培养学生的英语学习和应用技能水平。它不只是有助于学生掌握英语，更重要的是有利于学生学好英语，同时对于学生的合作意识与社会能力的培养有着极大的提升作用，令学生能有一个最佳状态迎接今后的学习、生活与工作。

（一）以学生为中心，以人为本的教学思想

传统的教学模式下，教师是整个教学活动的中心，随着教学改革的深入，大学英语教学改革的各项措施也接踵而来，由于受到人本主义思想的重要影响，目前的教育开始将学生作为教学的中心，不再如传统的教育，将教师作

为整个教学活动的中心。大学英语课堂中引入新的教学思想后，学生逐渐成为教学的主体，教师成为教学活动的主导者，大学课堂上开始推行合作学习的教学模式，这充分体现了现代教育思想中以学生为中心的理念，也呈现出了教师与学生的新型关系，一个是主导，一个是主体。采用这种新型教学模式的课堂上，学生拥有了更多表达自我意愿的机会，他们在学习方面的自主性被充分调动起来，教师不再是课堂上唯一的"主角"，学生也不再是呆坐在课桌前的观众。学生开始更加积极地参与到教学活动中来，课堂上的学习气氛变得更加活跃。学生以小组为单位更加频繁地围绕教学内容展开探讨和交流，他们有了更多的机会去表达自己的观点，提出自己的质疑，创新能力得到了充分的发挥，获得了更多自我发展的空间，学生真正成为教学活动的中心。

（二）提高英语教学质量

在传统的英语教学模式下，英语课堂上教师与学生之间的交流与互动仅限于提问和回答。所有学生都希望自己的回答是令教师满意的标准答案，从而获得更多的肯定和赞赏。但是不可避免有一些性格较为内向，学习基础较差的学生，往往会产生惧怕心理从而逃避教师的提问，还有些学生会因回答不出教师的提问而产生焦虑等心理问题。这部分学生对参与课堂教学活动并不感兴趣，也没有信心投入其中。但是如果采用合作学习的教学模式，那么学生会以小组为单位展开学习。教师会将学生分成若干小组，小组成员会为了完成学习任务去相互配合，共同努力，这样的方式能够有效减少学生的焦虑情绪，因为他们原本需要以个体为单位去参与竞争，但现在变成了以小组为单位参与竞争。这样学生参与教学活动的信心和积极性就会明显提高。通过参加各种各样的小组活动，那些性格内向，成绩不理想的学生也会增加对学习的兴趣和信心，因为他们的自尊心会通过团队得到适当的保护。经过验证，采用合作学习的模式要比传统的教学模式更具优势，教学的效率会更高，教学质量的提升更加明显，学生的英语成绩进步更加迅速。

（三）减轻教师负担，改善师生关系、生生关系

采用小组合作的教学模式，教师会更加注重引导学生思维并与学生之间

展开讨论，提倡学生进行自主学习，这样教师的工作量就会大大减少。他们就会有时间、有精力去针对不同的学生进行个别辅导，因材施教。而且通过参与合作学习，学生会在相互交流和沟通的过程中展开学习。教师和学生的角色都发生了变化。在传统的教学模式下，教师单纯地扮演着一名向学生灌输知识的传播者，而在合作教学的模式下，教师的角色转变成为组织学习活动的"组织者"。学生的角色同样有了变化，他们不再是坐在课桌前的被动的听众，而是变成了知识的探寻者。教师与学生的身份定位也发生了变化，他们不再是过去那种上级与下级的关系。课堂上的竞争主体也发生了变化，由过去学生个体之间的竞争演化成为学习小组的团体之争。

（四）学生社会使命感、责任感的培养与提升

在大学英语课堂中开展合作学习，最突出的一个特点就是教师会根据学生学习需要，结合教学的内容，按照合作教学的模式将班级中的学生分成若干学习小组。这些小组之间存在着竞争的关系，所有小组成员会自觉地担负起各自角色的职责，相互配合，彼此协作，为了达成自己所在小组的学习目标而共同努力。他们会尽全力完成自己的任务，避免因为自己而影响整个小组的成绩，他们都希望自己的小组得到教师的表扬和赞赏。这个过程就能有效培养他们合作的意识，交流的技巧，同时会增加他们的责任感以及使命感。

（五）评价方式的制定与形成

每当出现一种新的教学模式，要想令这种教学模式得到健康的发展和充分的运用，首先要构建起科学合理的评价体系。我国自封建社会开始，就有了科举考试，到现阶段的中考、高考仍然持续着这种考试制度。我国的小学生、中学生、大学生始终都处于竞争的环境之中，他们会因为自己的学习成绩而被区分进行教育，人们习惯于凭借他们的学习成绩来对其综合素质做出评定。中国整体的教育体制仍然存在很大的问题，远远未能实现公平性的原则。虽然合作学习的过程中也存在着竞争的因素，但是这种竞争是以小组为单位的，需要以小组成员的协同配合作为基础。在合作的过程中，小组成员能够获取相应的知识，而且还能从中掌握与他人进行交流的各种技巧，培养他们相互合作的团队意识。这也是合作教学法的一个非常重要的特点。在合作学习的

教学模式下，各个阶段各种各样的评价，包括小组与小组之间做出的评价，小组内部成员之间做出的评价，教师给予学生的评价等都属于发展性的评价，这种评价不是一次性的，也不是终结性的。

二、大学英语课堂合作学习的特征

（一）大学英语课程的特点

在我国的高等教育阶段中，英语是一门必修课，也是非常重要的一门学科。开展英语教学的最终目的就是能够帮助大学生提高运用英语的综合能力。大学英语在高等教育阶段中属于一门基础课程，它也具有与其他课程不同的特点。在大学生英语语言能力的培养方面，它是非常重要的一门课程，它的主要目标是让大学生尽可能多地掌握常用词汇，掌握更规范的语法知识，了解一些基本的语言知识。这门课程旨在提高大学生的英语听力水平、口语水平、阅读能力、写作能力以及翻译水平，增加学生的词汇知识等综合素质。帮助大学生掌握一些基本的英语写作技巧，了解英语文章的常用结构，了解英语国家的文化，让学生能够更加敏感地意识到本国文化与英语国家文化的不同之处，增强自己使用英语开展交际的能力。

（1）大学英语教学中最先要帮助学生掌握正确的发音方法，让他们学会正确运用语调和语音，学会规范使用常见的词汇和语法，了解如何安排文本的整体格局，这关系着是否能够为学生打下坚实的英语基础。与此同时，还要将一些新出现的语言现象及时引入到教学中来，让学生进一步深化对课程内容的理解，巩固已经学会的知识。

（2）教师应当给学生提供更丰富的语境，而且要多对他们进行语言形式上的反复训练，引导学生更多地使用语言，不断提高运用语言的能力，增强自己的交际能力。

（3）教师不仅应注重对学生开展听与说方面的训练，而且也不能忽视对他们阅读能力的培养，要令学生综合运用语言的能力得到提高。

（4）教师应当注意帮助学生不断扩大语言的知识面，同时开展语言运用能力的训练，引导学生养成学习方面的良好习惯，帮助他们提高独立思考问题的能力，分析解决问题的能力，总结经验的能力。

（二）大学英语课堂合作学习的特征

在大学英语课堂上引入合作学习的理论时，将合作学习理论与大学英语课程的特点有机结合，体现出以下四个特点。

（1）互帮互助、荣辱与共。采用合作学习进行教学活动的教师应当引导更多的学生参与到教学活动中。在划分合作学习小组时应当将学习成绩较好的学生和后进生进行混合编排，利用学习成绩较好的学生的作用来带动后进生的学习，帮助后进生产生对英语学习的兴趣以及自信，让他们相互促进。

（2）相互探讨，共同进步。通过合作学习的模式开展教学时，教师不仅应当组织好自己与学生之间的互动，同时还应引导学习小组之间以及小组成员之间的互动和交流，以提高学生的口语表达能力。

（3）认真努力，尽职尽责。教师在采用合作学习的教学模式时，不仅应当带领各学习小组制定学习目标，同时还应引导所有小组成员制定自己的学习目标。以个人目标作为集体目标，这样能更好地培养起学生为集体负责、为他人负责的责任心。

（4）积极交流，善于沟通。教师在合作学习模式的推进过程中应当要求所有小组成员之间相互配合、相互协助、共同学习、携手进步。帮助学生提高自身与他人、与团队合作的技能，培养他们的合作意识和能力。

三、大学英语课堂合作的原则

（1）提倡开放，反对封闭的原则。在进行合作学习时，教师应当引导学生将掌握的学科知识与现实生活进行有机结合，充分调动学生学习语言的兴趣，让他们更加积极、主动地参与到各种课堂教学活动中来，在合作学习中不断提高自身的综合素质和能力。

（2）倡导民主，反对专制的原则。我国出台了大学英语课程的详细教学标准，在这个教学标准中要求学校和教师要正确对待学生与学生之间存在的差异性，要以人为本。所以在开展英语教学活动时，教师要努力建立起与学生间平等、和谐、民主的新型关系。

（3）坚持探索，反对闭塞的原则。在采用合作学习模式的大学英语课堂上，所有学生都有权力表达自己的观点，发表自己的言论，而且对他人的言论也应持包容和求同存异的态度，令自己的视野不断得到扩展。所以教师要引导学生参与合作学习，培养起勇于探索、勇于创新的精神，不能仅仅为了完成合作的任务而去实施合作的行为。

（4）坚持实践的原则。教师在采用合作式的教学模式时，要关注到大学生所特有的身体和心理特点，在规划教学内容，确立教学目标时，将这些特点充分考虑在内，选择那些更符合大学生身心特点的教学方式和手段，而不应该将合作学习的相关理论生硬地照抄照搬到实际的课堂教学中来。

四、大学英语课堂合作的方式

按照合作学习的相关理论，合作学习主要包括的方式有小组学习的方式、切块拼接的方式、共同学习的方式、小组调查的方式等。大学英语教学过程中，教师应当结合英语这门学科的特点，结合实际设计出更多具备可操作性，实效性更强的合作学习模式，而不应简单地将合作学习的理论生搬硬套到教学活动中来。

（1）问题演进式的合作学习。问题演进式的合作学习方法，主要适合在英语口语的课堂上使用。教师在选择问题时，应当注意筛选那些学生感兴趣，对他们更具吸引力的内容。组织学生与学生间的互动、教师与学生间的提问，还可以安排抢答环节，以调动起学生对学习英语的浓厚兴趣。

（2）角色扮演式的合作学习。角色扮演式的合作学习方法主要适用于英语精读环节、泛读环节以及口语训练课。教师可以将学生划分为不同的小组，安排小组成员扮演不同的角色，有意识地提升小组成员的责任心，培养他们的团队精神，同时激发他们学习英语的积极性和主动性。

（3）商讨发现式的合作学习。在课堂教学过程中，教师还可以结合课程的内容，形成当堂课的核心话题，然后组织学生围绕这个话题展开讨论，在此基础上不断扩展学生的视野，引导他们进行发散性的思维，认真倾听他人的观点和意见，并且反思自己的观点与结论，弥补自身的不足，共同达成既定的教学目标。

五、大学英语课堂合作的实施过程

在传统的教学模式下，教师是整个教学活动的核心，而采用合作学习的教学模式与其完全不同。在采用合作学习模式的课堂上，教师需要关注到的因素更多。在这里要重点阐述的是，在大学英语课堂上采用合作学习模式进行教学活动的具体过程。

（一）实施前的准备工作

在正式开始进行合作式教学前，教师需要提前做好准备，主要包括：①提前收集与合作学习相关的文献和资料，熟悉已有的研究成果，认真了解与合作学习有关的理论知识，在此基础上制定出更加适合的教学方案；②通过问卷调查在班级内展开调研，对学生对合作学习的认识与态度（以"你知道合作学习是什么样式的学习方式吗？""之前有没有进行过合作学习？""你愿意进行合作学习吗？""你觉得合作学习对你的英语学习有帮助吗？"等问题为导向进行访谈），班级内学生的兴趣爱好、个性差异和英语学科的学习现状进行调查，做到"知己知彼"，以使合作学习在班级内顺利进行。

（二）课前教师的准备

为了保证合作学习的顺利进行，教师应当提前确定教学的主要目标，选择适当的教学方法，安排好具体的教学任务，提前告知学生将采用何种合作学习的模式，如何开展合作学习，将怎样对小组的合作学习做出评价。

（1）不仅是教师，而且包括学生，都需要在课前了解即将进行的课程的具体内容，所应达成的学习目标，所要完成的学习任务等。教师在课前应当深入研究所要教授的课程内容，科学合理地制定教学目标，对学生经过学习所应达到的成效做出较为准确的预估。在此基础上，教师才能对既定的教学目标，以及实际达到的教学效果之间的差距做出预估，也才能更准确地掌握学生课前预习的情况，从而对自己的教学内容以及方法做出调整，努力缩小这种预期和实际成效之间的差距。

（2）在整个课堂教学的过程中，都要将教学目标贯穿其中，制定教学目标不仅需要在课前进行，而且在教学的过程中，以及课堂教学完成之后，也需要持续制定和调整教学目标。不论进行何种教学设计，首先需要明确教学目标，只有这样才能选择适当的教学方法，也才能建立起科学合理的评价机制。这其中包括两个方面：教学目标，社会技能目标。对于小组合作学习来说，在制定合作教学目标时，教师要考虑两种因素：①在课堂上帮助学生掌握英语的语言知识；②帮助学生培养起今后走向社会将会用到的合作意识、技术以及团队精神。在传统的教学模式下，高校及教师所制定的教学目标，局限在让学生尽可能多地掌握相关的学科知识，仅此而已。但是并未将学生情感的维护、人生态度的确立、价值观的形成等与学习相关的内容纳入教师的教学目标中去，也未纳入学生的学习目标中去。

（三）合作学习小组的划分

要想在大学英语教学中顺利实施合作学习的模式，首先要做的是科学、合理地划分学生的学习小组。学习小组的划分是否合理，关系到每个学习小组的整体学习氛围，也会对学习小组的目标任务能否顺利达成产生决定性的影响。所以需要教师根据每名学生的具体情况（包括他们的性格特点、思维习惯、兴趣爱好、交际能力以及实际的英语水平等）合理地为他们划分学习小组。让每名学生都能在各自的学习小组中，实现相互协助、相互促进、相辅相成，在合作学习的过程中实现共同的成长与进步。

如果根据组成的形式来看，合作学习小组有两种分组方式：①按同质化特点进行的分组；②按异质化特点进行的分组。

在对英语课堂进行研究的过程中，有对同质和异质进行分组的具体方式：高考英语分数在 120 分以上的学生，可以被分在同一组；高考英语分数在 70 分以下的学生，可以被分在同一组；其余英语成绩的学生，可以被分在同一组。

根据观察和分析，英语高考分数在 120 分以上的学生如果被分在同一组，他们在合作学习过程中的表现并不理想。这些学生学习的积极性、主动性都处于较高水准，而且英语基础扎实，学习成绩突出，自主学习的能力普遍较强，他们能够独立完成大部分的学习任务，在合作学习的过程中，相互之间的交流与合作反而较少；英语高考分数在 70 分以下的学生如果被分在同一组，在合作学习的过程中，表面看上去学习的过程非常"热闹"，小组成员也会展开热烈的讨论，相互间也会给予彼此热心的帮助，遇到问题都会献计献策，但是由于这些学生的英语基础普遍较差，合作学习的过程，毫无章法可言，大部分学生都难以完成自己的个人任务，小组团队任务的完成情况自然也就差强人意；英语高考分数处于中间水平的学生如果被分在同一组，他们会表现得比前两种小组更加突出，不论是个人任务还是团队任务的完成情况也是突出的，在合作学习的过程中，这种小组的成员之间能够真正做到相互配合、相互帮助，讨论也更加有效，通过全体成员的共同努力，小组的学习任务最终都能较好地完成。

综上，在合作学习中，教师主要采用异质分组，但异质分组需建立在"组间同质、组内异质"的原则上划分，以突出组内合作与组间竞争的特点，同时考虑组内成员男女性别比例、组员性格特征、英语成绩分布，以及交流沟通能力等因素。

（1）男女性别比例。在研究过程中，确定的实验班共有56名学生，其中女生为26人，男生为30人。按照这些学生的高考成绩，他们被划分为7个学习小组，每个小组共有成员8名。

（2）性格特征与兴趣爱好。小组成员的性格特点、行为习惯与兴趣爱好也会对小组的学习氛围及效果产生重要的影响。所以教师在划分小组时，要对这些因素给予充分的考虑。小组与小组间尽量实现同质化，而小组成员之间则应尽量实现异质化。让性格各异、习惯不同、爱好丰富的学生处于同一组内，实现彼此有效的协同与配合。

（3）交流沟通能力。采用合作学习模式的教学过程中，学习效果在很大程度上是由组员的语言交流能力来决定的。学生在英语学习中，听力、口语、阅读、写作、翻译等每个环节都十分重要，其中特别是听力与口语水平的作用更加突出。因为学习语言具有其特殊性，不论学习何种语言，听力训练与口语训练都是首先要进行的教学内容。因此在采用合作学习的英语课堂上，小组成员的口语表达能力以及沟通能力显得至关重要。在进行分组时，教师应当将听力水平较高、口语表达能力较强、思维比较活跃的学生与听力水平较弱、口语表达能力有限、性格较为内向的学生分在同一个小组。这样每个小组自然而然就有了自己小组的"发言人"，那些英语基础较差、性格较为内向的学生，也会受到这些较为活跃的同学的影响，逐渐被带入到合作活动中去，这样所有小组成员才能找准自己的位置，取长补短，各尽其能，在合作的基础上实现各自的发展与进步。

（4）英语成绩分布。在对合作学习小组进行划分时，教师也应当合理安排成绩不同的学生，让较高的学生与较低的学生被分在同一小组中，而不能一味地将成绩较高的分在一组，成绩较低的分在一组，这样将无法收到合作学习的预期效果。在分组时，教师不仅要注意搭配好整体成绩不同的学生，而且还应当根据学生擅长的项目来进行合理分组。比如有些学生的口语突出，有些对语法知识精通，教师在分组时也应当考虑这些要素。

（四）明确角色的分配

合作学习并不是小组内部每位成员都去做同样的事情，然后小组评价的时候，小组内部订正答案；也不是由小组内的一个成员代做全部事情，然后作为大家的学习成果。一个优质的合作学习小组，首先小组成员内部应当有着明确而合理的分工，大家能够各负其责，人尽其才，共同让学习小组成为一个能够相互配合、角色互补的有机整体。每个小组成员都需要在团队中扮演特定的角色，承担各自的职责，在完成个人任务的基础上，促成小组任务的完成。小组任务和个人任务是相辅相成、相互影响的关系。

合作学习的过程中，设置了四种主要的角色，包括：①各小组的组长；②各小组的代表人；③各小组学习情况和资料的记录人；④学习成果的评估员。

首先，在学习小组中，组长是整个学习过程的负责人，他负责指挥本小组的学习过程，在小组中负责组织和协调工作，处理和解决学习中遇到的困难以及问题，对小组成员的学习进行监督和给予鼓励，引导全体成员共同参与到合作学习活动中来。通过自身的努力，尽到自己的职责，为本小组获得优秀的成绩付出自己的时间和精力。

其次，每个小组会有一个发言人，也就是小组成员的代表。在完成小组学习任务之后，需要向教师和全班同学展示本小组的学习成果，这时就需要每个小组指派一名代表，展示自己团队的研究讨论成果，将本小组的学习情况反馈给教师，以期获得教师和全班同学的肯定与赞赏。

再次，在合作学习小组中，也需要一个默默无闻的奉献者，他就是记录员。

记录员主要负责引导小组成员积极表达个人的观点，展示学习的成果，然后由其将整个小组的学习感受、学习心得做好记录，建立起自己小组的资料库，以备在今后的学习中作为参考。

最后，小组评估员的主要职责是检查每名小组成员是否了解自己的职责，是否知晓团队的整体学习目标。督促成员积极发表各自的见解，体现学习的成果。

（五）小组活动的设计

在大学英语课堂中引入合作学习的模式，需要将各种小组活动，作为合作学习当中的核心环节。通过组织小组活动，在小组中营造出一种积极的学习情境，小组成员有机会使用目标语来与同伴进行面对面的沟通与交流，而且还能与其他小组展开讨论，提出各种不同的观点和见解，对学习方法提出各自的建议，这个过程能对学生语言运用能力起到很好的提高与促进作用。而且丰富有趣的合作学习活动，还能明显提高学生学习英语的自觉性和主动性，明显减少基础较差的学生在学习过程中的焦躁情绪，活跃课堂上的学习气氛，切实提高合作教学的成效。在大学英语课堂中的不同课型中应用的不同方式的合作学习活动形式如下所述。

首先，在大学英语的听力课中，引进合作学习的模式。大学英语的听力课是英语教学中的一个重要环节，在听力课堂上主要采用的是任务型的合作学习模式。合作学习有五个非常重要的特征：①要对个体的差异性给予充分的尊重；②小组成员间存在着相互依赖的关系；③所有小组成员都有着各自的职责和分工；④合作学习对于人际间的交往十分关注；⑤合作学习旨在培养学生社会交往的技能。在合作学习的所有环节中，这五大要素都会发挥各自重要的作用。

由于课堂时间有限，所以将听力教材中一些比较适合的内容筛选出来，在课堂上组织学生展开讨论，其余的则布置成为学生的课后练习作业。在合作学习正式开展之前，教师需要将听力教材中的生词、词组以及与课文相关的背景知识讲解给学生，以便于学生的预习更具有针对性。在合作学习的过程中，学生可以就自己发现的问题向教师提出疑问，与教师和同学展开相关的讨论，并记好这些知识点。随后教师可以播放用于听力训练的录音资料，播放完毕后，教师可安排一定的时间，让学生就录音内容展开讨论，就一些重要的问题形成共识。讨论结束后，教师对听力材料中的问题答案进行公布，对学习表现突出的小组给予表扬和鼓励。将合作学习的模式引入到大学英语听力课堂中来，有利于增强学生的合作意识，有利于学生更快更清晰地掌握知识点，有利于快速提高学生的语言运用能力。

其次，在大学口语课堂中引入合作学习的模式。在合作学习的过程中，有不少方式都适用于口语课堂的教学。比如组织学生扮演各类角色，模拟英语交际的情景，开展小组成员的讨论等，这些都是较为常用的合作学习模式。

在对合作学习模式进行研究的过程中，总结出了一些适宜用于合作学习的教学内容以及方式，比如开展对话练习，进行电影的剪辑等。在组织对话练习时，教师可以安排学生扮演不同的角色，比如同学之间模拟见面问候，或者初次见面的自我介绍等。一方面，教师可以要求学生大声朗读口语教材中的对话；另一方面，安排小组成员去扮演教材中提到的角色，主动向其他成员打招呼、做自我介绍等。例如教师可以安排学生模拟一场面试，指定一名小组成员扮演面试者，安排其他小组成员扮演面试官，由面试官向面试者提出一些问题，由面试者来回答。这种有趣的合作学习方式，十分容易调动起学生的积极性，吸引他们的注意力，让他们在不知不觉中提升语言的运用水平，也体会到语言学习的乐趣。同时教师还可以根据一部学生感兴趣的电影情节，安排他们扮演其中不同的角色，使用英语进行对话和表演。最后对表现突出的个人以及小组给予表扬和奖励。

人类需要通过语言这种重要的方式，完成自己的言语表达。将合作学习的模式引入到大学英语教学课堂中来，不仅能够吸引学生主动参与到教学活动中来，而且还能增加教师与学生、学生与学生相互交流与沟通的机会，增进相互之间的情感，还能组织他们进行口语方面的练习，令传统教学模式下那种紧张、呆板的课堂氛围得到改善，同时还能增强大学生的团队精神，培养他们的合作意识与技能。

还可以将合作学习的教学模式引入到大学英语的写作课中来，教师应当结合大学英语写作课的教学目标以及教学内容，精心设计写作训练的话题。

教师可以先指定一个话题，再安排小组成员围绕这个话题展开讨论。教师还可以拟定几个话题，安排各小组展开讨论，再由各小组根据自己的兴趣选择一个话题进行讨论，共同确定一个写作的主题。再由教师有针对性地讲解一些关于写作的手法、注意事项以及技巧，为学生提供一些指导性的建议。随后安排各小组展开相关话题的讨论，由他们针对写作话题中涉及的词汇、背景知识、观点等展开讨论。所有小组成员所提供的言论以及观点都应当在写作时的考虑范围之内，每个人的观点都会得到应有的尊重。在讨论的过程中，小组中的记录员要详细地记录讨论的细节，各种资料都应有完整的记录。因为课堂上的时间较短，课堂上组织的小组讨论完成后，教师应当安排小组成员根据讨论的结果，在课后完成写作的初稿。对学生写作稿件的评估，是合作学习中的最后一个环节。在接下来的一次写作课上，教师可以组织学生将自己的写作稿件进行交换，然后相互进行审核和评价，查找学习中存在的问题和不足。比如是否有用错的知识点，是否存在用句的错误，是否存在语法上的混乱，是否有单词拼写上的错误等。小组成员的相互审核完成后，教师收回所有的写作文稿，对这些文稿进行修改和点评。在下一节写作课上对这些文稿的整体情况做出评价，提出并讲解学生写作中出现频次较高的错误。筛选出一些优秀的文章分享给全班的学生，对写作成绩突出的同学给予表彰和奖励。

综上所述，将合作学习的教学模式引入到大学英语课堂中来，其形式并不是固定的，也不是一劳永逸的，还需要教师结合教学中遇到的实际情况来不断进行调整和完善。

六、大学英语课堂合作评价方式

在小组合作学习实施中有一个十分重要的环节，那就是小组评价。小组评价的开展，对同学之间合作学习所获得的学习成果起着重要保障的作用。也是在小组合作的过程当中发现存在的问题、解决问题的最好的方法。与此同时也是对表现非常积极、通过合作共同完成学习目标的小组的一种肯定与鼓励。更加有利于下一次合作学习的顺利有效开展。正因为这样，在英语课堂的教学中，大家合作学习的成果，也体现着合作学习所存在的价值。如果要保证大学英语课堂的合作学习能够顺利进行的话，一个合理、有效的学习方法是必不可少的助推器。

在大学英语课堂中所提倡的合作学习，主要开展方式是小组学习，主要采用的评价方式是小组自评和教师总体评价相结合。目的都是鼓励小组内的、小组与小组之间，在合作的前提下展开竞争。被评选为表现优秀的个人和小组都会给予奖励。如评选出 Perfect team，Super team，Great team，Best team，Better team，Good team 等。

首先，小组自评指的是小组内的每一位成员，在合作学习中的个人完成情况和小组完成的情况，组员参与的情况和满意情况，都要说出自己的意见，在合作学习的过程当中肯定会存在一些问题，大家还需要指出问题并且还需要提出相关的建议，对好的地方要充分地肯定，在以后的合作学习中能够有着更好的指导作用。

小组自评环节的操作流程主要分为以下三个方面，第一，点评的原则需建立在和谐、友好、互帮互助的基础上，而不是相互指责、相互批评。第二，在小组成员各自的成果展示完毕之后，由各组的小组成员进行 5 ~ 8 分钟的自评。第三，将各组员的评价结果记录在自评表上，在班级进行公示后上交给教师。

其次，教师总体评价。教师评价主要是以激发学生的学习积极性、自主学习的能力和提高学生的学习兴趣、学习信心为出发点。在学生小组自评的基础上，对学生小组合作学习中的表现给予鼓励性的点评，以及在大家合作学习的过程当中，根据各小组之间的共性问题给予指出，并且提出相关问题针对性的建议和意见，对以后的合作学习课堂能够积攒宝贵的经验。教师总体评价是以小组为单位，进行小组与小组间的宏观评价和引导。这对学生的合作学习起着重要的帮助。

七、大学英语课堂合作学习的建设性意见

（一）对教师的建议

（1）注重合作学习理论的学习。一名优秀合格的英语教师，不仅要有

扎实的专业基础知识，还要有先进的教学理念，在正确的教学理念的指导下，才能有的放矢地专攻学科教学。

根据合作学习的相关研究不难看出，合作学习理论的研究呈现出一种实践经验向系统理论发展的趋势。两种合作学习方式各有优点，侧重点不同。一种是实践性更强的合作学习，它的优点是清晰、具体、易于掌握和操作，但局限于有限的教学内容和教学情境，对教学中的突发变化容忍度较差。二是理论合作学习。在这种教学方法中，教师需要深入研究合作学习理论，并将合作学习理论应用于课堂教学。这种合作学习方法的缺点是难以掌握。一旦掌握，它将适用于任何不同类型的课堂教学。

（2）加强合作学习的师资培训。实践是检验真理的唯一标准。在强化合作学习理论的过程中，大学英语教师必须注重合作技能的培养。只有具备了充分的合作技能，才能把自己的合作意识和合作技能传授给学生，让他们掌握好教学目标，培养出合作意识、合作技能和合作精神。因此，高校相关部门应做好教师教育工作和相关的技能培训。

（3）科学划分小组。合作学习能否在大学英语课堂上顺利开展，最重要的是如何科学合理地进行分组。在小组划分和角色扮演的过程中，要坚持"组间同质、组内异质"的原则，考虑不同学生的个体差异、个性特征、爱好、学业成绩和成长背景，明确每个学生的具体的职责。这样才能使每个小组成员都有机会发挥自己的优势，使小组在平等竞争的氛围中进行合作学习。

（4）教师与学生"主导主体"关系。与传统的"以教师为中心"的教学模式相比，合作学习倡导"以教师为主导，以学生为中心"的教学模式。因此，在合作学习的过程中，教师不再是课堂上的主导角色，教学不再是教师的"一人游戏"，教师需要投入到小组合作学习中，以合适的方式与学生一起发现、分析和解释问题。在与学生合作时，教师应该尊重学生的不同观点，求同存异。

（5）创设语言环境激发学生的学习兴趣。在合作学习的大学英语教学中，并不是所有的教学内容都是以合作学习模式为基础的。教师应选择与学生日常生活密切相关的话题，以激发学生的学习兴趣，实现日常教学的学习目标并让它实现。

（6）营建良好的心理。在心理学中，人的基本心理活动包括认知、情感、行为和意志。行为需要建立在认知理解、情感认知和决心的心理基础上。大学英语合作学习中，合作技能的培养还需要合作意识的建立和合作情感的认知。合作情感的认同和合作意识的建立，也需要经历服从、认同和内化三个阶段，即从"他律"转变成"自律"的过程。

在大学英语合作学习课堂中，有小组目标和个人目标两个学习目标。两者紧密相连。集体目标的实现应该以群体中每个成员的个人目标为基础。因此，在合作学习的过程中，每一个小组成员都会对小组的集体目标承担自己的责任，培养出高度的自我责任感和集体责任感。这样，合作意识就逐渐被激发出来，进而完成集体目标。在目标完成的过程中，学生们互相学习，共同进步，这也培养了合作的技能。

（7）科学合理的评价机制。在大学英语课堂中开展合作学习，建立科学、合理、有效的评价机制，是开展合作学习的重要保证之一，所以，必须要建立起综合评价机制。纵观大学英语合作学习的现状，主要表现为单一的评价形式，和教师的口语评价。评价时间短，内容简单。从长远来看，这样将使学生合作学习的积极性受到严重的挫伤。因此，在大学英语合作学习中，加强小组自我评价、评分评价和奖惩制度十分重要。这样既能加强小组成员的自我反思和自我教育，又能活跃课堂气氛。

（二）对学生的建议

（1）端正学习态度。在心理学中，任何行为都是知识、情感、意志和行为的统一。大学英语课堂上的合作学习也不例外。只有纠正学生对英语学习的态度，挖掘学习的关键内因，使学生在英语学科学习中充分参与和积极努力，合作学习才能提高学生的学习兴趣、学习效率和学习质量。

（2）加强交流沟通。在大学英语合作学习课堂中，师生关系是"主体"。教师作为引导者，积极参与合作，与学生交流尤为重要。在合作学习的过程中，学生应积极参与，充分沟通，与教师和学生交流来表达他们的感受想法，经历和体验。合作学习的过程中，促进有效的合作学习，实现教育的协同作用，是提高大学英语教学质量的有效途径。

（三）对教学过程的建议

（1）教学内容的选择。并不是所有的英语教学内容都适合小组合作学习，过于简单或难度较大的教学内容不适合合作学习。如果教师把它应用到合作学习中，学生因为教学任务简单就不愿意合作，他们甚至会对合作学习产生厌恶和敌意。在小组合作学习中，应用难度较大的教学内容，不符合学生学习的"近期发展区"，即使是合作学习也不会产生有意义的结果，甚至会给学生带来误解和反对。因此，教师必须根据学生的"近期发展区"和教学目标，选择一些探究性和发散性的问题进行合作学习。

（2）合作时机的选择。在教学内容的选择上，合作学习的最佳时机并非贯穿整个课堂。那么，什么时候是运用合作学习的最佳时机呢？也就是说，当教师提出相关的问题时，学生运用自己的知识，经过独立思考后，仍然没有得到一个一致的答案，学生就会互相争论。此时，教师若能很好地引导学生进入小组合作学习，通过小组互动，合作学习的效果将会非常好。

（3）教师的合理指导。在小组合作学习的过程中，要求学生和教师积极参与小组学习和讨论，讨论越活跃，教师就越应该适当地掌握合作学习的程度。如果一些小组讨论过于激烈，总是沉浸在小组的"世界"中，那么小组的观点就不容易形成，甚至因为讨论的声音太高，会影响到其他小组。全班讨论不利于合作学习的顺利进行。教师要及时控制和制止，强调纪律，继续执行，不断监督和引导。

（4）学生独立思考时间。合作学习的目的，是培养学生的合作能力，提高英语学习的效率和质量，培养学生的合作意识和合作精神。然而，学生的独立思考，在合作学习过程中也非常重要。在合作学习过程中，给予学生独立思考的时间和空间，是有效合作学习的基础。反之，合作学习也是学生在学习过程中独立思考的一种补充。

（四）对教学的建议

（1）小组成员分配。小组成员的搭配是小组合作学习顺利开展的重要保证。在团队成员的选择上，应该坚持"组间同质，组内异质"的原则。组员人数不得超过6人，小组成员英语较高、中等、较差的比例为1：2：1，这样比较合理。教师应该合理安排每个小组自己的领域，从而在小组之间产生责任感和竞争意识。小组成员应相互靠近，促进小组内的讨论和交流，促进合作学习。

（2）加强合作学习的贯彻实施。合作学习是近年来大学英语课堂教学改革实验中较为成功的教学模式，有利于提高学生的学习成绩，促进学生身心发展。所以，学校领导和有关部门应鼓励教师在大学英语课堂上采用合作学习的教学模式，并制定合理的评价机制和实施方法，以提高该理论在大学英语教学实践中的应用频次。

参考文献

[1] 安妮·伯恩斯.英语教学中的行动研究方法 [M].北京:外语教学与研究出版社,2018.

[2] 杜申诺娃.好用的英语教学游戏 [M].王小庆,译.上海:华东师范大学出版社,2010.

[3] 陈静.英语教学设计 [M].重庆:西南大学出版社,2017.

[4] 陈莉萍.大学英语教学研究 [M].北京:世界图书出版社,2015.

[5] 高雅平.实用英语教学 [M].北京:中国纺织出版社,2018.

[6] 顾明远,孟繁华.国际教育新理念 [M].海口:海南出版社,2001.

[7] 顾永琦.英语教学中的学习策略培训:阅读与写作 [M].北京:外语教学与研究出版社,2011.

[8] 郭元祥.生活与教育 [M].武汉:华中师范大学出版社,2005.

[9] 何广铿.英语教学法教程:理论与实践 [M].广州:暨南大学出版社,2018.

[10] 胡雪飞.英语教学法 [M].武汉:武汉大学出版社,2016.

[11] 康莉.跨文化视角下的大学英语教学:困境与突破 [M].北京:中国社会科学出版社,2017.

[12] 李正栓,杨国燕,贾萍,等.现代英语教学论 [M].北京:清华大学出版社,2018.

[13] 梁正溜,吕亮球,余建中.21 世纪大学英语视听说教学参考书 [M].上海:复旦大学出版社,2015.

[14] 鲁子问.英语教学方法与策略 [M].上海:华东师范大学出版社,2008.

[15] 鲁子问.英语教学论 [M].上海:华东师范大学出版社,2012.

[16] 鲁子问.英语教学设计 [M].上海:华东师范大学出版社,2008.

[17] 裴娣娜.现代教学论 (第二卷)[M].北京:人民教育出版社,2005.

[18] 普莱斯顿 D. 费德恩 . 教学方法——应用认知科学、促进学生学习 [M]. 王瑾，等译 . 上海：华东师范大学出版社，2006.

[19] 孙静 . 大学英语教学及改革新思维 [M]. 北京：水利水电出版社，2018.

[20] 孙旭春 . 网络环境下大学英语听说教学研究——理论、模式与评价 [M] . 昆明：云南大学出版社，2015.

[21] 王道俊 . 教育学 [M]. 北京：人民教育出版社，2009.

[22] 王笃勤 . 英语教学策略论 [M]. 北京：外语教学与研究出版社，2002.

[23] 王淑花 . 大学英语教学模式改革与发展研究 [M]. 北京：知识产权出版社，2018.

[24] 王松 . 英语写作教学研究——同伴反馈对英语学习者写作能力的影响 [M] . 贵阳：贵州大学出版社，2014.

[25] 王颖 . 大学英语教学模式研究与探索 [M]. 长春：吉林人民出版社，2017.

[26] 翁雨淋，李瑞超，白爱娃 . 大学英语教学法探索与教学实践研究 [M]. 北京：中国纺织出版社，2018.

[27] 吴玉国 . 基于同伴交往的教学 [M]. 南京：南京大学出版社，2013.

[28] 肖礼金 . 英语教学方法论 [M]. 北京：外语教学与研究出版社，2011.

[29] 张静，杨佩聪，胡瑞娟 . 现代英语教学的理论、实践与改革研究 [M]. 北京：水利水电出版社，2016.

[30] 张萍 . 基于翻转课堂的同伴教学法——原理·方法·实践 [M]. 北京：人民邮电出版社，2017.

[31] 张艺宁 . 基于 UbD 的 Bermuda 模式同伴互助大学英语课堂教学实证研究 [M]. 北京：外语教学与研究出版社，2018.

[32] 赵娟 . 大学英语教学研究 [M]. 成都：西南财经大学出版社，2017.

[33] 钟玉琴 . 大学英语混合式教学探究 [M]. 北京：电子工业出版社，2017.

[34] 陈嘉璐 . 互动式教学法在大学英语教学中的应用 [J]. 农家参谋，2018(03)：136.

[35] 创新教师教育模式，构建中国特色教师教育体系 [J]. 教师教育研究，2005(03)：3–7.

[36] 樊雅桢 . 浅析大学英语教学法改革创新 [J]. 农家参谋，2017（14）：152.

[37] 郭红，赵宇昕 . 互动式教学法在大学英语教学中的应用 [J]. 黑龙江教育（理论与实践），2017（05）：63-64.

[38] 黄欢 . 大学英语自主学习教学策略的选择与应用 [J]. 吉林农业科技学院学报，2018，27(04)：70-72，120.

[39] 李玲 . 同伴支架和互动模式：英语口语自主学习的个案研究 [J]. 湖南广播电视大学学报，2015（03）：92-96

[40] 李焱 . 运用 PI 教学法在大学英语教学中培养学生英语学习的元认知策略 [J]. 科技经济导刊，2017（36）：104-105.

[41] 王华，秦曼 . 大学英语教学方法改革探索——评《英语教学方法论》[J]. 教育发展研究，2017，37（12）：85.

[42] 王奇民 . 制约大学英语教学效果的因素及对策 [J]. 外语界，2002（04）：27-35.

[43] 张蕾 . 大学英语教学多维互动教学模式研究 [J]. 科教导刊（中旬刊），2017(05)：85-86.

[44] 张晓宏 . 透视儿童的"同伴危机" [J]. 中小学心理健康教育，2005（11）：18-19.

[45] 周远清 . 开展一次教学方法的大改革——在"首届中国大学教学论坛"上的讲话 [J]. 中国大学教学，2009（1）：6.

[46]Campbell，T.A.&Campbell，D.E.Faculty/Student Mentor Program: Effects Academic Performance and Retention[J]..Research in Higher Education，1997，38(6):727-742.

[47] 胡林丹，赵敏娜 . 同伴教学对大学英语学生认知、交际和情感发展的影响 [J]. 宁波教育学院学报，2008(2):51-55.

[48] 朱丽娜，董静 . 同伴教学的内涵与实施对策 [J]. 天津市教科院学报，2017(1):10-13.